El Cerrador

MARIANO RIVERA

con Wayne Coffey

🅛🅑

LITTLE, BROWN AND COMPANY

New York Boston London

Little, Brown and Company
Hachette Book Group
237 Park Avenue, New York, NY 10017
littlebrown.com

Primera edición: Mayo 2014

Little, Brown and Company es una división de Hachette Book Group, Inc. El
nombre y el logotipo de Little, Brown es una marca registrada de Hachette
Book Group, Inc.

La editorial no es responsable de los sitios web (o su contenido) que no sean
propiedad de la editorial.

El Hachette Speakers Bureau ofrece una amplia gama de autores para eventos
y charlas. Para más información, vaya a www.hachettespeakersbureau.com o
llame al (866) 376-6591.

A menos que se diga lo contrario, todas las fotografías son cortesía de la
familia Rivera.

Las escrituras bíblicas mencionadas corresponden a La Santa Biblia, Nueva
Versión Internacional® NVI® Copyright © 1999 por Biblica, Inc.® Usada con
permiso. Todos los derechos reservados mundialmente.

International Standard Book Number: 978-0-316-27761-7

10 9 8 7 6 5 4 3 2 1

RRD-C

Impreso en los Estados Unidos de América

A mi Señor y Salvador, Jesucristo,
y a la familia con que Él me ha bendecido:
Mi hermosa esposa Clara, y nuestros
tres maravillosos hijos: Mariano Jr., Jafet y Jaziel

Índice

ÍNDICE

Prólogo

No hay que andar jugando con machetes. Yo aprendo eso de niño, décadas antes de oír sobre una bola rápida cortada, y mucho menos una bola lanzada. Aprendo que uno no solo agarra una de las cosas y empieza a moverla como si fuera un bate o un palo de una escoba. Hay que saber cómo utilizarla, conocer la técnica correcta para así poder ser eficiente y que siga siendo sencillo, lo cual, si me preguntan, es la mejor manera de proceder en todos los aspectos de la vida.

Nada complicado.

Mi abuelo, Manuel Girón, me enseña todo lo que sé sobre utilizar un machete. Salimos a los campos de caña de azúcar y él me enseña cómo agarrarlo; cómo doblar mis rodillas y mover el filo de modo que esté a nivel con la superficie que se quiere cortar, no un golpe al azar sino algo mucho más preciso. Cuando me acostumbro a manejarlo, corto todo nuestro césped con un machete. El terreno no es grande, se parece más al tamaño del montículo de un lanzador que a un jardín, pero sigo cortando cada pedazo de terreno con el filo sostenido por mi mano. Necesito una hora, quizá dos. No me apresuro. Nunca me apresuro. Me siento bien cuando he terminado.

No tengo mi machete conmigo cuando salgo a la luz del sol avanzada la mañana en marzo de 1990, y noto el primer olor a pescado del día. No creo que lo necesite. Tengo veinte años y acabo de firmar un contrato profesional de béisbol con los Yankees de Nueva York. No tengo ninguna idea de lo que eso significa.

Ninguna.

Unas pocas semanas antes, un ojeador de los Yankees llamado Herb Raybourn está sentado en la cocina de nuestro hogar de cemento de dos habitaciones. La casa tiene el tejado de estaño y un par de gallinas en la parte de atrás, y está situado en una colina en Puerto Caimito, la pequeña y humilde aldea panameña de pesca donde he vivido durante toda mi vida. Mis padres duermen en una habitación, y los niños, los cuatro, dormimos en la otra.

Antes de que llegue Herb, mantengo una rápida charla con mi padre.

"Un gringo quiere hablar contigo sobre que yo juegue al béisbol profesional", le digo. No sé mucho más que eso.

"Escuchemos lo que él tenga que decir", mi padre responde.

Herb es en realidad panameño y habla español, aunque parece blanco. Él pone algunos documentos sobre la mesa. Me mira, y después mira a mi padre.

"Los Yankees de Nueva York querrían que firmes un contrato, y pueden ofrecerte 2.000 dólares", dice Herb. "Creemos que eres un joven con talento y un futuro brillante".

Herb añade que los Yankees incluirán un guante y botines de béisbol en el contrato. Yo estoy ganando 50 dólares por semana trabajando en el barco comercial de mi padre. Eso no es una negociación; es lo que ofrecen los Yankees de Nueva York, la única cifra que se mencionaría.

"Como tienes veinte años, no vamos a enviarte a la República Dominicana, del modo en que lo hacemos con los adolescentes", dice Herb. "Vamos a enviarte directamente a Tampa para el entrenamiento de primavera".

Creo que debo tomar aquello como una buena noticia, pero Herb no tiene idea alguna de lo despistado que está su nuevo firmante. Yo nunca he oído hablar de Tampa. Casi no sé nada de la República Dominicana. Mi mundo no es que sea pequeño; tiene el tamaño de una canica. El mayor viaje de mi vida hasta ese momento es un trayecto en automóvil de seis horas hasta la frontera de Costa Rica.

Palabra de honor: creo que cuando los Yankees me contraten seguiré jugando al béisbol en Panamá. Supongo que quizá me mudaré a la ciudad de Panamá, actualizaré un poco mi uniforme, junto con un guante legal y un par de botines que no tengan un agujero en el dedo gordo, como los que llevaba en mi prueba para los Yankees. Jugaré al béisbol y ganaré un poco de dinero durante un tiempo, y después pasaré a la escuela de mecánica. Ese es mi plan.

Se me da bastante bien arreglar cosas. Me gusta arreglar cosas. Voy a ser mecánico.

La extensión de mi conocimiento de las Grandes Ligas se acerca a la nada. Sé que es donde jugó una vez el mejor jugador de Panamá, Rod Carew. Sé que hay dos ligas, la Americana y la Nacional, y que hay una Serie Mundial al final de la temporada. No sé mucho más que eso. Ya estoy en las primeras ligas cuando oigo a alguien hablar de Hank Aaron.

"¿Quién es Hank Aaron?", pregunto.

"No hablas en serio", dice el chico.

"Sí, lo digo en serio. ¿Quién es Hank Aaron?".

Es el líder de jonrones de todos los tiempos en béisbol, el tipo que bateó 755 jonrones para batir el récord de Babe Ruth.

"¿Quién es Babe Ruth?", pregunto.

El chico musita algunas palabras y se aleja, pues sabe que es mejor no intentar hablarme de Honus Wagner.

Así que Herb tiene que explicármelo todo, un muchacho tan delgado como un palillo y totalmente inocente: "No, no te quedarás en Panamá. Cuando firmas con una organización de una grandes ligas, el trato es que te mudes a los Estados Unidos. Compra algunas camisas y ropa interior, y una maleta barata. Obtén una visa de trabajo e intenta actuar como si supieras lo que estás haciendo cuando estés llenando los documentos. Estarás asustado, nervioso y triste, y no tendrás idea alguna de cómo vas a manejarte en un país extranjero cuando lo único que sabes decir es: 'No hablo inglés'".

No sólo es abrumador: es aterrador. Intento no decir nada. Siempre he sido bueno a la hora de ocultar mis sentimientos.

Pasan semanas. Llega el billete de avión a Tampa. Ha llegado la hora de la verdad.

Ahora es el momento.

"Vamos, Pili", dice mi madre. Pili es el nombre que me puso mi hermana Delia cuando yo era un bebé. Nadie sabe por qué, y es como mi familia me ha llamado durante toda mi vida. Mi padre pone en marcha su camioneta blanca Nissan. Turbo es el nombre que le damos. Tiene diez años de antigüedad, está oxidada y maltrecha, y no es la idea que nadie tiene de un auto de carreras, pero seguimos llamándola Turbo. Clara Díaz Chacón, mi novia durante mucho tiempo, va sentada entre mi padre, Mariano padre, y mi madre, Delia. Yo lanzo mi nueva maleta a la parte de atrás y me subo, junto con mi primo Alberto. Mi padre pone a Turbo marcha atrás para salir y nos dirigimos hacia Vía Puerto Caimito, la única carretera de entrada y salida de nuestro pueblo, la única carretera que está pavimentada. El resto de ellas son de tierra, y la mayoría se parecen más a caminos que a ninguna otra cosa por donde conducir. Pasamos por Chorrera, una ciudad mucho más grande que está a distancia de cinco millas (8 km), y seguimos por una carretera serpenteante y llena de baches, pasando al lado de cabras, árboles de plátano y trechos de bosque tropical, Alberto y yo dando botes en la parte trasera como si fuéramos cocos, sin ir sujetos a nada, con solo un corto pasamanos que evita que nos caigamos.

Yo sé hacia dónde nos dirigimos: el aeropuerto internacional Tocumen en la ciudad de Panamá, pero estoy mucho menos seguro de a dónde voy yo.

Dejé los estudios en la secundaria. Ni siquiera pasé del noveno grado en la escuela Pedro Pablo Sánchez, un edificio en forma de U en el centro de Chorrera, con tres pisos y un patio en medio, y perros que dormían dondequiera que pudieran encontrar una sombra. Es una terrible decisión dejar la escuela, pero me harto un día y sencillamente me voy, pasando al lado de los perros con mis pantalones azules y mi camisa blanca (yo mismo me plancho el uniforme; me gusta que las cosas estén cuidadas). No estoy pensando en ninguna de las consecuencias de dejar la escuela, y tampoco tengo mucha dirección por parte de mis padres, personas de clase trabajadora que son inteligentes pero no están muy familiarizados con la educación formal.

Mi última lección en la escuela, y la gota que colmó el vaso, llega en la clase de matemáticas de la Sra. Tejada. Al menos creo que ese es su nombre, pero sinceramente no lo recuerdo con claridad, sencillamente porque intento no pensar mucho en ella. Ella no es mi mayor animadora, y no intenta ocultarlo, mirándome fijamente como si yo fuese la ruina de su vida de enseñanza. Yo me junto con otros muchachos que no son del todo problemáticos, pero definitivamente hacen muchas travesuras. Supongo que es culpa por asociación. Un día, algunos de nosotros estamos jugueteando en la parte trasera de la clase, sin prestar mucha atención al teorema de Pitágoras y mucha atención a un niño al que estamos molestando. Uno de mis amigos arruga una hoja de papel y se la lanza al niño, golpeándole en la cabeza.

"Oye, basta ya", dice el niño.

Yo no estoy lanzando nada, pero sí me río.

La Sra. Tejada se da cuenta.

"¡Rivera!". Ella siempre me llama por mi apellido.

"¿Por qué lanzaste eso?".

"Yo no he lanzado nada", respondo.

"No me digas que no lo lanzaste. Ahora ven aquí".

"Yo no hice nada malo. No voy a ninguna parte".

"¡Rivera, ven aquí!", repite ella.

De nuevo, no obedezco su mandato, y ahora ella está realmente molesta. Yo ya no soy meramente alguien que lanza un papel. Soy un insubordinado. Ella se acerca a mi pupitre y me mira.

"Tienes que salir de esta clase ahora mismo", dice, y después me acompaña hasta el pasillo, donde paso lo que queda de la clase de matemáticas, definitivamente sin hacer ningún cálculo.

Cuando me voy aquel día, termino siendo expulsado durante tres días, y nunca regreso a la escuela Pedro Pablo Sánchez. Nunca vuelvo a ver a la Sra. Tejada, hasta que me encuentro con ella en un supermercado después de haber estado en el béisbol profesional durante varios años.

"Hola, Mariano", me dice. "Felicidades por tu carrera en el béisbol. Te he seguido y veo lo bien que te va".

No hay mirada furiosa, ni tampoco reprensión en su voz. Me saluda con una calidez que nunca antes había visto en ella.

¿Es realmente la Sra. Tejada, o una Sra. Tejada parecida con una disposición mucho mejor?, pienso yo.

Sonrío débilmente. Es lo máximo que puedo hacer. Nunca me ha gustado cuando las personas te tratan según lo exitoso o destacado que seas. Durante todo el tiempo que estuve en su clase, ella me consideraba casi un delincuente juvenil. Quizá yo no iba a hacer que nadie olvidase a Albert Einstein, pero de ninguna manera me acercaba al niño con el que ella me había identificado.

Por favor, no se comporte como si yo le importase y le cayese bien ahora cuando no le importaba ni le caía bien cuando era su alumno, pienso yo.

"Gracias", le digo, disponiéndome a proseguir por el pasillo de la fruta, esperando que ella capte el mensaje.

Pero la Sra. Tejada no es realmente la razón principal por la que dejé la escuela. El mayor problema son las peleas, que se producen de manera regular. Me gusta aprender y me va bastante bien en la escuela, pero las peleas llegan a ser demasiado. En los pasillos, en el patio, en el camino de regreso a casa; surgen en todas partes, casi siempre por la misma razón: niños que se meten conmigo porque yo olía a pescado:

Ahí va, el chico pescadero.

Tápense la nariz, se acerca el pescado.

Creía que estábamos en la escuela, no en la barca pesquera.

Quienes me atormentan tienen razón. Yo sí huelo a pescado. Muchos niños de Puerto Caimito huelen así. Vivimos al lado del agua, no muy alejados de una planta procesadora que hace comida con sardinas, o harina de pescado, como nosotros lo llamamos. Mi padre es capitán en un barco comercial de pesca, y pasa sus más de doce horas de trabajo al día lanzando sus redes y pescando todas las sardinas y anchoas que puede. El olor a pescado lo llena todo en Puerto Caimito. Te podrías bañar durante una hora y sumergirte totalmente en colonia, y si una gotita o dos de agua de la planta de pescado tocaban tu ropa, apestabas durante toda la noche. La pesca evita que se hunda la economía local. La pesca es lo que da trabajo a muchos de los padres de los niños que se meten conmigo. Yo podría haberlos ignorado, y debería haberlo hecho. No lo hago.

Ellos me lanzan el cebo, y después me pescan. No estoy orgulloso de eso. Es realmente necio de mi parte. Mi abuela acababa de morir y yo me siento un poco perdido, y un poco sobrepasado por un impulso autodestructivo. Debería haber terminado el año escolar, debería haber puesto la otra mejilla, como enseña la Biblia. No conozco mucho sobre la Biblia en ese momento. No conozco en absoluto al Señor. Soy joven y terco, con la intención de hacer las cosas a mi manera. ¿A la manera de Él? ¿El poder de la Escritura?

Aún no he llegado ahí.

Seguimos el viaje hasta el aeropuerto. En la autopista siento el aire cálido en mi cara en la parte trasera de la camioneta. Me voy poniendo más triste. Pasamos al lado de árboles de yuca y piña, y la vaca ocasional, y es casi como estar pasando al lado de mi propia niñez. Pienso en jugar al béisbol en la playa con un guante hecho de un cartón de leche, un palo como bate y una pelota hecha de redes de pesca muy apretadas. Me pregunto si he jugado mi último partido en El Tamarindo, otro sucio terreno como campo de béisbol donde jugaba, un campo que lleva el nombre del árbol de tamarindo. Pienso en lo que habría sucedido si hubiera seguido jugando al fútbol, el primer deporte que me encantaba, tratando de sobrepasar a los defensores con una pelota unida a mi pie (con o sin zapatos), imaginándome como si yo fuera el Pelé panameño, un sueño que duró hasta que me golpearon en un ojo con la pelota durante un partido y perdí la visión temporalmente. Seguí jugando y, veinte minutos después, salté para rematar de cabeza, me choqué con un muchacho y terminé en la sala de emergencias, donde el médico cerró el corte y me dijo que el ojo se veía muy mal y necesitaría que me viese un especialista.

Mi carrera en el fútbol no duró mucho más tiempo.

Ahora estamos a distancia de media hora. Dirijo mi mirada a la parte delantera de Turbo, a Clara sentada entre mis padres. Clara siempre está cerca, firme y fuerte. ¿Sabes cómo es con algunas personas, que puedes sentir su fortaleza, su bondad? Así es como me siento con Clara. Crecimos distanciados tan solo unas cuantas casas en Puerto Caimito; nos conocemos desde la guardería. La amistad se convierte en romance en la pista de baile de un club una noche. Clara no me había dirigido ni una sola palabra desde que dejé la escuela. Incluso cambiaba de dirección si me veía venir. Creo; no, lo sé, que ella quedó decepcionada de que yo abandonase así. Creo que ella esperaba más de mí. La frialdad perdura hasta que un grupo de muchachos y muchachas estamos juntos en el club, y Clara y yo terminamos bailando. Las luces están bajas. El ritmo golpea con fuerza. Cuando está terminando el baile, yo estoy a punto de salir de la pista cuando nuestros ojos se encuentran y se quedan fijos. Ella me agarra de la muñeca, y no puedo realmente describir lo que sucede en ese momento. No bailamos juntos otra vez el resto de aquella noche. No la acompaño a su casa ni tampoco nos damos el primer beso debajo de las palmeras o en la quietud de la medianoche de El Tamarindo.

Pero algo sucede. Algo poderoso. Es el Señor quien nos une, estoy seguro de eso como estoy seguro de que mi nombre es Mariano Rivera. Era, y es, la voluntad del Señor que Clara y yo estemos juntos. ¿Por qué si no ella habría comenzado a hablarme otra vez? ¿Por qué si no habría estado ella en el club aquella noche? Ella casi nunca iba a los clubes, y no le gustaba nada el ambiente de los clubes, pero allí estábamos, bailando, y se estaba forjando una conexión aunque ninguno de los dos lo sabíamos en aquel momento. Puede llamarse coincidencia si uno quiere, un giro al azar en la rueda de ruleta del universo, pero yo creo que el Señor tiene un plan para nosotros, y ese es el comienzo.

Después de dejar la escuela salgo mucho por los clubes en Chorrera, cuando no estoy en el mar en el barco de mi padre. Bebo un poco y bailo mucho. Me encanta bailar, Merengue Mariano, en la pista, no cerrando partidos, tan solo clubes. Como en la mayoría de lugares donde corren el licor y la testosterona, las peleas son comunes. Los policías son visitantes regulares. Los muchachos llevan picahielos. Llevan cuchillos. Una noche estoy allí con un grupo grande, de unos quince muchachos, quizá más. Uno de los muchachos en mi grupo empieza a discutir con otro chico que está con otro grupo grande. No sé cómo comienza, probablemente por una mirada o un comentario sobre la chica de alguien, las cosas normales. Se van acalorando. Están a punto de salir, y yo intervengo para calmar las cosas.

"Muchachos, vamos a pasarlo bien. Estamos aquí para divertirnos y bailar, no para pelear. No hagamos que nadie resulte herido ni hagamos nada necio".

Ellos se posicionan y se comportan de manera dura y se insultan el uno al otro, antes de que las cosas parezcan calmarse un poco. Entonces alguien en el otro grupo se abre camino hasta el frente. Lleva un machete. La expresión de su cara sugiere que quiere utilizarlo, y no sobre el césped. Parece que quiere que la pelea continúe, y eso no me agrada.

"¿Dónde está ese flaco, el pacificador?", grita él, blandiendo el machete.

Yo estoy en ese momento entre la gente, pero le veo y le escucho. Yo no llevo ningún arma, pero sí tengo un buen sentido y mucha velocidad. Salgo corriendo, y el muchacho me persigue. Yo le dejo entre la nube de polvo, y me oculto en una casa cercana buscando refugio. El muchacho que lleva el machete nunca me encuentra.

Incidentes como ese no son inusuales. Yo no soy un mal chico. Nunca me llevan a la cárcel, pero ¿podría haber sucedido eso?

Claro que podría haber sucedido. Algunos de los muchachos con quienes me junto terminan pasando mucho más tiempo que unas horas o una noche en la cárcel. Ser perseguido por el muchacho con el machete es otra llamada de atención. Clara y yo comenzamos a vernos cada vez más, y todo cambia. Salimos tranquilamente a cenar, nos tumbamos en la hamaca (que está hecha de redes) al lado de la casa de mis padres. Hablamos todo el tiempo, y me maravillo de lo fácil que es hablar con esa muchacha. Comienzo a atesorar esos momentos, y no pasa mucho tiempo hasta que me doy cuenta de algo:

No va a pasar nada bueno si sigo bailando durante toda la noche en los clubes.

Creo verdaderamente que si no fuese por Clara, nunca habría llegado a convertirme en un Yankee de Nueva York.

Mi padre lleva a Turbo hasta el aeropuerto y lo estaciona. Alberto y yo nos bajamos de la parte trasera. Todos nos dirigimos hacia la terminal. Lo que está a punto de suceder comienza a calar en mí.

Dejo mi casa. Dejo Panamá.

Dejo a Clara.

Desde ese momento soy un jugador profesional de béisbol, de la cabeza hasta los pies, mis seis pies y 150 libras (1,80 metros y 68 kilos). No sé cuánto tiempo durará. No es posible ocultar nada ahora; estoy asustado. Sé que me encanta jugar al béisbol, pero no tengo idea de a qué altura estaré comparándome con los otros jugadores contra los que compita. No tiendo a preocuparme por naturaleza, pero soy realista. ¿Quién más ha hecho esta transición, de un barco de pesca panameño a los Yankees de Nueva York?

"Llegué a Puerto Caimito para ser pescador", me dice mi padre. "Comencé desde abajo, limpiando barcas, barriendo basura, con un salario en monedas, pero trabajé y trabajé, y avancé hasta finalmente llegar a ser capitán. Tú harás lo mismo, Pili. No será fácil, pero vas a llegar a lo más alto trabajando".

Le doy un abrazo de despedida a mi madre, y estrecho la mano de mi padre.

No voy a ver a Clara durante cinco meses. Parece como si fuesen a ser cinco años.

Le digo a Clara lo mucho que la amo y lo mucho que la extrañaré.

"Escribiré y regresaré pronto", digo, y después le doy un abrazo y un beso de despedida intentando no llorar, pero lo hago de todos modos.

Ella también llora.

"Te amo, Pili. Estaré aquí, esperando tu regreso", me dice.

Avanzo hasta el mostrador, después hasta seguridad, y subo por una escalera.

"Ahí va nuestro muchacho. Me pregunto dónde le llevará todo esto". Es la voz de mi madre, aunque es difícil imaginar sus palabras.

Les veo subir unas escaleras hacia un pasillo desde donde se puede ver despegar el avión. Hago un giro y camino por un pasillo extraño, hasta el avión. Pronto estoy en el aire, el primer vuelo de mi vida. Mis lágrimas casi se han secado. No miro atrás.

1

Pesca y consecuencias

MI PAÍS ES UNA curvada franja de tierra en el extremo sur de América Central que no parece más ancho que un cordón de zapatos cuando se ve en un mapa. Tiene 3,6 millones de personas y un famoso Canal que serpentea durante cuarenta y ocho millas (77 km) y conecta los océanos Atlántico y Pacífico, un atajo que ahorra a los barcos del mundo aproximadamente ocho mil millas (12.000 km) de viaje por mar. Costa Rica es nuestro vecino al norte, y Colombia al sur. Panamá no es solamente un lugar donde se encuentran dos océanos; es un lugar donde dos continentes, América del Norte y América del Sur, se encuentran. Para un país que es un poco más pequeño que Carolina del Sur, suceden muchas cosas.

Puerto Caimito está a unas veinte millas (32 km) de distancia del Canal, en el lado del Pacífico, y a unas 50 millas (80 km) de un volcán llamado El Valle. Es un pueblo situado en el mapa por el pescado. Si alguien no es un pescador en Puerto Caimito, entonces probablemente trabaje en la tienda de reparaciones de barcos o en la planta procesadora de pescado, o lleve el pescado al mercado. Casi todo el mundo está relacionado con el pescado, y todo el mundo lo come.

"Yo comía pescado cada día, y eso es lo que me hizo fuerte", dice mi padre. Su padre vivió hasta los noventa y seis años, y mi padre dice que él va a vivir más tiempo que eso, y yo no le voy a llevar la contraria.

Mi padre proviene de una dura estirpe de granjeros. Uno de quince hijos, nació y se crió en la provincia de Darién, cerca de la frontera colombiana, y después de haber dejado la escuela después del sexto grado, pasaba once horas cada día, seis días por semana, trabajando en la pequeña granja familiar. Producían arroz, maíz y plátanos machos, y una variedad de verduras, y hacían todo ello sin tener un tractor ni ningún otro tipo de equipo eléctrico. Palas, azadas, rastrillos: ese era el lujoso equipamiento, herramientas para los granjeros acomodados. Mi padre y su familia utilizaban un machete para cortar los arbustos y la maleza, y afilados palos para labrar el terreno. Cada semana llevaban sus bienes al mercado, un viaje de un día entero en una barca impulsada por un remo en el agua, al estilo góndola.

Era una vida difícil, incluso brutal, y cuando mi padre llegó a la adolescencia, varios de sus hermanos ya se habían mudado a Puerto Caimito, porque la pesca se consideraba una línea de trabajo más próspera. A los diecisiete años, mi padre se unió a ellos. Comenzó aceptando cualquier empleo en la pesca que pudiera conseguir, y aún estaba intentando manejarse por allí cuando un día salió a dar un paseo y se encontró con una muchacha que lavaba platos y cantaba delante de su casa. La muchacha, una entre ocho hermanos, tenía quince años, y mi padre dirá que se enamoró de ella en ese mismo instante. Su hombre era Delia Girón, y dos años después de que le robase el corazón a mi padre con sus canciones, dio a luz a una niña.

Dos años después de aquello, me tuvo a mí.

Mi propia vida en Puerto Caimito es sencilla, y tiene su olor. Durante mis primeros diecisiete años vivimos en la costa del Golfo de Panamá, en una humilde casa de cemento en un camino de tierra, de dos habitaciones con tejado de estaño, tan solo a tiro de piedra de la planta de pescado. Hay toda una línea de casas como esa en el pueblo, la mayoría de ellas ocupadas por mis tíos, tías y primos. Cuando mis padres se trasladan allí, la casa no tiene electricidad ni agua corriente; hay un retrete exterior en la parte trasera y un pozo para sacar agua a poca distancia. La luz proviene de una lámpara de queroseno. Cuando yo llego en 1969, tenemos electricidad y agua, pero el retrete sigue siendo la única opción disponible. A pocos pasos de distancia se extiende una gran playa arenosa salpicada de caparazones rotos, pedazos de viejas barcas y fragmentos de redes desechadas. No es una playa que se vería en un anuncio de Corona o en un libro turístico; no hay agua color turquesa, árboles tropicales ni arena tan suave como el talco. Es un lugar de trabajo, hay una barca maltratada allí, la mitad de un pescado muerto por allá, la humilde alma de un pueblo en el que las personas intentan a duras penas ganarse la vida del mar.

La playa es donde llego a ser un atleta. La marea baja es el mejor campo de juego en Puerto Caimito, una superficie grande y plana, un lugar donde se podría correr para siempre sobre la llanura. Yo juego allí al fútbol, y también al béisbol. Juego todo tipo de juegos, realmente, y mi favorito es en el que tomamos un trozo de cartón y hacemos tres agujeros en él, y lo atamos entre dos palos en la arena. Entonces nos separamos unos 20 o 30 pies (6-8 metros) y lanzamos piedras para ver quién consigue hacer pasar más piedras por los agujeros.

Yo tengo buena puntería.

También aprendemos a ser creativos en la playa. No tenemos bate, así que encontramos un viejo pedazo de madera o conseguimos una rama de árbol. No tenemos ninguna pelota, así que hacemos una con una piedra rodeada de redes y cinta adhesiva. No tenemos guantes de béisbol, pero es increíble el tipo de forma que puede lograrse con una caja de cartón si se sabe cómo doblarla.

Así es como juego al béisbol casi durante toda mi niñez; no me pongo un verdadero guante en mi mano hasta que tengo dieciséis años. Mi padre me compra uno, de segunda mano, justamente antes de mudarnos de la playa, colina arriba a un tercio de milla, a otra casa de cemento pero en una ubicación más tranquila, sin tanta bebida y sin tantos hombres vagando por la playa durante todas las horas de la noche.

Ninguna de nuestras casas tiene teléfono (no tengo teléfono hasta que me mudo a los Estados Unidos), ni otro equipamiento del que poder hablar. Hay un árbol de plátano que cuelga por encima del tejado. Yo no tengo mi propio triciclo, ni bicicleta, o ningún tipo de transporte, y realmente tengo un solo juguete durante la mayor parte de mi niñez. Se llama Sr. Bocagrande. Cuando le tocas la panza, su gran boca se abre y pones en ella un pedazo de tortilla. Me encanta tocar la panza del Sr. Bocagrande. No me siento privado de nada, porque no estoy privado. Sencillamente así es la vida.

Tengo todo lo que necesito.

Mi época favorita del año es la Navidad. Como el muchacho mayor en la familia, mi tarea es conseguir nuestro árbol de Navidad. Lo hago cada año, y sé exactamente dónde ir. Detrás de nuestra casa hay un manglar que tiene muchos árboles que crecen en el barro. No vas a encontrar un abeto en el pantano, desde luego, así que la siguiente mejor opción es mirar por ahí buscando un árbol decente de tres o cuatro pies (un metro), arrancarlo y llevarlo a casa. Cuando se seca, envolvemos con tela las ramas para que parezca festivo, y no un triste y pequeño arbusto de un pantano. Santa Claus no llega hasta nuestra parte de Panamá, quizá porque hay muy pocas chimeneas, pero la noche de Navidad sigue siendo mágica, con luces que parpadean, canciones navideñas, y toda la anticipación del gran día. Durante años recibo el mismo regalo: una nueva pistola de fogueo. Me alegra recibirla. Me gusta el sonido que hace. Me gusta dispararla cuando estoy viendo mi programa favorito de televisión, *El llanero solitario*, acerca de un bienhechor con una máscara negra, aunque lo cierto es que me gusta más su compañero, Tonto. Tonto es inteligente y leal, y tan humilde que no le importa no llevarse el mérito. No se podría encontrar a una persona más confiable en todo el lejano Oeste que Tonto. Creo que eso está bastante bien.

Pronto descubro que me encanta correr, y me encanta estar en movimiento. Si no estoy jugando fútbol o béisbol, juego al baloncesto. Cuando la marea sube y la playa es más pequeña, nos cambiamos a El Tamarindo, lo que bastante lejos de la playa para que nos permita jugar sin hundirnos hasta los tobillos en el barro. Siempre que juego, me gusta mucho ganar. Cuando una victoria en el béisbol está a punto de convertirse en derrota, lanzo la pelota al Golfo de Panamá y declaro que el partido está empatado. Eso no me hace ganar ningún premio a la deportividad, pero sí evita una terrible derrota.

Si la marea está alta, hago lo siguiente que es mejor después de los deportes, y cazo iguanas. Están por todas partes en Panamá, lagartos de seis pies (2 metros) verdes, con puntas, curtidos, y que están sobre las ramas y se ocultan entre la vegetación. Yo sé exactamente dónde encontrarlas y cómo cazarlas. Lo único necesario es una roca y mi brazo derecho. Las iguanas son muy rápidas cuando van avanzando, y son muy resistentes; pueden caerse desde 40 o 50 pies (10-15 metros) en un árbol y salir corriendo tan rápidamente como si se hubieran caído de un banco del parque. Sin embargo, principalmente las iguanas se quedan quietas en las ramas superiores de los árboles, y eso hace que sean un blanco fácil. La mayoría de las veces le daba un golpe directo en el primer intento, y después la recogía y la llevaba sobre mi hombro para llevarla a casa para la cena. La iguana, gallina de palo, la llaman, no es tan básico como el arroz de coco o los tamales, y no se encuentran restaurantes de comida rápida que vendan nuggets de iguana, pero es uno de mis platos favoritos.

Nunca me detengo a pensar cuántos familiares tengo en Puerto Caimito, pero lo único que puedo decir es que mis primos podrían sobrepasar en número a las iguanas. Eso hace posible tener al instante un grupo de compañeros de juegos cuando quieres comenzar un partido, y un sentimiento total de pequeña ciudad donde, si todo el mundo no conoce tu nombre y lo que haces, al menos conoce a alguien que sí lo sabe. Es un gran consuelo crecer de ese modo, rodeado por caras amigables y personas que están atentas a lo que te pasa, aunque el único problema es que es casi imposible hacer nada sin que tres cuartas partes de la ciudad lo sepan.

Eso no es siempre bueno cuando se tiene un padre como mi padre.

Mi padre me ha enseñado mucho en mi vida. No se le dan muy bien los discursos y las declaraciones paternales, pero sus acciones han impartido muchas lecciones que han dado forma a quién soy yo. Un fuerte sentido de disciplina, hacer las cosas del modo correcto, realizar una tarea a pesar de lo difícil que sea: él es ejemplo de todas esas cosas para mí. Él es un gran sostén para la familia, levantándose a las 5:00 de la mañana el lunes y quedándose en su barco de pesca durante toda la semana, sin regresar a casa hasta el sábado, pasando doce o catorce horas diarias (o más) lanzando y arrastrando las redes, un hombre de mar hasta la médula. Estoy seguro de que hubo veces en que él no tenía ganas de salir, pero no recuerdo que se tomara ningún tiempo libre.

¿Vacaciones? ¿Escapadas de fin de semana? ¿Días enfermo?

Nada de eso. Él es pescador. Los pescadores pescan. Él se ocupa del negocio, día tras día, tras días.

Uno no aprecia tanto todas esas cosas cuando es un niño, pues está demasiado ocupado dando patadas a pelotas de fútbol o alimentando al Sr. Bocagrande, o intentando quitarle la bicicleta a su hermana. Cuando era niño, principalmente lo que relacionaba con mi padre era el temor. Él es un hombre grande y fuerte, y yo soy pequeño y flaco. Él tiene el pecho como un barril, y yo soy todo costillas. Él entra en la casa el sábado, y el olor a pescado va con él, y yo inmediatamente miro sus manos.

Son manos grandes, poderosas, de trabajador.

Son manos que me dejan petrificado.

Son manos que me golpean. Manos que me hacen caminar sobre cáscaras de huevo, porque uno nunca sabe cuándo van a golpear. Como el muchacho mayor, soy su blanco favorito. A veces me siento como si yo fuese la piñata personal de mi padre. No llevo la cuenta, pero yo soy quien se lleva con frecuencia los golpes. Antes de salir con el barco, mi padre me da una lista de cosas que hacer en la casa y en el patio. No siempre se hacen; y cuando eso sucede, no es bonito.

"Pili, ¿por qué no hiciste lo que te pedí?", demanda mi padre.

"Hice la mayor parte", digo yo.

"No hiciste todo lo que te pedí que hicieras".

"Lo siento, papá. Haré todo la próxima vez, lo prometo".

Pero no hay ninguna tolerancia con mi padre.

"Inclínate", me dice.

Es la palabra que me disgusta más que ninguna otra. Otra frase que está cerca es cuando mi madre dice: "Espera a que tu padre regrese a casa".

Cuando él regresa a casa y recibe un informe menos que favorable, en raras ocasiones hay un retraso. Las grandes manos de mi padre se dirigen a su cintura y desabrochan su cinturón. Y entonces comienza, tres o cuatro duros golpes en mi parte trasera, a veces más. Yo intento no llorar, pero algunas veces lloro.

Recibo el cinturón por diversas ofensas. ¿Por romper algo jugando a la pelota? ¿Por portarme mal en la escuela? ¿Por hacer alguna travesura con mi hermana y mis hermanos? No es necesario mucho. Una vez pasé al lado de un amigo de mi padre en la ciudad. Yo realmente no le conozco, pero me resulta un poco familiar. O quizá mi mente estaba en otra cosa, no lo sé. De todos modos, no saludo a ese hombre, y él le menciona eso mi padre la próxima vez que le ve.

Mi padre llega y me lo dice.

"Pili, ¿por qué faltaste al respeto a mi amigo? Me ha dicho que te vio y tú no le dijiste nada. Ni siquiera le saludaste".

"No estaba seguro de quién era", digo yo.

Eso no lo soluciona. Llega el cinturón. Es la última vez que no saludo a uno de los amigos de mi padre. Ahora saludo a todo el mundo. También desarrollo cierto tipo de técnica de prevención de dolor. Cuando sé que he metido la pata y que llegará el cinturón, me pongo doble pantalón.

A veces me pongo triple pantalón. Uno necesita toda la amortiguación que pueda conseguir contra el cinturón.

Los peores golpes que recibo llegan avanzado un día en febrero, durante la celebración del carnaval de Panamá. Hay un gran baile en la ciudad para conmemorar la ocasión. Yo tengo catorce años. Mis padres han abierto una pequeña bodega en nuestra casa para sacar un poco de dinero extra vendiendo fruta, comestibles y artículos diversos. Se dirigen hacia el carnaval y nos dejan a mi hermana Delia y a mí para ocuparnos de la tienda. La mantenemos abierta durante un tiempo, pero hay poco negocio, ya que todo el mundo está en la celebración. No tiene sentido alguno mantenerla abierta cuando no hay ningún cliente.

Tiene incluso menos sentido al saber que hay toda esa diversión y baile, y yo no soy parte de ello.

"Vamos a cerrar y nos vamos al baile", le digo a mi hermana.

"No podemos hacer eso. ¿Sabes en qué problemas nos meteremos?", dice ella.

"Lo sé, pero es carnaval. Es la mayor fiesta del año. Y bien podrías venir conmigo, porque incluso si te quedas aquí también tendrás problemas por haberme dejado marchar".

Mi hermana no está tan segura de mi razonamiento, pero nos cambiamos de ropa y nos vamos al baile. Suena el merengue. El espíritu es festivo, y la pista de baile está repleta. Es todo lo que yo había imaginado que sería. Estoy allí en medio de todo eso antes de poder dar un golpe a una conga, con mis pies siguiendo el ritmo y pasándolo muy bien.

Y entonces siento una mano en la parte trasera de mi cuello.

Una mano grande y fuerte. Una mano que siento como una tenaza.

Si lo hubiera visto venir, habría salido corriendo, pero no tuve opción. Ni siquiera puedo darme la vuelta. No hay necesidad. Solamente una persona en el mundo me agarra de ese modo. Mi padre está al lado de mi oreja, gritando por encima de la música.

"¿Qué estás haciendo aquí? ¿No te dije que trabajaras en la tienda?".

Yo no hablo de los pocos clientes en la tienda. No ofrezco ninguna defensa en absoluto, porque no hay nada que decir. He desobedecido. Me imaginaba que llegaría ese momento, pero tan solo esperaba poder bailar un poco más antes de que llegase. Mi padre ha estado bebiendo, y eso me hace tener aún más temor. Él es siempre más duro después de haber bebido un poco.

Me agarra del cuello con más fuerza y me impulsa hacia adelante. Dirige mi cabeza hacia una columna, un golpe directo. Me sale un gran chichón en la frente, y un arrebato de ira recorre mi cuerpo. Parte de mí quiere reaccionar, golpearle, pero sé que es mejor no hacer nada y no decir nada, pues eso empeoraría aún más las cosas. Mucho más. Yo no regreso a la pista de baile. Sé que el cinturón llegará después, cuando mi padre regrese de la fiesta.

Nuestra casa está tan solo a 500 yardas, o metros, de distancia. Voy caminando a casa entre la oscuridad tropical, triste y dolido.

Pienso: *¿Por qué tiene que ser tan duro mi padre? ¿Por qué no puede entender lo que es ser un niño y lo que significa para mí estar en el carnaval? ¿Por qué quiere hacerme daño todo el tiempo?*

Sé que la tarea de un padre es ejercer disciplina y enseñar a los niños el bien y el mal. Pero ¿es así como tiene que hacerse? No lo sé. Estoy confundido. Quizá está en los genes. El hermano de mi padre, mi tío Miguel, vive en la puerta contigua a nuestra casa. Él es también muy duro con sus hijos. Trabaja en el barco con mi padre. Yo estoy muy cerca de él y de su familia, y una vez decido preguntárselo claramente a mi tío.

De ninguna manera pensaría nunca preguntarle a mi padre.

"¿Por qué tú y mi padre son tan duros con sus hijos? ¿Quieren que vivamos teniéndoles miedo?".

Mi tío lo piensa durante unos momentos. Yo puedo decir que quiere responder la pregunta de la manera correcta. Él me parece más legible que mi padre.

"Sé que tu padre y yo somos tipos duros; pero si piensas que nosotros somos duros, deberías haber visto cómo era nuestro padre con nosotros", me dice él. "Eso no es una excusa, pero es la única forma que conocemos porque así nos criaron. Nos fuimos de casa tan pronto como pudimos, para alejarnos de todo aquello". Él no me da muchos detalles, pero sé que vivían en el interior, en una zona agrícola, y prácticamente tuvieron que huir, pues las cosas estaban muy mal.

Pienso en mi padre cuando era un niño, con miedo a su propio padre, yéndose cuando era tan solo un muchacho. Es difícil imaginarle tan pequeño y vulnerable, pero escuchar a mi tío ayuda. Nunca dudo de que mi padre esté intentando ayudarme a encontrar mi camino en la vida al golpearme. No dudo de que él me quiera, aunque no son esas palabras que él dice cuando yo soy niño. Es tan…tan…difícil todo el tiempo. Me alejo de mi tío Miguel sintiendo compasión por mi padre, sintiendo amor por mi padre. Sé lo mucho que él se interesa, lo mucho que intenta enseñarnos lo que necesitamos para ser exitosos en la vida. Aún así, sé una cosa.

Cuando yo tenga hijos, les disciplinaré y les enseñaré, pero si no hago nada más, voy a hacerlo de cualquier otra manera que no sea mediante el temor. Y será mi oración que con sus propios hijos, ellos sean incluso mejores padres que yo.

2

Tortura en el agua

No SE DEBE PESCAR cerca del Canal de Panamá. Hay demasiado tráfico en el mar allí, y los otros barcos no aminoran la velocidad. Cuando tu barco tiene el tamaño del de mi padre, 90 pies (27 metros) de longitud y 120 toneladas de peso, con redes que se extienden hasta mil pies (300 metros), no es fácil apartarla del camino si tienes que hacerlo.

Pero según mi padre lo considera, uno tiene que hacer lo que tiene que hacer. Como capitán de un barco de pesca, tiene un lema que he estado escuchando durante toda mi vida:

Las redes no ganan dinero dentro de la barca. Solo ganan dinero en el agua.

Tengo dieciocho años, el más joven de una tripulación de nueve miembros, y trabajo a jornada completa en el barco de mi padre. Es un pesado barco de hierro llamado *Lisa*, con un magnífico casco y oxidados parches de abolladuras y pintura oscura. Ha visto mejores tiempos, muchos. Yo no estoy a bordo porque quiera estar. Estoy a bordo para ganarme mis cincuenta dólares por semana para así poder ir a la escuela de mecánica. Ya he decidido que la vida de pescador no es para mí. No me gusta estar en el mar durante toda la semana, o las monstruosas horas de monotonía, y eso ni siquiera se acerca a los riesgos que implica.

Un amigo me dice: ";¿Sabías que la pesca es la segunda ocupación más peligrosa, después de la explotación forestal? ¿Que es treinta veces más peligrosa que un trabajo promedio?".

"No sabía eso", respondo. Pero no me sorprende. Entonces le hablo de un amigo de la familia que resultó con el brazo amputado de su cuerpo cuando quedó atrapado entre dos barcos.

Hay otra razón por la que no me gusta ser pescador. Aborrezco estar lejos de Clara. ¿Seis días por semana en el mar y un día por semana con Clara? ¿Podemos revertir la proporción?

Sin embargo, en ese momento no tengo elección. Necesito dinero y es así como puedo ganarlo. Nuestras redes están en el agua, en el Golfo de Panamá, y no estamos teniendo un buen día. Durante horas hemos estado en uno de nuestros lugares donde hay muchas sardinas, llamado La Maestra, pero no hemos pescado nada y nos dirigimos de regreso a nuestra isla base. Estamos alejados unos veinte minutos, no lejos del Canal, cuando se ilumina el sonar detector de peces.

Si el sonar está naranja, significa que te has cruzado con muchos peces. Si el sonar está en rojo, significa que has ganado la lotería de la pesca. El sonar está en rojo. Hay peces por todas partes. Nos hemos pasado todo el día sin acción alguna, y de repente estamos en lo alto de la madre de todas las escuelas de sardinas. Aunque estamos cerca del Canal, mi padre supone que a esta hora, cuando son más de las 11:00 de la noche, el tráfico marítimo no será un problema. Solamente se ganan treinta dólares por cada cien toneladas de pescado, así que uno no quiere que ninguno se aleje nadando.

"Lanzamos la red. Vamos. Los peces esperan", mi padre grita.

Lanzamos la red en un inmenso círculo, pues la idea es rodear a los peces con ella y después cerrarla rápidamente con dos cuerdas inmensas que suben tiradas por manijas hidráulicas a cada lado.

Es necesario un poco de tiempo, pero tenemos una captura inmensa, quizá ochenta o noventa toneladas de sardinas, la red está a rebosar, y nuestro barco está tan bajo que prácticamente se ve sumergido en el agua. Tenemos tantos peces, de hecho, que mi padre avisa por radio a otro par de barcas para que se acerquen y podamos transferir a ellos nuestra captura y regresar para pescar más. Aparecen las otras barcas y descargamos las sardinas, regresando después al mismo punto. Ahora son cerca de las 4:00 de la mañana. No es normal pescar a esa hora, pero no nos vamos a detener.

No cuando el sonar está en color rojo.

Mi padre vuelve al mismo lugar y lanzamos otra vez la red. Le resulta difícil maniobrar el barco en la fuerte corriente, pero llegamos donde tenemos que estar. Hay un hombre en la parte trasera y otro en la delantera trabajando con las cuerdas: inmensas líneas de cordeles trenzados que levantan el peso, llevando la captura hasta el barco. Las cuerdas son guiadas por un sistema de poleas, y en lo alto de las poleas hay solapas que las fijan en su lugar para que las cuerdas no queden descontroladas cuando la manija comience a tirar de ellas. Cuando las cuerdas comienzan a llegar, se mueven a velocidad cegadora, tan rápidamente como los autos en Daytona.

Trabajamos en medio de una completa oscuridad, y aún faltan dos horas para que salga el sol. Nuestras luces en cubierta no están encendidas porque las luces alertarían a los peces de nuestra presencia y se alejarían nadando. Estamos a punto de cerrar la red y encender las manijas hidráulicas para subir la captura. Yo estoy cerca del medio del barco, a unos seis pies (dos metros) de mi tío Miguel. Es un poco peligroso trabajar en la oscuridad, pero estamos todos tan familiarizados con lo que hay que hacer que normalmente no es ningún problema.

Excepto que una de las solapas de los tiradores no es segura. Durante el día, alguien sin duda alguna se habría dado cuenta. En la oscuridad, nadie lo nota.

Las cuerdas tienen que cerrar la red en tándem, una tras otra, y cuando yo me doy cuenta de que una de las cuerdas está muy por delante, le digo a un miembro de la tripulación que tiene la segunda cuerda que la suelte. Él la suelta, pero debido a que la solapa no es segura, cuando comienza a subir, la cuerda se suelta, acercándose a nosotros como si fuese una bazuca trenzada, saliéndose del agua y tocando cubierta. Sucede en un instante. No hay tiempo alguno para apartarse del camino. La cuerda golpea a mi tío en el pecho, desplazando a un hombre de 240 libras (108 kilos) por el barco como si fuese

24

una hoja de palmera. Mi tío se golpea en la cara con el borde de metal que divide un gran arcón lleno de agua salada en medio del barco. La cuerda llega hasta mí un microsegundo después, y también me golpea en el pecho, y yo salgo volando aún más lejos, pero no me golpeo con el borde de metal sino tan solo con la división misma.

Me rompo un diente, y también tengo arañazos y golpes, pero por lo demás resulto ileso. No tiene nada que ver con la capacidad atlética o ninguna otra cosa que yo haga para minimizar el daño; por la gracia de Dios, simplemente aterrizo en un lugar relativamente seguro.

Mi tío no es tan afortunado. Se abre la cara en dos, y comienza a salir sangre por todas partes. Resulta gravemente herido. Grita de dolor. Es lo más horroroso que he visto jamás.

"¡Paren! ¡Ayuda! ¡Miguel está herido!", grita alguien.

"¡Pidan ayuda! ¡Rápido! ¡Está gravemente herido!".

Todos a bordo gritan. Mi padre, que está al timón en la cabina escaleras arriba, baja rápidamente para encontrar a su hermano que parece que le han dado un machetazo en la cara. Yo sigo repitiendo la horrorosa secuencia de acontecimientos. Una manija desatada, una cuerda fuera de control y, segundos después, un tío al que quiero, el hombre que amablemente me explicó por qué mi padre es tan estricto y rápido con el cinturón, parece estar punto de morir delante de mis propios ojos. Me gustaría poder hacer algo. Me gustaría poder hacer cualquier cosa. Mi padre llama por radio a la Guardia Costera, y son los primeros que responden, llegando minutos después para llevarse a mi tío al hospital más cercano. Ahora está saliendo el sol. Yo no puedo quitar de mi cabeza las brutales imágenes.

Mi tío es diabético, y eso complica inmensamente su recuperación. Parece estar mejor algunos días, y otros vuelve a recaer. Lucha por su vida durante un mes, y no gana esa pelea. El funeral y su entierro se realizan en Puerto Caimito. Acuden cientos de personas.

El sacerdote dice que Miguel se ha ido a casa para estar con el Señor. Nosotros nos dolemos por esta pérdida, pero tenemos que recordar que el Señor ha preparado un lugar para él, y él se ha ido a un lugar mejor. Hay nueve días de luto. Es la primera vez que recuerdo ver llorar a mi padre.

Regresamos al barco unos días después, porque las redes solamente ganan dinero en el agua. Regresamos el último día de luto. Los peligros del trabajo no son nada que nosotros podamos cambiar. Eso es lo que hacemos día tras día, semana tras semana.

Cerca de un año después de la muerte de mi tío, se supone que debemos estar libres un viernes, solamente que mi padre no lo sabe porque nunca recibe el mensaje de la compañía dueña del barco. Pasamos la primera parte del día reparando las redes y después nos ponemos en dirección a la isla Contadora, en el océano Pacífico, hacia Colombia. Las redes se llenan rápidamente, y comenzamos a regresar a nuestra isla base para descargar nuestra captura. No nos hemos alejado mucho cuando la cinta de nuestra bomba de agua deja de funcionar. Intentamos utilizar una cinta de repuesto que tenemos, pero no funciona adecuadamente. La bomba sigue sin funcionar.

Eso no es nada bueno.

La bomba es lo que saca el agua del barco. Uno no se mantiene a flote por mucho tiempo si la bomba no funciona.

Transportamos aproximadamente cien toneladas de sardinas, y estamos muy bajos sobre el agua. Sin la bomba, inmediatamente comenzamos a recibir mucha más agua. Estamos aproximadamente a unos dos mil pies (600 metros) de distancia de una isla llamada Pacheca, que está cerca de Contadora. Comenzamos a hundirnos.

No hay tiempo para deliberar. Mi padre tiene que tomar una decisión rápida, una decisión que ningún capitán quiere tomar nunca.

"Vamos a llevar el barco hasta Pacheca, hasta la arena", dice mi padre. No hay tiempo para llegar a Contadora.

Él se dirige directamente hacia la isla, y estamos casi a mitad de camino allí, quizá a unos mil pies (300 metros) de distancia, cuando la cinta misteriosamente comienza otra vez a funcionar. Nadie sabe por qué, y nadie comienza una investigación. El agua comienza a ser bombeada fuera del barco y este se eleva en el agua. Mi padre está aliviado, y se puede ver en su cara; él conoce todo acerca de los riesgos que implica intentar pilotar un barco tan grande hasta la orilla. Podríamos golpearnos con una roca o un arrecife de coral, y el casco quedaría hecho jirones como si fuese queso en un gratinador. Tendríamos a bordo demasiada agua arenosa, y el motor quedaría atascado durante el resto del tiempo.

Estamos a dos horas de nuestra base, y con la bomba otra vez funcionando mi padre dice que regresamos a Contadora. El viento comienza a cobrar fuerza y las olas en el océano se van haciendo mayores, pero él tiene confianza en que no habrá ningún problema.

"Necesitamos regresar y descargar la captura", dice él. Mientras la cinta esté bien y la bomba funcione correctamente, todo irá bien.

Mi padre ha estado pescando en esas aguas durante años, y tiene buenos instintos acerca de lo que es seguro y lo que no lo es. Esos instintos le han servido bien, pero eso no significa que siempre tenga razón. Él revierte la marcha y se dirige hacia Pacheca. No hemos recorrido más de 1.500 pies (400 metros) cuando la bomba se detiene de nuevo.

Ahora son casi las 9:00 de la mañana. El agua dentro del barco comienza a subir, desde luego. El viento sigue cobrando fuerza, y pronto las olas llegan hasta ocho o diez pies (2 o 3 metros), rompiendo a ambos lados del barco. Las condiciones meteorológicas empeoran con cada segundo. El barco recibe agua a un ritmo aterrador.

Ahora no hay ninguna decisión que tomar, porque solamente hay una alternativa.

"¡Regresamos a Pacheca!", grita mi padre. Él hace un giro con el barco. La línea costera se ha convertido literalmente en nuestro único puerto en la tormenta.

No va a ser un viaje fácil o rápido, no con el agua a bordo y tan malas condiciones en el agua.

Vayamos a un puerto seguro, vayamos a la playa, sin importar lo mucho que tardemos. Sé que eso es lo que mi padre debe de estar pensando.

Y entonces el motor deja de funcionar.

No chisporrotea o hace ruido. Simplemente muere. El motor está delante del barco, y probablemente quedó ahogado por la cantidad de agua.

"¿Y ahora qué hacemos?", le pregunto a mi padre.

"Bajamos ahí e intentamos arrancarlo con la manija", me dice. Él parece estar notablemente tranquilo, dadas las circunstancias.

Bajamos por los escalones de metal hasta el casco, en medio de humedad y oscuridad, y yo agarro una ancha manija de metal y comienzo a maniobrar una y otra vez un aparato que bombea aire para generar electricidad y hacer arrancar el motor.

Nada.

Maniobro un poco más. El motor sigue sin responder.

Nuestro barco de noventa pies (27 metros) sube y baja sobre el agua como si fuese un tapón de corcho ahora. Se hunde con rapidez. No hay más tiempo para seguir maniobrando. Salimos rápidamente hacia la cubierta principal, con el agua casi a la altura de nuestra cintura.

"¡Todo el mundo a la barca salvavidas!", grita mi padre.

La barca salvavidas está hecha de hierro, tiene un hondo casco y quince pies (4,5 metros) de longitud. Luchamos contra el viento y las paredes de agua, y finalmente logramos poner la barca en el mar, y los nueve que estamos allí nos subimos. Debe de estar equipada con chalecos salvavidas, pero no los tiene. Mi padre arranca el motor y nos aleja lentamente de *Lisa*, con olas que golpean, moviendo la barca como si fuese un juguete en una bañera.

A nuestras espaldas puedo ver el barco de mi padre, y el modo de vida de nuestra familia, que se inclina hacia uno de los lados y después cae bocabajo. En minutos, desaparece por completo.

Pacheca está lejos en la distancia, quizá a unos ochocientos pies (250 metros). Bien podría estar al otro lado de la tierra. Yo estoy en el lado derecho de la barca salvavidas. Está tan hundida con todos nosotros dentro que ahora también comienza a llenarse de agua.

Yo miro hacia las luces de Pacheca. Me pregunto si voy a tener que nadar para salvar mi vida. Me pregunto cuántos de nosotros, o si alguno de nosotros, lo logrará. Las olas son una cosa, y los tiburones son otra. Hemos pescado en esas aguas muchas veces. Tiburón cabeza de martillo, tiburón punta negra, tiburón tigre: los hemos visto de todas clases.

Hay tiburones por todas partes.

La mejor esperanza para nosotros es llegar a la orilla por el lado posterior de la isla, donde hay alguna protección del viento y los mares parecen ser mucho menos violentos. Allí es exactamente donde mi padre intenta llevarnos. Es un viaje lento. Vamos arriba y abajo junto con las olas. El gran barco ya no está. ¿Va a hundirse este también?

Yo no puedo dejar de mirar el embravecido mar. Parece muy enojado. Yo no me asusto fácilmente en el agua, pero ahora estoy asustado. Nos vamos acercando un poco más a la isla, pero aún parece estar desesperadamente muy lejos. El viento y el agua siguen golpeándonos. Nadie en la barca dice ni una sola palabra. Yo tengo tanto miedo que apenas puedo respirar.

No puedo creer que podría morir debido a una bomba de agua en mal estado.

Sabía que no quería de ninguna manera ser pescador, y esa es exactamente la razón. Pienso en mi tío, y en lo que la vida de pesca le ha costado nuestra familia. Pienso en mi madre, en mis hermanos y en mi hermana. Sobre todo, pienso en Clara. Ella es mi mejor amiga, la persona con la que quiero pasar mi vida, aunque nunca se lo he dicho. La idea de que podría no volver a verla jamás es casi demasiado para poder soportarlo.

Una ola de agua me cubre por completo mientras me agarro del lado de la barca. ¿Quiero morir ahogado, o que me devore un tiburón? Tengo diecinueve años de edad, y esas son mis opciones.

De alguna manera, mi padre sigue haciendo avanzar el bote salvavidas, sorteando las olas. Yo intento mantener mi mente alejada de las opciones. Él realmente va haciendo progreso en cierta manera, incluso en un bote salvavidas que está muy lejos de ser la barca ideal en medio de unos elementos tan agresivos. Quizá pueda llevarnos hasta aguas más calmadas, después de todo. Quizá no vayamos a hundirnos.

¿Han pasado cinco minutos? ¿Diez minutos? No lo sé. Tan solo sé que ahora estamos mucho más cerca, probablemente a trescientos pies (90 metros) de tierra. El viento se está calmando y las olas parecen ser más pequeñas. Cobramos un poco más de velocidad. Nos dirigimos hacia una playa arenosa.

Vamos a lograr llegar a Pacheca.

Mi padre aumenta la velocidad y guía la barca hasta la playa. Yo salgo de un salto y grito de alegría.

¡Tierra! Estamos en tierra. ¡Nunca he sentido tan bien estar en tierra!

Nos abrazamos unos a otros. Yo incluso abrazo a mi padre, y eso es un comienzo, por lo que puedo recordar, y le doy gracias por haber hecho tan maravillosa tarea para llevarnos hasta la playa. Mi padre había avisado por radio, de modo que la policía y la Guardia Costera nos están esperando y comprueban que todos estemos bien. Nos llevan a un hotel; Pacheca es una isla turística, y tiene muchos lugares bonitos para quedarse, y allí dejan que el tembloroso y agradecido grupo tomemos un baño y sequemos nuestra ropa. Es triste el hundimiento del barco, pero este final es mejor que cualquier escenario que yo pudiera haber imaginado incluso unos minutos antes.

Finalmente, mi padre recibe un nuevo barco de la compañía para la que trabaja, pero mientras tanto, nuestra temporada de pesca ha terminado. Pasamos nuestro tiempo reparando la red. Es tedioso y consume mucho tiempo, pero yo no tengo ninguna prisa por regresar al agua. Y estoy contento de poder hacer cualquier cosa, con vida.

La casi calamidad produce otro resultado positivo: sin nuestras excursiones de seis días en el barco, puedo jugar más al béisbol con mi equipo: Panamá Oeste. Juego todo el tiempo cuando soy un niño, pero en un lugar tan pobre y remoto como Puerto Caimito, es mucho más probable que haya un partido espontáneo en la playa que ninguna cosa remotamente organizada. Yo soy uno de los jugadores más fuertes de nuestro pueblo, y con trece años de edad comienzo a viajar por Panamá como miembro de nuestro equipo provincial, jugando en equipos de otras provincias. Soy un buen jugador local, pero no es como si hubiera personas a la caza proclamándome como el siguiente Rod Carew o Rennie Stennett. Cuando tengo dieciocho años, me invitan a jugar con los Vaqueros (Cowboys) de Panamá Oeste, en la principal liga de adultos de Panamá. Juego en cualquier posición en la que los Cowboys quieran que juegue. En un partido estoy en el jardín derecho, en el siguiente partido en posición de parador en corto, y en el siguiente después de ese estoy detrás del plato. Normalmente bateo el primero, o el número dos. Puedo correr y golpear la bola en los espacios.

Sin embargo, mi posición favorita es en el jardín, porque no hay nada mejor en el béisbol que correr tras una pelota lanzada. Estoy situado en el jardín derecho en un importante partido en los *playoffs* de la liga. Tenemos a nuestro mejor iniciador en el montículo. Estamos seguros de que él va a dominar, pero hoy están todos por encima de él, golpeando desde aquí hasta el Canal, y nos estamos metiendo en un gran hoyo. El mánager sale hasta el montículo, mira alrededor durante un momento, y entonces me hace una indicación en el jardín derecho.

Yo pienso: *¿Por qué me está mirando? No debe de referirse a mí. Ni siquiera soy lanzador.*

Él vuelve a señalarme, y me indica que entre. Sí que se refiere a mí. Yo no tengo idea de lo que está sucediendo, pero me acerco.

"Sé que no eres lanzador, dice el mánager, pero vamos muy mal, y lo único que esperamos de ti es que hagas lanzamientos. No te preocupes de ninguna otra cosa. Lanza la bola por encima del plato y eso es todo".

"Bueno, lo intentaré, pero en realidad no sé lo que voy a hacer", le digo.

"Lanza golpes y estarás bien", me dice de nuevo.

"Muy bien, lo haré lo mejor que pueda", digo yo.

Siempre he tenido un buen brazo, un brazo suelto, y con bastante precisión puedo poner la bola donde quiera. Pero estoy lejos del lanzador más duro, y no he lanzado desde que lancé algunas entradas para el equipo provincial cuando tenía catorce años. Es un sentimiento muy extraño tener mi pie sobre la goma, para intentar realizar algún movimiento en ese punto.

Salgo en la segunda entrada y realizo el resto del camino. No otorgo ninguna carrera. No estoy haciendo nada bonito. No lanzo ninguna bola con efecto, y tampoco tengo ninguna posición de impulso. Recibo la bola y la lanzo, probablemente no más rápida de ochenta y cinco millas (135 km) por hora, pero me voy poniendo por delante de todos, lanzando a las esquinas, golpeando rápidamente.

Terminamos ganando el partido.

"Un gran trabajo", dice el mánager. "Nos mantuviese en el partido y nos diste tiempo para reponernos. Has salvado el partido".

No pienso más en ello. Por lo que a mí respecta, es una aventura de un día. La próxima vez, seguiré estando en el jardín o en cualquier otra posición.

Vuelvo a reparar las redes y jugar al béisbol tanto como puedo con el Oeste, imaginando vagamente una línea de tiempo para cuando vaya a matricularme en la escuela de mecánica. Unas dos semanas después, paso una tranquila tarde de domingo en la playa con Clara y mi familia. Al final del día regresamos caminando por la colina hasta la casa, y cuando llegamos, Emilio Gaes y Claudino Hernández, el jardinero centro y el receptor del Panamá Oeste, me están esperando. Quieren hablar conmigo, y como no tenemos teléfono, ir hasta allí es la única manera en que eso puede suceder.

"¿Qué hacen ustedes aquí?", digo yo.

"Hemos logrado que hagas una prueba", dice Claudino.

"¿Una prueba? ¿De qué están hablando? ¿Con quién?".

"Con los Yankees de Nueva York".

"¿Los Yankees de Nueva York?".

Pienso: *¿Realmente esperan que me crea eso?*

"Sí, quieren verte lanzar", dice Claudino.

"Les hablamos de lo bien que lo hiciste el otro día, y ellos creen que vale la pena hacer la prueba", dice Emilio.

Eso va resultando más absurdo con el paso de los segundos.

"¿Verme lanzar? Pero yo no soy lanzador", digo. "Si están de broma, por favor no sigan".

"No estamos bromeando. Lo decimos en serio, Mariano. Ellos quieren verte lanzar, y la prueba es mañana", dice Claudino.

Miro a mis compañeros de equipo con total incredulidad. No habría estado más sorprendido si Clayton Moore y Jay Silverheels llegasen a Puerto Caimito y dijesen que me iban a dar una oportunidad de aparecer en *El llanero solitario*.

Cuando les pido más detalles, Claudino me dice que quedó tan impresionado con lo que vio de mí en aquel partido, que Emilio y él tuvieron la idea de llamar a Chico Heron y hablarle de mí. Chico es un entrenador local y ojeador a tiempo parcial para los Yankees, uno de esos cazatalentos del béisbol que siempre están en un campo o en otro. Emilio y Claudino son realmente buenos tipos, pero también buscan conseguir un pedazo de la acción, si es que hay alguna. Resulta que si hablas de algún jugador a los Yankees y termina firmando un contrato, obtienes una cuota de doscientos dólares.

"Entonces ¿qué te parece?", pregunta Claudino.

Lo que yo creo es que eso es una de las mayores locuras que he escuchado jamás. Pero las redes no ganan ningún dinero cuando están dentro del barco. Y a mí me encanta jugar al béisbol.

"Les veré mañana", digo yo.

3

Dos autobuses, nueve lanzamientos

La prueba para los Yankees se realiza en el estadio Juan Demóstenes Arosemena, un legendario y viejo estadio con ornamentadas columnas de piedra en su fachada de estuco. Data de 1938, y lleva el nombre del presidente panameño que lo construyó. Las palabras latinas *Citius, Altius, Fortius* (más rápido, más alto, más fuerte) están grabadas en la piedra en la entrada principal. Yo no estoy convencido de que vaya a ser ninguna de las tres cosas, pero estoy allí para probar. Muchos de los principales torneos de la Central American y la Panamericana se realizan en el Juan Demóstenes Arosemena. Paso la primera mitad del día reparando redes con mi padre, que no está tan emocionado de que me vaya, pero a regañadientes me da permiso.

"Termina todo lo que puedas antes de irte", me dice.

Salgo para la ciudad de Panamá a la 1:00 de la tarde. Tomo un autobús desde Puerto Caimito hasta Chorrera por 45 centavos. Después hago un cambio y tomo otro autobús que me lleva a la ciudad de Panamá, por 65 centavos. El viaje dura hora y media, y para entonces tengo hambre, así que me detengo en una bodega y compro seis pequeños rollos, que llamamos pan de huevo, por 5 centavos cada uno, y una botella de leche por 25 centavos. Eso significa que no tendré 1,10 dólares para el viaje de regreso en autobús, pero normalmente los conductores son buenos a la hora de permitirte entrar hasta la próxima vez.

Hay una caminata de veinte minutos desde la parada del autobús hasta el estadio. Gran parte del recorrido es por un barrio llamado

Curundú, una parte pobre de la ciudad con casas en mal estado, terrenos vacíos y perros hambrientos que vagan por casi todas partes donde se mire. Hay basura dispersa por todo el lugar. Se ven borrachos, personas sin hogar y vagabundos por la calle. El delito está muy extendido. No es un barrio en el que uno quiera quedarse, pero la gente me dice que nadie se mete con los jugadores de béisbol. Camino rápidamente y sin detenerme. Atravieso el barrio sin ningún problema.

Es bueno que los Yankees no tengan una norma de vestimenta para las pruebas. Si la tuvieran, me enviarían directamente de regreso a Puerto Caimito. Me presento con unos viejos pantalones verdes, una camisa deshilachada, el zapato con el agujero... y sin guante. Allí están otros veinte candidatos, y cuando yo llego con mi ropa tan desgastada, veo que me señalan y se ríen de mí.

Me imagino que dicen: *Miren, van a hacerle una prueba a un vagabundo.*

He jugado partidos en el estadio anteriormente. Conozco la distribución y el tamaño, con asientos para 25.000 personas, así que estoy bastante familiarizado con lo que me rodea. Lo primero que hago es mirar a Chico Heron, el ojeador de los Yankees que ha organizado la prueba. Chico es un hombre bajito y gordito que siempre lleva una gorra de los Yankees sobre su rizado cabello. Le conozco desde hace años; no se puede ser un jugador de béisbol en Chorrera o Puerto Caimito o en cualquiera de las ciudades circundantes y no conocerle. Estrecho su mano y le saludo.

"Me alegro de que estés aquí, Mariano. Vamos a echar un vistazo a algunos jugadores, y me gustaría que tú seas mi lanzador. He oído que lo hiciste bien el otro día. ¿Ahora también lanzas?".

"Bueno, un poco. No es que lance todos los días, ni nada parecido. En realidad, solamente lancé esa vez, porque el equipo me necesitaba".

"Muy bien. Sal ahí, calienta un poco y después comenzaremos".

Chico me había visto jugar una vez anteriormente, aproximadamente un año antes. Me estaba viendo como parador en corto cuando jugué algunos partidos allí para el Oeste. Hice la mayoría de jugadas, y conseguí un par de hits, pero Chico no vio lo suficiente en mí para recomendarme como candidato. Le preocupaba que yo no fuese un bateador bastante bueno para ser candidato a profesionales, y debido a que me había visto anteriormente, no se emocionó mucho cuando recibió la llamada de Claudino y Emilio.

"Ya he visto a Mariano Rivera como parador en corto", les dijo Chico.

"No le ha visto como lanzador", dice Emilio. "Tiene que echarle un vistazo".

"Confíe en mí. Yo le he visto", dice Claudino. "Es un muchacho que puede poner la bola donde quiera".

Yo reconozco a algunos de los muchachos que están en la prueba por haber jugado contra ellos. Con veinte años de edad, soy uno de los jugadores más mayores que están allí. El muchacho al que realmente quieren ver es un lanzador con un gran cuerpo llamado Luis Parra, un lanzador realmente duro. Hay otro lanzador que les gusta mucho, pero yo ni siquiera conozco su nombre. Le pregunto a uno de los muchachos si puedo tomar prestado un guante, y comienzo a calentar. No me preocupa Luis Parra o ningún otro. Ni siquiera está en mi mente intentar impresionar, ni hacer otra cosa que no sea jugar al béisbol. La ansiedad por el rendimiento no está en mí. ¿Qué es lo peor que pueden hacer si no les gusto: enviarme a casa? No estoy pensando en que esa es mi gran oportunidad para escapar de Puerto Caimito y cambiar el curso de la vida de mi familia para siempre.

Lo único que pienso es: vamos a jugar al béisbol, y después tomaré los autobuses para regresar a casa.

Unos minutos después, Chico me llama.

"¿Por qué no te pones en el montículo y lanzas algunos tiros?".

"Claro que sí".

Me dirijo hasta el montículo y cavo un poco delante de la goma. Cuando miro hacia abajo, veo mi dedo gordo del pie que sobresale por mi zapato derecho, pero no le presto atención. Me sitúo hacia el plato, y lanzo desde la posición tradicional. Me echo hacia atrás con mi pierna izquierda, levanto ligeramente mis manos, y después echo hacia delante mi pierna izquierda para lanzar con mi mano derecha. Hago el lanzamiento: una bola rápida a la esquina. Recibo de nuevo la pelota del cátcher, y vuelvo a lanzar, otro golpe que llega hasta el guante del cátcher. Lanzo con facilidad, con fluidez, y sin debilidad en mis miembros, y aparentemente con poco esfuerzo. Puede que mi constitución sea la de un limpiador de tuberías, pero la pelota parece saber dónde tiene que ir.

Hago un total de nueve lanzamientos. Son todos ellos bolas rápidas y rectas, porque esa es mi única manera de lanzar.

"Muy bien, Mariano. Eso es todo lo que necesito", dice Chico.

No estoy seguro de lo que quiere decir. ¿Nueve lanzamientos? ¿Eso es todo? ¿Es momento ya de regresar a las redes de pesca?

Unos minutos después, Chico me aparta a un lado.

"Me gusta lo que he visto en ti hoy. Me gustaría que sigas viniendo durante el resto de la semana, y entonces Herb Raybourn, director de ojeadores de latinoamericanos para los Yankees, te echará un vistazo. Herb es quien tiene que hacer la llamada final. ¿Qué te parece eso?".

"Está bien, Chico", digo yo. "Mientras pueda salir del trabajo, regresaré. Gracias por probarme hoy".

"Espero verte mañana", dice Chico.

Regreso caminando por el barrio, esquivo a unos cuantos mendigos, y me subo a un autobús y después a otro (y hablo con el conductor para que acepte una tarifa reducida de veinticinco centavos ese día). Mi padre refrenda las sesiones de prueba adicionales. El resto de mi semana sigue el mismo horario. Remiendo redes de pesca en la mañana, tomo dos autobuses y atravieso Curundú para llegar al estadio Juan Demóstenes Arosemena en la tarde. Trabajo para Chico durante toda la semana, y todo va bien. Juego al béisbol cada día, y tengo tiempo lejos de las redes, que siempre se agradece. Herb Raybourn aparece al final de la semana. Me entero de que lanzaré contra el equipo nacional panameño. No sé mucho más, excepto que estoy seguro de que lanzaré en último lugar. Parra es obviamente el lanzador en quien están más interesados, y hay otros muchachos a los que han estado mirando más de cerca durante la semana, muchachos que han estado lanzando más y recibiendo muchos más comentarios.

Yo soy el muchacho de entre los que quedan. Hasta ahí lo tengo muy claro.

Y está bien. No ardo por enseñarles una lección por haberme subestimado. No estoy lleno de enojo interior al ver a Luis Parra o a los otros muchachos. Nada en realidad entiendo sobre lo que podría significar hacerlo bien aquí. Es como si estuvieran hablando en un idioma extranjero, como el inglés, siempre que me hablan. Yo me limito a hacer lo que me piden. Me dicen que vaya allí, y yo voy allí. Me dicen que vaya allá, y yo voy allá, y donde ellos me digan que lance, yo lanzo. No veo el futuro. Ni siquiera puedo imaginarlo.

¿Por qué no están las posibilidades en mi radar?

¿Qué es un radar?

El último día, tomo los dos mismos autobuses y me detengo para comprar el mismo pan de huevo y leche. Cuando llego al estadio, veo a Herb hablando con Chico. Herb tiene el cabello blanco y constitución mediana, y su pistola de radar está lista para funcionar. Al igual que Chico, se sorprende al verme como lanzador, porque él también me había visto como parador en corto. Yo conozco un poco a Herb. Él solía trabajar para los Piratas de Pittsburgh y firmó con varios grandes de la liga panameña, incluidos Omar Moreno, Rennie Stennett y Manny Sanguillén. Pero principalmente le conozco porque una vez firmó con mi tío, Manuel Girón, el hermano de mi madre. Manuel también era lanzador, y muchas personas pensaban que él sería el primer jugador de Puerto Caimito en llegar a las Grandes Ligas. Jugó tres años para los Piratas y después lo dejaron ir. Regresó a Puerto Caimito y se puso a trabajar, ¿dónde?, en el negocio de la pesca. Mi tío nunca hablaba mucho de su carrera en el béisbol, y yo no le preguntaba. Él regresó a casa, lo que les sucedía a casi todos, y eso era todo.

Una media hora antes de que comenzase el partido, Herb me encuentra en el banquillo.

"Vas a lanzar el primero, así que deberías calentar pronto", me dice.

Yo quedo sorprendido.

"¿Yo comienzo?".

"Sí. Quiero ponerte ahí fuera y enseñarles a esos tipos cómo se lanza", dice Herb con una sonrisa.

Yo pienso: *Seguro que está bromeando.*

Relajo mi brazo y me siento bien mientras camino hacia el montículo. Herb está detrás del plato con su pistola de radar. Yo no sé lo que él espera, o qué números aparecerán en la pistola. No me preocupa eso tampoco. Por la poca experiencia que tengo, entiendo lo bastante de lanzar para saber que implica mucho más que los dígitos que aparezcan en una pistola de radar.

El bateador se sitúa en posición y yo me preparo enseguida. Realizo la rutina rápidamente, lanzando un tiro tras otro, bateador tras bateador. No hay engaño alguno en nada de lo que hago. La pelota va exactamente donde yo quiero que vaya, en casi cada tiro. La zona de lanzamiento parece tan grande como el lateral de una casa. Mi enfoque, incluso entonces, es no complicarme y salir de allí rápidamente.

Hago tres entradas, poncho a cinco bateadores y me dan un hit. No estoy contando, pero probablemente no lanzo más de treinta o treinta y cinco tiros, casi todos ellos bolas rápidas y rectas, con uno o dos cambios de velocidad muy primitivos en otras. Cuando me retiro, Chico estrecha mi mano.

"Buen trabajo, Mariano. Has terminado por hoy. Vamos a mirar ahora algunos de los otros muchachos".

Le doy las gracias y me siento en el banquillo, y veo a Parra y a los demás, deseando poder salir allí otra vez y jugar más, quizá correr por el jardín. No para causar ninguna impresión. Tan solo para jugar. Prefiero jugar que mirar. Después del partido, Herb me pregunta si podemos charlar durante unos minutos.

"Claro, desde luego", le digo.

"Te viste muy bien hoy", me dice él.

"Gracias".

"Hiciste que algunos buenos lanzamientos parecieran muy normales".

"Gracias".

"Creo que tienes futuro como lanzador. Me gustaría hablar contigo y con tus padres acerca de firmar un contrato con los Yankees de Nueva York. ¿Puedes regresar aquí mañana y reunirte conmigo, y entonces iremos a tu casa para poder reunirnos todos y hablar de esto?".

"Sí, claro. Por mí estaría bien", digo.

No estoy seguro de por qué Herb quiere que me reúna con él, en lugar de ir él directamente a Puerto Caimito, pero hago lo que me dice. Después de llegar al estadio, viajamos juntos por las colinas y el trecho de bosque tropical, atravesamos Chorrera y finalmente regresamos a mi pueblo. Mi padre está en el barco cuando llegamos, así que tengo que ir a buscarle. Herb lleva con él un pequeño maletín. Me pregunto que habrá dentro, y me pregunto qué significa todo eso, porque sigue sin estar claro para mí.

Cuando entramos todos a nuestra pequeña casa, Clara también está allí, y eso es un gran consuelo. Si algo importante me está sucediendo a mí, quiero que ella esté. Herb abre su maletín y pone el contrato sobre la mesa, y explica lo que sucede desde ahí, mientras Clara y mi familia escuchan, y todos estamos asombrados.

Con la bendición de mis padres, firmo un contrato con los Yankees de Nueva York. Voy a recibir un extra de 2.000 dólares por ser jugador de béisbol. Es el 17 de febrero de 1990, un sábado.

Mi pequeña canica está a punto de hacerse mucho más grande.

4

Revelación de la Costa del Golfo

Llegar al Nuevo Mundo no es fácil. Mi compañero candidato, Luis Parra, es mi compañero de viaje. Tenemos que cambiar de avión en Miami. Eso significa recorrer el aeropuerto de Miami, encontrar una nueva puerta y llegar allí antes de que se vaya el avión. Luis está tan perdido como yo. Es como si nos hubieran soltado en medio de una gran ciudad en un país extranjero, porque así ha sido. Hay personas caminando apresuradamente con expresiones frenéticas en sus caras. Bebés gritan. Suenan anuncios. Nunca he visto a tantas personas ni he visto un caos igual.

Afortunadamente, hay tantas personas que hablan español que, después de pedir ayuda a unas diez, nos las arreglamos para llegar a la puerta para el corto viaje hasta Tampa. El vuelo es memorable solo porque descubro, en el segundo viaje en mi carrera, que me aterroriza estar lejos de tierra. Volaré millones de millas en mis siguientes veinte años de carrera. Nunca mejora.

Nos bajamos del avión y comenzamos a caminar por los pasillos del aeropuerto de Tampa. Es menos frenético, pero sigue siendo asombroso. Veo todas esas señales y carteles en inglés que soy incapaz de entender.

¿Bagel? ¿French fries? ¿Home of the Whopper?

¿Qué significan todas esas cosas?

¿Baggage claim? ¿Lost and found? ¿Ground transportation?

¿Puede alguien por favor explicármelo?

Parra y yo seguimos caminando. Tenemos un único objetivo:

41

encontrar a un tipo que lleve una gorra y una chaqueta de los Yankees. Eso es lo único que nos dicen: busquen a un hombre llamado Chris que llevará ropa de los Yankees. Es un hombre gordito, de unos treinta y tantos años. Es imposible que no le vean.

En realidad, podríamos no verle, muy fácilmente. Si alguna otra persona llevase una gorra y una chaqueta de los Yankees, tendríamos problemas. Ellos probablemente no dejarían a fichajes importantes que no hablan inglés solos en un aeropuerto extranjero, pero nosotros somos insignificantes muchachos panameños que firman apenas por el equivalente a una libra de camarones. Así que no, nosotros no vamos a recibir tratamiento de realeza.

Vamos a buscar a Chris y su vestimenta de los Yankees.

Bajamos en el elevador, cerca de la cinta de equipajes. Esperamos.

"Mira, allí hay un tipo con una chaqueta de los Yankees. Quizá sea él", le digo a Parra. "Parece como si estuviera esperando a alguien".

Nos acercamos.

"¿Chris?", pregunto.

Él extiende su mano.

"Soy yo. Bienvenidos a Tampa. Ustedes deben de ser Mariano Rivera y Luis Parra. Vamos, agarraremos sus maletas y después iremos a las instalaciones".

Ninguno de nosotros tiene idea alguna de lo que él está diciendo. El inglés no es ni siquiera nuestro segundo idioma. No es nuestro idioma en ningún sentido. Nuestras caras de asombro lo muestran.

El corto trayecto desde el aeropuerto hasta las oficinas centrales de los Yankees me deja sin habla. Las carreteras son muy grandes...y están muy asfaltadas. Los edificios de oficinas y pisos son inmensos, y nuevos, y se ven impresionantes. La distribución de todo es sorpresivo en tamaño y ámbito, y entonces entramos en las instalaciones de los Yankees y nos bajamos del auto, y mi asombro despega como si fuese una lancha motora en el Canal.

Miro hacia un lado y veo el campo de béisbol más hermosamente cuidado que haya visto jamás. Miro hacia el otro lado y veo otro campo, igual de perfecto, y después veo otros dos detrás, y me pregunto cómo pueden verse así esos campos de béisbol (supongo que el césped no lo corta un muchacho con un machete).

Ya no estoy en El Tamarindo. Estoy en el béisbol celestial.

Hay oficinas impecables y una espaciosa sede. Hay cajas de bates, salas de entrenamiento, y más bates, pelotas y cascos de los que yo sabía que existían. Chris, que es un hombre de la sede cuando no conduce al aeropuerto, nos entrega nuestro equipamiento y uniformes de entrenamiento. También recibo un guante y un par de botines, así que puedo deshacerme del par con el agujero. Es como Navidad en abril.

Nos dirigimos a Bay Harbor Inn, el cercano hotel que pertenece al dueño de los Yankees, George Steinbrenner; es donde viviremos durante la temporada. Yo me he quedado en algunos moteles de carretera que cuestan diez o doce dólares por noche al viajar por Panamá, pero esos son lugares donde uno tiene suerte si consigue una cama. Aquí, Parra y yo tenemos un televisor y nuestro propio cuarto de baño. Tenemos un montón de toallas, jabones y champú. También hay servicio de habitación.

"¿Qué es el servicio de habitación?", me pregunta Parra.

"No tengo ni idea".

Luis y yo no nos aventuramos a alejarnos del hotel con frecuencia, principalmente debido a la barrera del idioma. Cuando salimos a comer, si no tenemos un camarero latino, señalamos a la fotografía que hay en el menú y que se ve bien. Los platos con iguana están extrañamente ausentes.

Cuando salimos al campo y comenzamos los entrenamientos, yo quedo sorprendido al instante por el tamaño de los jugadores, especialmente de los lanzadores. Todos ellos son grandes, y bastantes son corpulentos. Nuestro principal lanzador, un muchacho zurdo de la Universidad Duke llamado Tim Rumer, mide 6.3 pies (1,90 metros) y pesa más de 200 libras (90 kilos). Russ Springer, de la Universidad Estatal de Louisiana, mide 6.4 pies y pesa unas 200 libras, e incluso un diestro de 6 pies (1,80 metros) de Clemson, Brian Faw, pesa unas

30 libras (13 kilos) más que yo. Veo lanzar a esos muchachos y me figuro que la pistola de radar está a punto de romperse, pues ellos lanzan muy duro. Rumer tiene una bola con efecto que cambia a unos dos pies (60 cm).

Pero cuanto más tiempo estoy en el campo con los Yankees de la Costa del Golfo, más entiendo que puedo competir con ellos. Cuando corremos y hacemos ejercicios, yo estoy allí con todos los demás. Y cuando estoy en el montículo descubro que, a pesar de lo delgado que soy, y a pesar de lo poco impresionante que es mi bola recta de 86-87 millas (138-140 km) por hora, puedo hacer una cosa mejor que casi todos los demás:

Poner la pelota exactamente donde yo quiera.

A la mayoría de lanzadores novatos en el béisbol, los entrenadores les dicen que lancen solamente *strikes*, incluso si están por encima de la mitad del plato. Cuando sabes hacer eso, se puede extender la zona de *strike* y trabajar para afinar la puntería. Pero yo no soy así. El Señor me ha bendecido con el regalo del control. Si quiero lanzar la pelota a la altura de la rodilla sobre la goma, lo hago. Si quiero rozar la goma al otro lado, también puedo hacer eso. Sigo teniendo mi único repertorio de lanzamiento, la bola recta, con una curva rápida bastante débil y un cambio de velocidad mediocre. Trabajo en el cambio de velocidad durante años, y nunca mejora. Los bateadores novatos me ven calentar y probablemente piensan: "Esto va a ser fácil".

Tim Cooper, nuestro tercera base, a veces me agarra y entrena conmigo en la zona de calentamiento: el *bullpen*. Coop, como todos le llamamos, estudió español en la secundaria, y se convierte en mi maestro de idiomas. Yo lanzo mi bola recta y él sonríe, menea su cabeza y dice: "¿Cómo es que los muchachos no golpean estos lanzamientos fuera del parque cada vez?".

Mi manager es Glenn Sherlock, y mi entrenador de tiro es Hoyt Wilhelm, el exlanzador de bolas de nudillo. Los dos son buenos tipos, aunque yo entiendo poco de lo que dicen. Me sitúan en el *bullpen* para comenzar el año. Wilhelm hace lo que puede para ayudar, pero básicamente yo no conozco nada sobre los matices del lanzamiento. Todos los que me rodean son muchachos que han sido entrenados para hacer eso durante una década o más, y ahí estoy yo, un muchacho que llegó aquí porque una tarde de domingo los Cowboys de Panamá Oeste necesitaban a alguien para terminar un partido.

Pero cuando me meto en el partido, normalmente voy por delante del bateador, 1-2 o 0-2, cuando el anunciador termina de decir mi nombre. Sucede de esa manera muchas veces durante todo el año. Lanzo un total de 52 entradas y otorgo 17 hits y una carrera ganada. Poncho 58 y doy pasaporte a 7, y tengo un ERA (promedio de carreras limpias) de 0.17. Tim Rumer es la estrella lanzadora del equipo, uno de los mejores tipos en la liga de la Costa del Golfo, pero con mi promedio de bolas rectas tengo bastante éxito.

Eso no me sorprende.

Me asombra.

Alrededor de mí veo muchachos que son más fuertes que yo y que lanzan más duro que yo, y yo rindo por encima de casi todos ellos. Es casi como una experiencia fuera del cuerpo. Poncho a un muchacho tras otro y pienso lo mismo cada vez:

¿Y cómo es que estoy haciendo esto?

El modo en que todo está encajando es casi incomprensible. Primero, se suponía que yo debía estar en la República Dominicana, no en Tampa, pero los Yankees decidieron llevarme al entrenamiento de primavera porque ya tengo veinte años. Ahora, en las primeras semanas, ellos ven lo crudo que estoy como lanzador, y comienzan a hablar otra vez sobre llevarme a la República Dominicana para realizar trabajo extra, pero Herb interviene.

"Sí, está crudo, pero miren el dominio que tiene", les dice Herb a sus jefes de ojeadores. "Vamos a dejarle lanzar en los partidos y veamos lo que sucede".

Tiene que ser la obra del Señor. Yo estoy obteniendo resultados que están muy por encima de mis capacidades físicas. No entiendo por completo lo que sucede, pero siento que es mucho mayor que yo.

El béisbol novato es distinto a cualquier otro nivel de béisbol profesional, porque todo ello es muy nuevo y diferente para todos. Para muchachos extranjeros como yo y muchachos estadounidenses que se saltan la universidad, no es solamente nuestra primera vez lejos de casa, sino también nuestra primera vez en que jugamos tantos partidos, más de sesenta, en una temporada. Hay mucho a lo que llegar a acostumbrarse, y el rendimiento puede verse totalmente distorsionado. El principal fichaje de la selección de la liga en 1990, Chipper Jones, está en nuestra liga, y juega para los Bravos de la Costa del Golfo. Batea .229 ese año. La principal expectativa de lanzador en la liga, José Martínez de los Mets, termina apareciendo en un total de cuatro partidos de las Grandes Ligas. El principal relevista, Anthony Bouton de los Rangers de la Costa del Golfo, acumula diecisiete juegos salvados, y dos años después está por completo fuera del béisbol. Tim Rumer nunca lanza en las Grandes Ligas. Yo soy el lanzador en el puesto número veintiséis en la liga de la Costa del Golfo. No entro en el equipo de los Juego de Estrellas. Soy tan anónimo como se pueda ser. Me llevo a casa 310 dólares cada dos semanas, después de impuestos, y lo ahorro para dárselo a mis padres cuando regreso a Panamá.

Tim Cooper y yo nos vamos acercando cada vez más a medida que avanza la temporada. Incluso le permito que me corte el cabello. Él hace un buen trabajo, y también me enseña sobre el humor en el béisbol. "No puedo hacer nada con respecto a tu cara", me dice. Viajamos por la Costa del Golfo en autobús, a Dunedin, y Clearwater y Bradenton, y establecemos una regla: Coop tiene permitido solamente hablar español, y yo tengo permitido solamente hablar inglés. Algunas personas van con Berlitz para aprender un idioma; otros van con Rosetta Stone. Yo voy con Tim Cooper, de Chico, California. Comienzo a agarrar algunas palabras, incluso algunas frases, y entiendo aún más cuando vamos a jugar al billar americano después de cenar. Apostamos 1 dólar por partido, y yo me hago con mucho dinero de Coop. (Llegué a ser bastante bueno en el billar americano en los clubes en Chorrera). Aprendo a decir: "Esto es como tomar un caramelo de un niño".

También vamos muchas veces a pescar. Detrás de Bay Harbor hay un embarcadero de madera, y compramos unas cañas de pescar y lanzamos los cebos al agua. Si los peces no pican en el embarcadero, nos adentramos en el Golfo. Mayormente pescamos bagres, y después los soltamos y pescamos otros. No puedo alejarme de los peces dondequiera que vaya.

En un viaje en autobús un día hasta Sarasota, Coop decide subir el nivel de mi inglés.

"Muy bien, ahora vamos a representar un papel", dice Coop. "Tú acabas de ganar el séptimo partido de la Serie Mundial, y Tim McCarver quiere hablar contigo. No puedes llamar a un intérprete, pues eso matará el momento. Tienes que ser capaz de hablar inglés, así que bien podrías comenzar en este momento. ¿Listo?".

Y Coop presenta a su mejor Tim McCarver:

"Mariano, ¿podrías haber imaginado esto cuando estabas en Panamá, lanzar en la Serie Mundial para los Yankees?".

"En realidad no. Es sorprendente. Gracias al Señor fui capaz de conseguir esos últimos outs".

"Tuviste que enfrentarte a tres fuertes bateadores al final. ¿Cuál fue tu enfoque?".

"Tan solo quería hacer buenos lanzamientos y ponerme por delante".

"Solías trabajar en el barco de pesca de tu padre, y ahora eres un campeón mundial. ¿Qué has aprendido a lo largo del camino?".

"Creo que si tienes la ayuda del Señor, puedes hacer cualquier cosa. Puedes soñar cosas grandes".

Coop termina ahí la entrevista.

"Muy bueno", dice.

"Gracias", digo yo.

Los Yankees de la Costa del Golfo apenas son un equipo de .500, pero yo sigo ponchando jugadores. Cuando queda un día en la temporada, he lanzado un total de 45 entradas: a 5 entradas de calificarme para el título ERA de la liga. Sherlock consulta con la gente de desarrollo de jugadores de los Yankees y les pregunta si yo puedo ser el primero contra los Pirates para así poder conseguir las entradas que necesito, aunque había lanzado un par de entradas el día anterior. Los Yankees dan el visto bueno. No he realizado cinco entradas en toda la temporada, pero supongo que puedo hacerlo si soy eficiente.

Es 31 de agosto de 1990, un viernes. El partido es en casa, en Tampa. Realizo tres entradas a cero, y después una cuarta. Vamos por delante 3-0. Yo no he cedido un hit mientras me sitúo en el montículo en la quinta. Un bateador de los Pirates le da a la bola hacia la tercera base. Coop se lanza para agarrarla de revés, y lanza a la primera para sobrepasarle. Minutos después en el jardín, Carl Everett, el seleccionado número 1 de los Yankees ese año, deja una bola en el hueco.

Pasando a la séptima, los Pirates están aún a falta de un tiro. Han tenido un corredor de base; lo hizo cuando nuestro segunda base lanzó un tiro raso. Yo consigo los primeros dos outs en la séptima y me queda solamente uno (estamos haciendo un doble juego; en las ligas menores, eso significa que los partidos se acortan hasta siete entradas). Lo único en que pienso es en golpear el guante de mi cátcher, Mike Figga, y hacer un buen lanzamiento. No dejo que mi mente vaya a ningún otro lugar. Le lanzo al tipo una bola recta a la esquina, y un instante después estoy rodeado por compañeros de equipo.

Puede que haya unas cincuenta personas en las gradas, pero este momento, y compartiéndolo con mis compañeros de equipo, es uno de los mejores sentimientos que he tenido jamás sobre un campo de béisbol. Es el primer juego sin hits que he lanzado. Según los términos de mi contrato, también va a hacerme ganar 500 dólares y un reloj de los Yankees, pero no estoy seguro de si esos extras son efectivos para un partido de siete entradas.

Así que llamo al jefe de toda la operación de desarrollo de jugadores de los Yankees, Mark Newman, que está de viaje en Washington, y le doy a conocer mi caso con mi mejor inglés.

"Has realizado una estupenda temporada, Mariano. Te daremos tus extras muy contentos".

En la sede después del partido, los Yankees recompensan nuestro emocionante final pidiendo que traigan alitas de Hooters. Hablando en español, Coop dice: "Creo que me debes una parte del extra por salvar tu juego sin hits".

Hablando en inglés, yo respondo: "No entiendo".

Vuelo a Panamá al día siguiente con un aspecto profundamente distinto al que tenía solamente cinco meses antes. Ahora soy un lanzador. Un lanzador que quiere competir al más alto nivel que pueda. Se ha abierto una puerta a un mundo de mayores posibilidades de las que había imaginado jamás. Ya no soy un posible mecánico. Sin duda alguna, ya no soy un pescador.

Soy un jugador de béisbol profesional.

Fuera de temporada entreno con Chico Heron en un gimnasio en la ciudad de Panamá. Me levanto a las 5:00 de la mañana y tomo los dos mismos autobuses que tomé para ir a las pruebas de los Yankees en el Juan Demóstenes Arosemena, gastando los mismos 45 centavos y 65 centavos en los viajes, solo que ahora no tengo que pedir crédito. Hago eso cinco días por semana. Levanto pesas, corro, y hago regímenes de ejercicio para cobrar más fuerza y estar en forma en general. Lanzo para agarrar fuerza en mi brazo. Ahora he visto la competición, y he visto las pocas posibilidades que tiene un jugador de salir del béisbol novato. Teníamos treinta y tres muchachos en ese equipo de los Yankees de la Costa del Golfo. Solamente siete llegarán a las Grandes Ligas, y solamente cinco tendrán carreras de importancia: Shane Spencer, Carl Everett, Ricky Ledee, Russ Springer y yo.

Si no llego hasta lo más alto, no va a ser porque alguien trabajó más que yo.

Paso al béisbol nivel Clase-A en 1991, lanzando para los Hornets de Greensboro en la Liga Sudatlántico, dividiendo el tiempo entre comenzar y relevar. Para mí no hay ninguna diferencia en absoluto. Estaré en el montículo si ellos quieren. El mayor reto para mí está fuera del campo. Tuve un buen comienzo al aprender inglés gracias a Coop, pero contrariamente a Tampa, Greensboro, Carolina del Norte es un lugar donde casi nadie habla mi idioma materno, y eso produce un tremendo aislamiento. En restaurantes, centros comerciales y tiendas, mis limitaciones con el inglés me siguen golpeando.

Un día intento preguntar una dirección a alguien después de un partido.

"Perdón, mi inglés no es bueno, ¿puede decirme cómo...?".

Tartamudeo y me trabo todo el tiempo, y no puedo arreglármelas para decir nada. Pensé que estaba mucho más avanzado, pero ahora mi inglés parece estar empeorando. En otra ocasión, le hice una pregunta a un dependiente en una tienda sobre un producto, y de nuevo no conseguí nada. Regreso a mi apartamento sintiéndome muy solo, más derrotado de lo que me he sentido en el campo durante toda la temporada. No sé por qué eso me afecta en ese momento, pero así sucede. Me siento como una sardina fuera del agua, enredada en una red sin ninguna posibilidad de escapar. Me siento muy mal, completamente abrumado. Comienzo a llorar. Voy al cuarto de baño y me lavo la cara, después me miro en el espejo. Apago la luz y me voy a la cama.

Sigo llorando.

Mi festín lingüístico de autocompasión no dura mucho tiempo. Me encuentro con Coop al día siguiente.

"Necesito trabajar en el inglés, Coop. No me va bien. Tengo que poder hablar cuando gane la Serie Mundial, ¿no?".

Coop sonríe. "Nos quedan muchos viajes por carretera este año", me dice. "Vas a poder dar discursos cuando hayamos terminado".

No doy demasiados discursos, y tampoco doy demasiadas carreras. Mi codo se resiente durante toda la temporada, sinceramente, pero no digo nada porque no quiero que nadie lo sepa. No tiene sentido poner en peligro nada al hablar sobre un dolor que puedo manejar. Por tanto, sigo lanzando. Gracias a los viajes por carretera mucho más largos en la Liga Sudatlántica, Coop y yo tenemos viajes de cuatro, de seis y de ocho horas para hablar inglés y español. Las horas extra marcan la diferencia. Me siento cómodo al hablar inglés al fin. Ya no sigo estando perdido. No estoy solo. Tim Cooper es un gran compañero de equipo. Corta el cabello, da clases de idiomas, salva juegos sin hits. Él y yo aprendemos mucho en esos largos viajes, y no sólo idiomas.

"Si alguna vez llegamos a lo más alto, hagamos el trato de que nunca seremos un tipo de las Grandes Ligas", dice Coop. "Nunca vamos a actuar como si fuésemos mejores que cualquiera o menospreciando los demás, porque no es eso lo que hacen los verdaderamente grandes".

"Correcto", digo yo. "No seremos tipos de las Grandes Ligas. Nos mantendremos humildes. Recordaremos de dónde venimos".

"Lo importante es cómo se trata a las personas. Eso es lo que realmente importa, ¿verdad?", dice Coop.

"Amén, Coop".

Esa sencilla verdad se convierte en un faro para cómo vivir la vida para mí, en el béisbol y fuera del béisbol. Al Señor no le interesa la riqueza, la fama o cuántas jugadas salvadas tenga alguien. Todos somos hijos de Dios, y el Señor se interesa por la bondad y el amor que hay en nuestros corazones. Eso es todo.

Mi fe en lo que es importante me ayuda a apreciar el momento. Los jugadores en las ligas menores siempre maldicen los maratonianos viajes en autobús, las horas llenas de humo que se supone son la temible esencia de la vida en las ligas inferiores. Yo, no puedo verlo del mismo modo. Sin esos viajes en autobús, no aprendo el idioma que tengo que aprender, ni reafirmo los valores por los que quiero vivir.

Termino el año con un ERA de 2.75 y más de un ponche por entrada, aunque mi récord no es el mejor (4-9). Sigo siendo un completo don nadie en la órbita de los candidatos, pero ¿sabes qué atención presto a Baseball America y toda esa tontería del ranking?

Ninguna.

No me importa lo que diga alguna lista de ranking, qué juicio arbitrario produzca una computadora basándose en un puñado de datos. Cuando me dan la bola, yo la tomo. Golpeo. La mayoría de las veces poncho a jugadores.

Lo sencillo es lo mejor.

Mi viaje de regreso a casa después de la temporada que dura solamente cuatro días, porque tengo que regresar para la liga instruccional. Lo único que quiero hacer es ver a Clara. Ahora llevamos juntos seis años. Ella se reúne conmigo en el aeropuerto y yo le doy un abrazo y un beso. Sé que es el momento. Tres años antes de firmar, Clara y yo salimos a dar un paseo y nos sentamos en un banco en un pequeño parque cerca del agua. Era una noche hermosa y estrellada, y miramos al cielo y decidimos que si alguno de nosotros veía una estrella fugaz, pediría un deseo, pero tenía que desearlo en voz alta antes de que desapareciera.

De repente, una estrella fugaz cruza el cielo.

"Casarme con Clara", dije yo tan rápidamente como pude decir las palabras. Clara se rió. Los dos sabíamos que no íbamos a casarnos a los diecisiete años, pero ahora es un momento diferente, el momento apropiado.

La noche siguiente, invito a Clara a ir a un restaurante chino en la ciudad de Panamá llamado Don Lee. Tomamos los dos autobuses, el viaje normal. Don Lee no es elegante, pero nos gusta; y es lo único que podemos permitirnos. Está en el distrito bancario, con el nombre escrito con grandes letras de neón. Cuando nos acercamos al restaurante, hay un tipo vendiendo rosas.

Yo compro una y se la regalo a Clara.

Nos sentamos en el restaurante.

"Te amo mucho, y te he extrañado mucho cuando estaba fuera", le digo.

"Yo también te quiero y te he extrañado", dice Clara.

Nos llevan el menú y el agua. Yo sé por qué estamos allí, pero parece que no me salen las palabras. Sigo mirando a Clara al otro lado de la mesa. ¿Cuánto amo a esa mujer? ¿Cuánto quiero pasar mi vida con ella?

Siguen sin llegar las palabras. Los fideos han llegado, pero no las palabras.

Finalmente, Clara dice: "Llevamos juntos todos estos años. ¿Hacia dónde va esto?".

Yo sonrío, y agarro su mano. Me siento tonto de que Clara tome la iniciativa, pero esa es una de las razones por las que la quiero. Su fortaleza; su convicción; su sentido del momento.

"¿Hacia dónde va esto?", digo. "Quiero casarme, Clara. No quiero seguir estando lejos de ti. Regresaré en poco más de un mes. Es una locura, lo sé. Yo no estaré, de modo que tendrás que organizarlo todo. Todo el trabajo, todos los planes; pero quiero que nos casemos, y me gustaría hacerlo cuando regrese".

"Muy bien", dice Clara. "No sé por qué has tardado tanto tiempo".

Yo regreso para la enseñanza, y Clara se ocupa de todo: las invitaciones, la recepción, la comida, la música, el fotógrafo. Nos casamos delante de un juez el día 6 de noviembre de 1991, y después realizamos la boda pública, y la fiesta, el 9 de noviembre. La celebración se realiza en el Fisherman's Hall en Puerto Caimito. Yo soy hijo de pescador de un pueblo de pescadores. ¿Estaban esperando el Ritz-Carlton? El Fisherman's Hall es un pabellón con un tejado y sin paredes. Clara cocina. Mi madre cocina. Incluso yo cocino. Todos pasamos los últimos días preparando arroz con pollo, puerco asado, empanadas, tamales, todo tipo de cosas. Tenemos ceviche como aperitivo. El primo de Clara es nuestro fotógrafo.

Comemos, nos reímos y bailamos. Es tan sencillo como puede ser, con el olor a pescado en el aire, y es el día más feliz de toda mi vida porque es exactamente de lo que debería tratarse un día de boda: una celebración de lo bendecidos que somos de ser el verdadero amor el uno del otro.

5

El peor corte

Sı HE TENIDO UN mejor año en mi vida que 1991, no puedo recordar cuándo. Me caso con Clara, progreso como lanzador y aprendo a hablar un inglés razonable. Hay solamente un problema en medio de todo lo bueno. El dolor en mi codo nunca mejora. De hecho, a pesar de mis decididos esfuerzos por ignorarlo y orar para que desaparezca, empeora. Nuestro entrenador Greg Spratt y yo, nos las arreglamos lo mejor que podemos. Le pongo hielo todo el tiempo, y me aseguro de calentar adecuadamente. Pero el dolor nunca cesa, y tan solo espero que el descanso fuera de temporada haga que deje de doler.

Con la boda a nuestras espaldas, Clara y yo comenzamos nuestra vida juntos en una diminuta habitación en la casa de su madre en Puerto Caimito, un espacio un poco mayor que una sala de entrenamiento, con lugar para una cama doble y poco más. Nuestro armario consiste en dos clavos y un palo de escoba. Afortunadamente, tenemos muy poca ropa. La vida es humilde incluso según las normas de Puerto Caimito, pero yo tengo un plan, y es ahorrar cada moneda que pueda para construir nuestra propia casa. Vivimos con la madre de ella, y el palo de escoba, durante cuatro años, incluso después de que yo llegase a las Grandes Ligas.

Uno tiene que hacer lo que necesite hacer.

Paso el invierno entrenando otra vez con Chico, una rutina regular de levantarme a las 5:00 de la mañana, tomar los autobuses Puerto Caimito/Chorrera/ciudad de Panamá, e incluso mientras estoy en el trabajo, estoy muy agradecido por la lealtad y la bondad de este hombre. Él tan solo da y sigue dando. Su recompensa es ver que me vaya bien. Eso es todo. Me lleva a lugares, organiza entrenamientos, me ayuda con la mecánica, me enseña cómo ser un profesional: sus contribuciones no conocen límites. Para todo lo que yo necesite, Chico Heron está ahí. Uno no se olvida de personas como él.

Y produce resultados: todo el trabajo y toda la ayuda de Chico. En la primavera de 1992 soy ascendido a la categoría Clase-A, y a los Yankees de Fort Lauderdale de la liga del estado de Florida. No es el Yankee Stadium, pero si sigues ascendiendo, incluso nivel a nivel, normalmente significa que sigues estando en el meollo. Del modo en que yo lo veo, si pongo toda mi concentración en lograr que cada lanzamiento sea bueno, ¿es posible que me equivoque? No tengo un calendario. Mi calendario es el siguiente lanzamiento.

Uno de mis compañeros de equipo en Fort Lauderdale es un muchacho de quien había oído hablar mucho. ¿Quién no habría oído de Brien Taylor? Él fue la elección número uno en la selección de las Grandes Ligas en 1991, el premio de los Yankees por tener su peor récord en casi setenta y cinco años, terminando 67-95, en último lugar en la Liga Americana por un amplio margen. Brien firmó por un récord de 1,55 millones de dólares, un contrato que fue negociado por su madre, Bettie, y por el consejero de la familia, Scott Boras, y que instantáneamente le hizo ser "The Future of the The Franchise", y una atracción turística antes ni siquiera de ponerse su uniforme.

Brien calienta antes de un juego de la Liga del Estado de Florida, y la escena alrededor del *bullpen* se parece a un centro comercial dos días antes de Navidad, con todo el mundo deseando ver al joven zurdo más famoso en el béisbol. Él es rodeado de seguidores y personas que buscan autógrafos dondequiera que va. En una ocasión está tan rodeado que se cae, y casi le pisotean. Su jersey con el el número 19 realmente se lo robaron de nuestra sede, un delito que no creo que se resolviera nunca. Todo el mundo está inmerso en la manía Brien Taylor, incluso Mark Newman, el jefe de la liga menor de los Yankees, quien, después de la primera aparición de Brien, o quizá la segunda, le compara con Mozart. Yo ni siquiera soy comparado a un cantante de los coros de Menudo.

Además de la diferencia de 1.548.000 dólares en nuestros extras, Brien y yo estamos separados por...todo. Él es zurdo y afroamericano, un chico de universidad del este de Carolina del Norte. Yo soy un latino diestro, un muchacho de veintidós años del sureste de Panamá. Él es un prodigio; yo soy un proyecto. Él se crió en las playas del Atlántico; yo me crié en las playas del Pacífico. *Sixty Minutes* quiere hablar con él para realizarle un perfil. *Sixty Minutes* no conocería mi nombre ni siquiera aunque tuviera un programa. Él tiene un Mustang nuevo con un sistema de sonido trucado. Yo ni siquiera sé conducir.

Aun así, conectamos fácilmente. Él me resulta un chico rural del sur que preferiría no tener todo el alboroto que le rodea. Es divertido estar con él, un buen compañero de equipo, alguien que quiere ser uno de los muchachos, aunque obviamente, él es distinto. Yo descubro lo distinto que es la primera vez que le veo lanzar en el *bullpen*, maravillándome de su suave movimiento, que no se puede creer que es la fuerza que está detrás de una pelota que llega al guante del cátcher como si fuese un petardo. Él lanza a 97, 98 millas (156-157 km) por hora, con la mayor facilidad que se haya visto, y tiene también una gran bola curva.

Yo observo y pienso: *Es increíble, las armas que este tipo tiene. Nunca he visto a nadie lanzar una bola de béisbol así. Vaya.*

Brien es el principal candidato en todo el béisbol, y en su primera temporada como profesional, directamente de la Universidad Beaufort's East Carteret, demuestra por qué. Él otorga 40 lanzamientos menos que entradas logradas, y pocha a 187 bateadores en solo 161.1 entradas. Su promedio de carreras ganadas es de 2.57. Su capacidad va por delante de su dominio, y sigue aprendiendo el arte del lanzamiento, pero vaya línea de base con el que comenzar. Pasa a los Albany-Colonie Yankees y a la Double-A al año siguiente, y ahora está solo a dos peldaños en la escalera profesional de las Grandes Ligas, el "Future" está casi aquí. Se le puede imaginar en el montículo del estadio de los Yankees, eliminando a bateadores del modo en que lo ha hecho toda su joven vida.

Yo pienso: *Brien va a mostrarnos el camino. No hay modo de detener al Futuro ahora.*

Y entonces, una semana antes de Navidad, en 1993, oigo la noticia. Estoy en casa en Panamá con Clara. El informe en la televisión no me resulta claro inmediatamente. Lo único que oigo son detalles incompletos acerca de Brien Taylor y una pelea. Sinceramente no suena a un gran problema. Entonces comienzan a llegar otros hechos, algo sobre defender a su hermano y participar en una pelea en un parque de caravanas en su ciudad natal, y haberse hecho daño en el hombro.

Su hombro izquierdo.

Pienso: *Que no sea verdad. Que no vaya a causar ningún impacto en su carrera en las Grandes Ligas.*

Brien termina pasando por cirugía, y está en rehabilitación durante todo el año 1994. Los Yankees le llevan otra vez en 1995, en la liga de la Costa del Golfo, queriendo que participe lentamente; pero la fluidez, la ilusión, el dominio que parecían estar ahí tan fácilmente ya no están. Él no tiene idea de hacia dónde va la bola. Un año después, va mucho peor, dando pasaporte casi a tres jugadores por entrada y aguantando un promedio de carreras ganadas que podría ser de una máquina de pinball.

No vuelvo a ver más a Brien.

Todo el episodio es muy triste; pensar que el curso de toda su vida pudo verse alterado por un arrebato de ira y un momentáneo lapsus de juicio. Uno se pregunta si lo que sucedió en el parque de caravanas tuvo algo que ver con el nombre y la fama de Brien; si el muchacho le habría perseguido si él hubiera sido solamente una persona común. Uno se pregunta por qué Brien no entendió en ese instante que meterse en una pelea no sería una buena idea. Te hace darte cuenta de cómo todo puede desmoronarse con mucha rapidez, dejando un agujero que no puede volver a repararse. Y para Brien, el agujero parecía ser aún más profundo, con una condena años después por cargos federales de tráfico de cocaína que le llevaron a la cárcel.

Obviamente, yo no estaba en el lugar de Brien aquella noche, o ninguna otra noche; por tanto, ¿quién soy yo para juzgar? Tan solo intento aprender lo que pueda de cada situación, seguir siempre aprendiendo. La vida es dura. La vida te hace humillarte. Lo único que yo puedo hacer es no complicarme y orar al Señor por claridad y sabiduría, para que su voluntad y su perfecta bondad me guíen y me mantengan a salvo. Y si alguna vez comienzo a vacilar, no es muy difícil recordar a Brien Taylor, quien realmente intercambió su jersey de los Yankees por un uniforme carcelario, un diamante de béisbol por la Federal Correctional Institution en Fort Dix, Nueva Jersey.

Los Yankees deciden que yo sea el primero en salir en 1992, y comienzo bien en Fort Lauderdale. El dolor en el codo es manejable, y si no me comparo con nuestros principales lanzadores, Brien y Domingo Jean, soy un tercero bastante bueno para la Liga del Estado de la Florida. Poncho a doce en una victoria a principios de temporada y lo sigo con una blanqueada de juego completo del Fort Myers Miracle, y recibo felicitaciones de mi mánager, Brian Butterfield, y del instructor de lanzamiento, Mark Shiflett, cuando soy el lanzador de la semana en la liga a mitad de mayo. Mi precisión es mejor que nunca, doy pasaporte a cinco jugadores en toda la temporada, y esto lanzando a un promedio de carreras ganadas por encima de dos, pero a medida que avanza el año, empiezan a surgir un par de inquietantes tendencias.

Una es que mi velocidad cae en picada después de haber lanzado sesenta o setenta tiros. La otra es que la bola deslizadora que estoy intentando lanzar parece agravar lo que sea que esté sucediendo en mi codo. Se pone lo bastante mal, de modo que los Yankees deciden incluirme en la lista de lesionados a final de julio para ver si el descanso alivia el problema.

Yo me mantengo optimista, porque eso es lo que hago. Estoy en mi tercer año productivo de béisbol profesional. No hay razón alguna para sentir pánico. Tomo un descanso de dos semanas sin lanzar, y regreso a principios de agosto contra los Dunedin Blue Jays. Los Jays tienen al bateador más peligroso en la liga, Carlos Delgado, un bateador de fuerza de veinte años de edad de Puerto Rico. Carlos va de camino a treinta jonrones, cien carreras impulsadas en la temporada, con un promedio de .324, en medio de una alineación que también incluye a Shawn Green, Derek Bell, y el jardinero canadiense Rob Butler, que termina golpeando .358, el mejor en la liga.

Es viernes en la noche en Fort Lauderdale, y yo estoy listo para el reto de una alineación repleta. Estoy lanzando bien, y paso a la cuarta entrada cuando los Blue Jays ponen a un hombre en la primera. Yo le veo cobrar una buena ventaja. Doy un batazo para no darle ventaja, pero cuando lo hago siento algo extraño en mi codo. Es difícil describirlo, pero no es normal.

Sin duda alguna, no es normal.

Agarro el tiro de retorno y tomo un momento sobre el montículo. Siento que el codo me palpita. Vuelvo a mirar al plato y lanzo, y ahora siento un sonido sordo en el codo, como si algo acabara de desplazarse de su lugar. O dar un chasquido.

O romperse.

Recibo de nuevo la bola del cátcher y hago otra pausa en el montículo. Miro alrededor del parque, y a los grupos de seguidores aquí y allá, quizá unos cientos de personas en total. Están esperando el siguiente lanzamiento, y se me ocurre que ni uno solo de ellos, nadie en todo el parque, incluso en el banquillo y el *bullpen*, sabe que yo no soy el mismo lanzador que era hace dos lanzamientos. ¿Cómo podrían saberlo? ¿Cómo podrían tener alguna pista de lo que acaba de suceder en el interior de mi codo derecho?

Yo me veo igual, pero no lo soy.

Termino la entrada y camino hasta el banquillo, con mi codo caliente y palpitando de dolor. Sé que no voy a volver a salir allí pronto, a enfrentarme a Carlos Delgado o a ningún otro.

"No puedo lanzar", le digo a Mark Shiflett. El dolor es fuerte.

El entrenador, Darren London, me rodea el codo con hielo, y paso el resto del juego en el banquillo. Es una extraña sensación estar ahí fuera compitiendo con todas tus fuerzas un momento, y al momento siguiente ser un espectador. Algo salta, y con más rapidez de la que puedes decir una palabra te lesionas. Intentas no demostrarlo, pero no puedes engañarte a ti mismo.

Sabes, sin lugar a dudas, que eso no es bueno.

¿Significa cirugía? ¿Cuánto tiempo estaré fuera? ¿Qué tendré que hacer para mejorar? Mi cabeza está llena de preguntas, pero de algún modo no siento ninguna profunda ansiedad, o nada cercano a la desesperación. Es la paz y la gracia del Señor; no puede ser ninguna otra cosa. Desde luego que no estoy contento por el dolor y las repercusiones que habrá. Desde luego que me preocupa mi futuro; pero no me pongo como un loco al respecto. Cuando las redes de pesca se dañaban o se rompían, las arreglábamos. Cuando el motor en el barco se averiaba, hacíamos todo lo posible para repararlo. Yo veo la vida con una mentalidad de mecánico. Si tienes un problema, lo identificas y te ocupas de él. Eso es exactamente lo que yo voy a hacer con mi codo.

El proceso no es siempre agradable, pero es sencillo y claro. No te haces ningún bien a ti mismo al preocuparte o mostrarlo, permitiendo que negras nubes de penumbra se asienten en tu cabeza.

"Vamos a echar un vistazo a tu codo y a ocuparnos bien de él", dice Darren London.

"Muy bien, gracias, Darren", digo yo.

Regreso a mi apartamento y pienso en llamar a Clara, pero decidido no hacerlo. No sería justo. Lo único que haría es hacerle sentir muy mal por no estar a mi lado. Después de una mala noche de sueño, ya que el codo está realmente inflamado, me realizan una serie de pruebas con un médico de los Yankees en Miami. Las resonancias magnéticas aparentemente no muestran ningún daño en el ligamento unar colateral. Después hay más pruebas, y finalmente me envían a ver al Dr. Frank Jobe, el mismo médico que operó a Brien Taylor. Él es el rey de las operaciones de codo, y el inventor de la cirugía Tommy John, un término que ha llegado a ser parte del vocabulario del béisbol de tal manera, como jonrón con las bases llenas o medicamentos para la mejora del rendimiento (PED).

Si estas algún tiempo cerca de lanzadores, te garantizo que escucharás una conversación parecida a la siguiente:

"¿Alguna vez te han hecho una Tommy John?".

"Sí, hace dos años".

"¿Cómo te fue?".

"Bastante bien. Tomó algún tiempo, pero finalmente lancé incluso mejor".

"¿Y tú?".

"Sí, la mía fue hace tres años".

"¿Cómo te fue?".

"Lo mismo. Fue un duro camino, pero ahora estoy como antes".

La cirugía Tommy John es una reconstrucción del ligamento ulnar colateral en el codo. A los codos no les gusta estar lanzando bolas de béisbol a más de 90 millas (144 km) por hora, miles y miles de veces, y cuando el ligamento se rompe, tiene que ser reconstruido con un ligamento del propio antebrazo.

En Los Ángeles, el Dr. Jobe hace el diagnóstico: tengo mucho desgaste, y tengo cosas flotando alrededor de mi codo. Voy a necesitar cirugía, pero no necesito una reconstrucción total, tan solo una limpieza profunda. Incluye la eliminación del hueso de la risa, pero al menos no me sitúa en el club de la Tommy John. Recibo las palabras del Dr. Jobe sentado en su consulta y no digo nada al principio. Estoy demasiado ocupado charlando conmigo mismo:

Esta lesión no va a definirme; no va a detenerme. Me harán la cirugía que necesito y haré todo lo que sea necesario para regresar.

El Dr. Jobe me opera el 27 de agosto de 1992. No es un día que se encontrará conmemorado en ningún lugar en los anales de la historia del béisbol (aunque es el décimo aniversario de cuando Rickey Herderson batió el récord de bases robadas en una sola temporada). Tan solo es el día en que mi codo es arreglado; y (espero) que ese sea un nuevo comienzo libre de dolor para mi carrera como lanzador.

El Dr. Jobe hace un trabajo estupendo con mi codo, y también hace un trabajo estupendo a la hora de predecir el futuro.

"Será un proceso con altibajos", dice. "Puede que un día te sientas muy bien, y al día siguiente no. Eso es normal; es parte del proceso. No te desalientes si no progresas cada día, pues se necesita tiempo para que el codo se cure por completo. Tan solo ten paciencia y sigue haciendo tu trabajo, y todo irá bien".

Estoy fuera hasta la primavera de 1993, con una breve estancia otra vez en la Liga de la Costa del Golfo, y después me uno a la rotación en Greensboro. Tengo que quitarme la oxidación de encima, y no tengo el ímpetu que tenía antes, y naturalmente me sitúan en un conteo bajo de lanzamientos, pero en diez comienzos tengo un promedio de carreras limpias por encima de dos, y eso no es nada por lo cual desalentarse. Todo va encajando en su lugar, del modo tan vacilante en que el Dr. Jobe me dijo que sería.

Todo es bueno para mí en Greensboro, y hay un extra añadido también, porque hago una nueva amistad. Él es nuestro parador en corto, quizá el único muchacho en el equipo que es más delgado que yo. Fue la principal elección de los Yankees el año después de que escogieran a Brien Taylor. Su nombre es Derek Jeter, de Kalamazoo, Michigan. Yo le había conocido anteriormente, en el campo de las Ligas Menores, pero esta es la primera vez que juego con él, y es cierto tipo de espectáculo, porque el muchacho hace un año que ha salido de la universidad y es todo extremidades, y nunca se está seguro de lo que hará. Le veo lanzar de adentro hacia fuera una bola hacia el campo central y terminar con un triple. Le veo disparar dobles a la línea y batear en el momento decisivo, y jugar como parador en corto como un potro con zapatos de fútbol, persiguiendo roleteadas, elevando, y lanzando a saltos desde el agujero.

Desde luego, también le veo lanzando la bola a medio camino de Winston-Salem, una y otra vez, como si aún estuviera tratando de acostumbrarse a estar en un cuerpo de 1,90 metros de altura. Pero no me preocupo en absoluto por los errores. Derek comete cincuenta y seis ese año en Greensboro, y años después circulan historias sobre que los Yankees estaban lo bastante preocupados que pensaron en pasarle al jardín central. Si alguien me hubiese preguntado lo que yo pensaba ese año, me habría alegrado ofrecerle mi opinión:

Ni siquiera piensen en mover a Derek Jeter. Él estará bien; va mejorando cada día, y quiere ser estupendo. Pueden verlo en lo duro que trabaja y lo apasionadamente que juega. Es rápido y tiene mordida en su bate, y quiere aprender, y hará cualquier cosa que tenga que hacer para ganar.

Lo único que hay que hacer con Derek Jeter es dejarle tranquilo.

Cuando llevamos un mes fuera de temporada, Clara y yo nos preparamos para regocijarnos con el nacimiento de nuestro primer hijo. No ha sido un viaje fácil de ninguna manera. A mitad del año, Clara voló desde Panamá para visitarme con casi cinco meses de embarazo. El médico le advirtió acerca de mantenerse alejada de la varicela debido al impacto que podría tener sobre el bebé. Resultó que su vuelo llevaba casi tantos niños con varicela como bolsas para vómitos.

Clara, previsiblemente, también tuvo varicela poco tiempo después. Cuando le realizaron su siguiente ultrasonido, la noticia era tan mala como podría ser. El médico nos dijo que nuestro bebé tenía una bolsa de fluido en la parte trasera de su cabeza y que lo más probable sería que naciera con un gran bulto en esa zona que finalmente podría ser fatal. Dijo que debido a que Clara ya había estado expuesta a la enfermedad, no había nada que pudiéramos hacer.

Quedamos devastados, y orábamos constantemente por eso. Clara se conectó con un grupo de mujeres cristianas latinas y fue a un retiro con ellas, donde hubo oraciones, y más oraciones, por nuestro bebé aún no nacido.

Clara descansó y cuidó muy bien de sí misma. Nos mantuvimos lo más positivos que podíamos.

"Quizá el médico esté equivocado. Quizá el bebé estará bien", le dije. "No puedes perder la esperanza".

La siguiente vez que visitó al médico, Clara estaba cerca de los siete meses de embarazo. El ultrasonido mostró que el fluido se había disipado. El bebé se veía sano.

"Estoy emocionado por usted, tengo que decirlo, y no tengo idea de cómo ha podido suceder", dijo el médico. "Creo que nunca he visto un caso así en todos mis años de práctica".

El día 4 de octubre de 1993, en la ciudad de Panamá, dimos la bienvenida al mundo a Mariano Rivera Jr. Tanto la madre como el niño pasaron la situación de manera hermosa, y también el padre, que se pasó la mayor parte de ese día, y muchos días que siguieron, dando gracias al Señor.

6

El ascenso a las Grandes Ligas

El viaje en autobús desde Rochester, Nueva York, hasta Pawtucket, Rhode Island, dura siete horas. Parece incluso más largo cuando se hace el viaje después de haber sido barridos cuatro juegos consecutivos. Llegamos a Pawtucket avanzada la noche, un grupo de cansados jugadores de los Columbus Clippers que llegan a un hotel al lado de la carretera, el Comfort Inn. Es mitad de mayo de 1995, y después de pasar el año 1994 en las categorías Clase-A, Double-A y Triple-A, me dispongo a un fuerte comienzo con los Clippers, ponchando a once jugadores en cinco y dos tercios de entradas en mi anterior comienzo.

Finalmente ganamos un juego para comenzar la serie contra los PawSox. Tim Rumer obtiene la victoria, y Derek Jeter, golpeando .363, hace un doble para ponernos por delante y ahí quedarnos. La lluvia pospone el segundo partido de la serie. Yo no quiero pasar todo el día en mi habitación del hotel de 45 dólares por noche, así que hago lo que hacen la mayoría de jugadores de las ligas menores cuando están en la carretera: echar un vistazo en el centro comercial. Las escenas no son realmente locales en absoluto, ya que la mayoría de los centros comerciales se ven idénticos: una tienda Gap aquí, otra Foot Locker allá, una zona de comidas en el medio. En Rhode Island, me doy cuenta de que *todo el mundo* viste ropa de los Boston Medias Rojas.

Avanzada la tarde, estoy de regreso en la habitación cuando suena el teléfono.

Es el mánager de los Clippers, Bill Evers.

"¿Mariano?".

"Sí. Hola, Bill. ¿Qué pasa?".

"Tengo buenas noticias y malas noticias para ti. ¿Qué quieres que te diga primero?".

"Supongo que las malas noticias", respondo.

"Muy bien. La mala noticia es que ya no eres lanzador para los Columbus Clippers".

"¿Y cuál es la buena noticia?".

"La buena noticia es que ahora eres lanzador para los Yankees de Nueva York".

"¿Cómo?".

"Es mejor que hagas las maletas. Te vas a Nueva York".

Oigo sus palabras la primera vez, pero no las asimilo.

"¿Es en serio?", pregunto.

"No podría decirlo más en serio", dice Evers. "Los Yankees quieren que vayas allí en cuanto puedas. Tienes que hablar con el secretario de viajes para organizarlo todo".

"Muy bien, muchas gracias".

"No me des las gracias. Tú te lo has ganado", dice él.

Cuelgo el teléfono. Durante mucho tiempo he imaginado lo que podría sentir al recibir la llamada a las Grandes Ligas. Ahora lo sé.

Me pongo de pie en la cama y comienzo a dar saltos arriba y abajo, y sigo saltando, parezco un frijol panameño saltando. Pobre de mi vecino en el piso de abajo. Pero no tendrá que soportar eso por mucho tiempo.

Me voy a las Grandes Ligas.

Las Grandes Ligas.

Cuando finalmente dejo de saltar sobre la cama, me arrodillo en el Comfort Inn y doy gracias al Señor. Entonces llamo a Clara y a mis padres para darles la noticia (apenas puedo recordar ninguna de las palabras que dije), y les digo que se lo hagan saber a todo el mundo en Puerto Caimito: Pili es un Yankee de Nueva York.

Tomo un corto vuelo hasta Nueva York y me meto en un taxi hasta el Stadium. Estamos jugando una serie el fin de semana contra los

Baltimore Orioles. Cuando llego a la entrada de jugadores del Stadium, el guardia me detiene.

"¿Puedo ayudarle?".

"Soy Mariano Rivera. Me llamaron desde Columbus".

"Muy bien, le estábamos esperando".

Yo pienso: *¿Esperándome? Imagina eso.*

Al no haber estado nunca dentro del estadio de los Yankees ni tampoco en otro de los grandes estadios de las Grandes Ligas, ni siquiera puedo imaginar cómo se verá. Echo un vistazo al campo antes de bajar por las escaleras hasta la sede. Incluso desde la distancia se ve demasiado grande y demasiado hermoso para poder imaginarlo. Recorro un pasillo y llego a la sede. Cuando entro, miro a la izquierda y veo una placa con el nombre Rivera sobre una taquilla, y un uniforme con el número 42 colgado dentro. Yo llevé el 58 en el entrenamiento de primavera, así que supongo que eso lo hace oficial: es realmente un ascenso.

La semana entera estoy en un estado de incredulidad, como si fuera un recorte de cartón de un novato de la liga principal. Lo paso mejor que nunca en el entrenamiento de bateo, atrapando bolas en el que he llegado a aprender que es el jardín más famoso de todo el béisbol. Me gustaría poder quedarme allí toda la noche, pero hay un partido que jugar. Los Orioles pelotean para cuatro en la novena contra John Wetteland y ganan el primero, pero nosotros ganamos el siguiente partido tras Melido Pérez, y después barremos con un blanqueo de cuatro bateos por Sterling Hitchcock para ganar la serie antes de cruzar todo el país para jugar contra los Angelinos en Anaheim. Es el comienzo de un recorrido de nueve partidos y tres ciudades. El primer partido es la noche del martes.

El primer lanzador de los Yankees soy yo.

Sustituyo a Jimmy Key, que acaba de pasar a la lista de lesionados.

Estoy más emocionado que nervioso cuando salgo al campo esa tarde. He pasado nueve días de descanso desde mi anterior comienzo en Rochester, para poder mantener mi hombro, que no he sentido estupendo durante la temporada. No es gran cosa. Solo un poco de molestia. Gene Monahan, el entrenador, me da un buen masaje. Bill Connors, nuestro instructor de lanzamiento, hace un repaso conmigo de los bateadores de los Angelinos, dándome un breve repaso de la mejor manera de atacarles. Me da mucho que digerir, pero sin que sea demasiado.

Yo tomo mi tiempo para ponerme el uniforme. Comienzo con los calcetines y después paso a los pantalones grises y el jersey a juego. El uniforme se siente cómodo y bueno. Lo estiro con mis manos cuando termino de vestirme, pues quiero estar seguro de que esté en su lugar, al igual que solía estar mi uniforme de la escuela. Salgo al *bullpen* y miro a las gradas del gran estadio mientras llego. El tamaño y el ámbito de todo es algo asombroso. No estoy muy ansioso tanto como increíblemente vivo. Todo aminora la velocidad. Todo se ve reforzado: los sonidos, los olores, los colores. Estoy a minutos de hacer mi primer lanzamiento en las Grandes Ligas.

Estoy muy preparado.

Juego contra Chuck Finley, un corpulento tirador zurdo con un duro lanzamiento. Hay una dispersa multitud la noche del martes, y cuando Tony Phillips, el hombre que abre de los Angelinos, se sitúa en la caja del bateador agachándose profundamente, yo estoy fijo en el guante del cátcher Mike Stanley. Es como si no estuviera nada sucediendo en todo el estadio, en todo el mundo; como si yo estuviera en un tubo de seis pies y seis pulgadas (2 metros y 6 centímetros), conmigo en un extremo y el guante de Mike Stanley en el otro.

Lo único que necesito hacer es golpear ese guante. Ahí es donde está todo mi enfoque.

Respiro hondo.

Me digo: Lanza el mejor tiro que puedas.

No te compliques.

Comienzo con mi movimiento sin impulsar el brazo, echándome ligeramente hacia atrás, con las manos juntas cerca de la cintura antes de pasar hacia adelante y tocar la goma con mi pie derecho. Lanzo una bola recta y rápida que va a menos, pero termino con dos *strikes* en bolas rápidas, y poncho a Phillips con otra bola recta a la que él llega muy tarde. Jim Edmonds, el central que batea en segundo lugar, recibe una bola recta que mira hacia ponchar al segundo. Tim Salmon batea un sencillo por el campo corto, y entonces Chili Davis, el cuarto bateador, batea con fuerza un lanzamiento 1-0 para que quede un doble, y rápidamente yo estoy en mi primer aprieto.

El bateador es J. T. Snow, el primera base de los Angelinos, un zurdo. Yo me sitúo por delante 0-2, y entonces le desafío con un golpe alto que él eleva hacia el centro, donde Bernie Williams tiene un juego fácil.

Lanzo una segunda a cero, y consigo dos outs para comenzar la tercera antes de que Salmon vuelva a entrar y batee un doble al centro derecha. Yo lanzo cuidadosamente a Chili Davis, recordando su primer turno de bateo, y termino sacándole, y después Snow golpea una bola débil al suelo que no sale del cuadro. Ahora las bases están llenas, y Greg Myers, el cátcher, está en el plato. Yo voy por delante, 1-2, pero él lanza una bola floja a la izquierda y un marcador de dos carreras. Yo salgo sin mayores daños, y me alejo sin necesitar que nadie me recuerde que el pasaporte a Davis es lo que me complicó la vida y ayudó a situarnos en un agujero de dos carreras.

Los problemas comienzan mucho antes al principio de la cuarta, con dos sencillos para comenzar la entrada, sacando a Edmonds. Yo le he ponchado dos veces, pero él presenta batalla por segunda vez, y parecía totalmente sintonizado con mi bola rápida de cuatro costuras. Yo quedo atrás 2-1, y entonces hago un lanzamiento por encima del plato, y él lo dispara por encima de la barrera del campo medio derecho. Ahora vamos 5-0, y en una noche en la que Finley está haciendo parecer a nuestros bateadores que batean con palos, eso no es bueno. Una carrera después mi debut es historia, con un marcador terrible (tres y un tercio de entrada, ocho hits, cinco carreras, tres pasaportes y cinco ponchetes) y un desalentador regreso al banquillo. Seguimos perdiendo, 10-0, y Finley poncha a quince, pero si hay algo que yo pueda sacar de todo eso, es que sé que puedo ponchar a esos hombres. Puede que suene extraño después de haber sido batido de esa manera, pero un par de mejores lanzamientos en mejores ubicaciones, y todo resulta de modo diferente.

Me gustaría que mi comienzo hubiera sido mejor. Me gustaría que el resultado hubiera sido diferente. Pero no he quedado devastado, y estoy preparado para hacerlo mejor la próxima vez.

"Hiciste algunas cosas realmente buenas ahí fuera", dice Bill. "Seguiremos trabajando. Vas a estar bien".

Cinco días después, el domingo del fin de semana del Memorial Day en Oakland, estoy de nuevo ahí fuera contra Tony La Russa de los Atléticos. Paul O'Neill consigue un doble largo, y Bernie Williams hace jonrón, y nosotros planteamos cuatro carreras en las dos primeras entradas y yo protejo bien, lanzando una bola de una carrera a la sexta. Bob Wickman me libera de algunos problemas menores, y cuando John Wetterland abanica en la novena, los Yankees consiguen su decimotercera victoria de la temporada, y yo consigo la primera victoria de toda mi vida en las Grandes Ligas. El cátcher Jim Leyritz estrecha la mano de Wetterland después de que Stan Javier ponche para terminar, y entonces el mánager Buck Showalter estrecha su mano, y yo me pongo en la línea y hago lo mismo. Estoy muy contento de contribuir a una victoria que olvido para pedir la bola del partido. Por lo que a mí respecta, todos los demás se olvidan también de ella. Empacamos y nos dirigimos al aeropuerto para tomar un vuelo a Seattle. No vuelvo a pensar mucho en la bola de ese partido. Tan solo quiero conseguir otra bola que lanzar y ayudar a ganar a los Yankees.

Salgo otras dos veces en primer lugar, contra los Atléticos y los Mariners, y ninguna de las ocasiones es memorable. Cedo un monstruoso grand slam a Gerónimo Berroa en la primera y un jonrón de tres carreras a Edgar Martínez en la segunda. No salgo en la tercera entrada contra los Mariners, los Yankees caen hasta el último lugar, y después del partido Buck Showalter me llama a su oficina.

Llevo unas tres semanas en las Grandes Ligas, pero incluso así sé que no es bueno cuando te llaman a la oficina del mánager, especialmente cuando tu ERA es 10.20.

"Te vamos a enviar otra vez a Columbus", dice Buck. "Mostraste algunas cosas buenas y no deberías desalentarte. Tan solo sigue trabajando en ello y regresarás".

Cuando salgo de la oficina, Derek, al que habían llamado dos semanas después que a mí, entra. Él está bateando .234 en trece partidos, sustituyendo al lesionado Tony Fernández. Derek recibe la misma noticia que yo. Estamos de regreso. La fecha es el 11 de junio. Los dos no hemos conocido otra cosa sino avance, e ir marcha atrás no es lo que tenemos en mente. Yo sé que mi hombro no está bien, pero aun así...

¿Cómo no te va a doler cuando tu equipo te dice que no eres lo bastante bueno?

Derek y yo compartimos un taxi y vamos en silencio al pasar por el puente George Washington, y después tenemos un almuerzo también con mucho silencio. En una mesa de un restaurante Bennigan's en Fort Lee, Nueva Jersey, enfrente de nuestro hotel, intentamos descifrar qué salió mal. No es que sea la última cena, pero tampoco estamos exactamente riéndonos.

En cuanto a mí, sé que puedo competir a nivel de las Grandes Ligas, y a pesar de que creo que regresaré, soy plenamente consciente de que las segundas oportunidades no están garantizadas.

"Siento que es culpa mía que a ti te hicieran regresar", le digo a Derek. "Si hoy hubiera lanzado mejor, quizá esto no nos habría sucedido a ninguno de los dos".

"No es culpa tuya", dice Derek. "Lo que me sucedió a mí no tiene nada que ver con tu forma de lanzar. Tan solo tenemos que seguir trabajando duro. Si hacemos eso y jugamos como sabemos para los Clippers, regresaremos".

"Tienes razón. Así es como tenemos que pensar", digo yo.

Nos dirigimos de nuevo al hotel y tomamos un vuelo a la mañana siguiente hacia Charlotte, donde nos unimos a los Clippers. Mi hombro me sigue doliendo, y ellos deciden dejarme en la lista de lesionados durante dos semanas para ver si el descanso ayuda.

Regreso por primera vez después del tiempo fuera una húmeda noche de lunes en el estadio Cooper en Columbus. Estoy lanzando en el segundo partido de un doble juego en dos noches contra los Rochester Red Wings. Incluso mientras caliento puedo sentir que mi hombro está mejor de lo que ha estado en todo el año. Casi no me duele nada, y lanzo con libertad.

El descanso me ha ayudado. Muy bien.

Sobresalgo contra los Red Wings en la primera entrada. En el banquillo, mi cátcher, Jorge Posada, se sienta cerca de mí.

"¿Qué comiste hoy?".

"¿Por qué?".

"Porque nunca te he visto lanzar tan fuerte. La bola sale volando de tu mano".

"No sé. Me siento bien", le respondo.

Termino lanzando en cinco entradas, abreviado por la lluvia, sin ningún hit. Doy pasaporte a un jugador, y Jorge le saca robando base, así que yo me enfrento al mínimo de quince bateadores.

"Este tipo va a regresar a las Grandes Ligas y nunca volveremos a verle", les dice Jorge a un par de compañeros de equipo.

Jorge me dice después que estuve en 96 millas (154 km) por hora toda la noche, y podría haber alcanzado las 97 o 98 (156-157 km). Es un importante salto que deja asombrados a todos en la organización de los Yankees. Años después, me entero de que Gene Michael, el mánager general de los Yankees, recibió informes aquella noche sobre lo fuerte que yo estaba lanzando.

Michael quería saber: ¿Estaba trabajando bien el muchacho? ¿Sabemos si esa información es precisa?

Lo comprobó con un ojeador que estaba en el partido, y el ojeador lo confirmó; su pistola también tenía 96 en el marcador. Michael parece que estaba en medio de conversaciones con los Tigres para adquirir a David Wells. Los Tigres estaban interesados en mí.

Cuando Michael confirmó la precisión de las lecturas en el radar, yo ya no estaba en ese trato, ni en ningún otro trato.

En la noche después de haber lanzado el abreviado sin hits, Jorge y yo y algunos de los otros jugadores de los Clippers fuimos al lugar donde regularmente cenábamos: Applebee's. Yo pedí un filete con patata asada y verduras.

"¿Tienes idea de cómo pudiste pasar de lanzar de 88 a 90 hasta 96? Nunca he visto nada así", dice Jorge.

Mi hombro está bien, pero solamente hay una respuesta. Y no tiene que ver con un mayor consumo de filetes. Es un don del Señor. He sabido por mucho tiempo que Él me está utilizando para sus propios propósitos, que Él quiere que mi modo de lanzar ayude a extender las buenas nuevas sobre el evangelio de Jesús.

¿Qué otra cosa podría ser? No tiene sentido de otro modo.

Nunca vuelvo a lanzar para los Columbus Clippers.

El día 3 de julio, Bill Evers me dice que voy a regresar. Esta vez no salto sobre la cama; tan solo me subo a un avión. Realmente, a varios aviones. Me levanto a las 4:30 para abordar en un vuelo a Boston (los Clippers están jugando otra vez en Pawtucket), y después a Chicago. Cuando llego a mi hotel ya es de noche. Saco mi posesión más preciada: la Biblia de piel roja que fue un regalo de Clara. Tiene notas en los márgenes, y versículos subrayados y pasajes destacados. Ha sido muy usada, puedo decirlo. La Biblia no puede relatar la historia de mi caminar con el Señor, pero puede decir todo acerca de cómo intento vivir, y por qué el amor del Señor es el fundamento de toda mi vida. Para mí, la Biblia no es solamente la Palabra de Dios, sino también un mapa de ruta que está lleno de sabiduría que nadie podría sobrepasar aunque pasara los siguientes cien años leyendo libros espirituales y libros de autoayuda.

Es el mejor tipo de sabiduría: sabiduría sencilla. Este tipo de sabiduría, en el capítulo 23 de Mateo, versículo 12:

Porque el que se enaltece será humillado, y el que se humilla será enaltecido.

Mi viaje con el Señor comienza con la ayuda de mi primo, Vidal Ovalle, en Puerto Caimito. Tengo dieciocho años en ese momento. Vidal y yo nos vemos cada día de nuestras vidas. Perseguimos juntos iguanas y estamos juntos en la misma barca de pesca. Cuando comienzo a ver un sorprendente cambio en él, le pregunto al respecto.

"He llegado a conocer al Señor", me dice. Comparte conmigo historias de la Biblia. Yo puedo sentir su pasión, su paz y su felicidad. Le conozco durante toda su vida, y es como si ahora fuese una persona diferente. No es una falsificación. Cuando estamos en el mar, hablamos de la Biblia. Vidal es la primera persona que realmente me enseña sobre la Biblia, y lo que significa conocer a Jesús y saber lo que Él hizo por nosotros, al morir en la cruz para perdonar nuestros pecados. Yo escucho, y leo la Biblia, pero voy dando pasos espirituales de niño, sin estar aún preparado para entregarme. Unos cinco años después es cuando el Señor se convierte en el centro de mi vida. A veces escuchamos que personas tienen un gran despertar, una experiencia de conversión llena de luz blanca o temblores en todo el cuerpo, o la voz de Dios, incluso las tres cosas. Para mí, es mucho más sencillo.

Estoy en una pequeña iglesia de cemento cerca del centro de Puerto Caimito, no muy lejos del embarcadero donde mi padre mantiene su barco. Estoy en profunda oración en una silla plegable, dando gracias al Señor por sus bendiciones, buscando su perdón por mis errores. El servicio está cercano a concluir.

El pastor pregunta: "¿Hay alguien que aún no lo haya hecho que quiera aceptar al Señor como su Salvador personal?".

Yo no había pensado en eso de antemano. Nunca me había preguntado: ¿Va a ser hoy el día? Pienso en la pregunta del pastor. Espero un momento o dos. Puedo sentir que mi corazón se abre, que está sensible a la Palabra de Dios. Puedo sentir al Espíritu Santo descendiendo sobre mí, muy suavemente, tocando mi corazón:

"Ven a mí, hijo mío", dice el Espíritu Santo.

Yo levanto mi mano.

"Por favor, pasa adelante", dice el pastor.

En algún lugar en lo profundo de mí, se produce una épica confrontación en mi alma de la carne contra el Espíritu.

Carne: Te das cuenta de que si haces esto nunca volverás a divertirte, ¿verdad?

Espíritu: Esto se trata de mucho más que diversión. Se trata de tener la gracia, la paz y la misericordia de Dios, ahora y siempre.

Carne: Estás a punto de perder a todos tus amigos, porque ellos no querrán tener nada que ver contigo.

Espíritu: Si mis amigos ya no quieren estar conmigo, quizá no sean los amigos que yo quiero tener, de todos modos.

Carne: Tu vida se va a convertir en una larga y sombría sesión de oración, en la que de lo único que hablas es de tus horribles pecados.

Espíritu: Mi vida va a rebosar de luz y esperanza, y del gozo de vivir con el Señor.

Yo paso al frente. No estoy nervioso ni vacilante en absoluto. Estoy emocionado. Puedo sentir al Espíritu Santo conmigo, elevándome, impulsándome, diciendo: acepta a Jesucristo como tu Salvador, y tendrás poder y paz que ni siquiera creerás.

El pastor me pregunta de nuevo si estoy preparado.

"Sí, lo estoy", respondo yo.

Enseguida él nos dirige en oración, y yo ya puedo sentir que se me cae un peso. Es el peso de sentir que tienes que hacerlo todo por ti mismo, de sentirte solo y abrumado por tus propias limitaciones. Estoy de pie en aquella pequeña iglesia en mi pequeño pueblo, y entiendo que el Señor me está dando la oportunidad de ser una persona diferente, de liberarme de mis pecados, de estar lleno de gozo y ser libre.

La Biblia dice: Ven tal como eres, tan sucio como estés. No te limpies a ti mismo o intentes enmendarte. Ven con todas tus ansiedades, todas tus imperfecciones. El Señor te dará paz, y se hará cargo de todo. Lo único que tienes que hacer es quererle a Él, y buscarle con un corazón puro. Él se ocupará de todo. Tú no puedes hacerlo. Yo no puedo hacerlo, pero el Señor puede hacerlo.

Todo está en las manos del Señor. Todos nuestros días están en las manos del Señor. Hoy me desperté; tú te despertaste. Hoy es el día que se nos ha dado. Le doy gracias a Dios por eso. No lo doy por sentado. El presente es lo único que tenemos. Este exacto momento es lo único que tenemos. Es la manera en que quiero lanzar, y es la manera en que quiero vivir. Poner todo lo que tenemos en vivir este momento de la mejor manera que podamos vivirlo. De nuevo, es sencillo. Lo sencillo es lo mejor.

*　　*　　*

Al día siguiente voy a ser el primero contra los Medias Blancas, el segundo mejor equipo bateador en la Liga Americana. Desde el momento en que entro en el Comiskey Park ese día, me siento completamente en paz. No siento presión alguna, tan solo quiero salir ahí y ser yo mismo, y jugar al juego que amo. Ya estoy aprendiendo que cuando te dices a ti mismo: "Tengo que hacer esto y aquello, debo demostrar lo que valgo ahora", lo único que produce es que te resulte más difícil rendir al máximo. Tengo al Señor conmigo, a pesar de lo que suceda. Pierdo la urgencia, y eso lo único que hace es cambiarlo todo.

No puedo decir que sé que estoy lanzando mucho más duro de lo que lanzaba la última vez que me llamaron, pero puedo decir por el modo en que los bateadores mueven el bate, que lo estoy logrando, y ellos no lo esperan. Realizo cuatro entradas con un hit, un sencillo de Frank Thomas, y cinco ponchetes. Paul O'Neill hace un jonrón a Alex Fernández para darme la delantera por 1-0, y un globo de sacrificio de Luis Polonia lo deja en 2-0 después de cinco.

Después de seis entradas, yo he cedido solamente dos golpes, ambos ante Thomas, y después poncho en la séptima, sacando a Ron Karkovice y Warren Newson por tercera vez a cada uno.

Con el marcador ahora 3-0 en la octava, sigo golpeando duro. Consigo que Ozzie Guillén rebote fuera, que Lance Johnson batee una bola elevada y sin fuerza, y que Dave Martínez sea ponchado. Es la undécima vez que poncho esa noche. Cuando llego al banquillo, Buck Showalter se acerca a mí y me da unas palmaditas en la espalda.

"Bien hecho, Mariano. Has estado tremendo. Le voy a dar la bola a Wetteland para la novena".

"Gracias", digo.

Si recibo alguna revelación contra los Medias Blancas, es que lo único que tengo que hacer es ser yo mismo. No hacer nada más. Alguien me dice más adelante que algunos de los bateadores de los Medias se quejaron porque los informes que habían recibido de los ojeadores eran todos equivocados. Los informes decían que yo lanzaba sobre las 80 millas (128 km), no sobre las 90 (150 km).

Bueno, están desfasados en unas cuantas semanas.

Permanezco en el gran equipo el resto de la temporada, y nos aseguramos la primera posición en la Liga Americana al ganar once de nuestros doce últimos partidos, y alcanzamos a los Seattle Mariners en la Serie Divisional de la Liga Americana. Es una época cargada de emoción en los Yankees, con tiempo de alegría, y yo puedo decir eso aunque acabo de llegar. Esta no es solamente la primera serie de postemporada para los Yankees en catorce años, es la primera serie de *playoffs* incluso para el gran Don Mattingly, y todos están emocionados por él. Yo conozco a Donnie solamente unos meses, pero es lo suficiente para que sienta una profunda admiración por su humildad y su ética de trabajo, por su manera de comportarse. Él es un hombre que hace todo de la manera correcta, y trata a las personas de la manera correcta.

Él es un hombre al que uno quiere parecerse.

Ganamos el primer partido en el Stadium tras David Cone, antes de que quede empatado un segundo partido después de nueve y pase a entradas extra con el marcador empatado a cuatro. Antes del último de la duodécima, llega una llamada al *bullpen*.

Que se prepare Rivera.

Yo comienzo a soltarme. Me siento bien. Me gusta el modo en que la bola sale de mi mano.

Ken Griffey Jr. golpea un jonrón ante John Wetteland para dar a los Mariners una ventaja de 5-4. Cuando Wetteland da el pasaporte al siguiente bateador, Buck me llama. Corro desde el *bullpen*, cruzo el jardín, para prepararme para la mayor prueba de lanzamiento de mi vida. Soy el hijo de un pescador de Puerto Caimito, a punto de sumergirme en el caldero más caliente que podría haber imaginado nunca. Y no puedo esperar. Me encantan los retos, y me encanta que se juegue tanto en cada lanzamiento, me encanta que el Stadium esté cargado como un enchufe eléctrico de 60.000 asientos.

Quizá sea el entrenamiento que tuve en el barco de mi padre, no lo sé. En el barco, si no capturábamos peces, no ganábamos dinero. Teníamos que capturar. Teníamos que encontrar una manera.

Los *playoffs* me producen la misma sensación.

Poncho a Jay Buhner, el exjugador de los Yankees, para poner fin a la amenaza.

En la parte baja de la duodécima, estamos abajo en nuestra final cuando Rubén Sierra lanza un doble a la izquierda para empatar el partido, y ahora es mi turno de retenerlo. Realizo una fácil decimotercera entrada y poncho a tres bateadores en la decimocuarta. Consigo que Griffey batee una elevada al centro, retirando a ocho bateadores consecutivos antes de ceder sencillos en la decimoquinta a Edgar Martínez y Buhner. Poncho a Doug Strange, pero ahora voy detrás de Tino Martínez por 3-0, con dos hombres dentro. Lanzo una bola recta y él tiene luz verde. Batea una elevada al centro.

Amenaza extinguida.

Mi primera salida postemporada concluye con tres y un tercio de entradas de relevo sin recibir hits.

Minutos después, con un hombre dentro y un hombre fuera en la parte baja de la decimoquinta, Jim Leyritz pasa al plato. Él realiza un jonrón hacia las gradas centrales, y mientras yo observo su vuelo en el banquillo y escucho rugir al edificio por todas partes, solamente pienso en una cosa:

Este es el ruido más fuerte que he escuchado jamás en toda mi vida.

Casi se siente que el Stadium se está elevando sobre River Avenue. Vamos ganando dos juegos a cero, y yo consigo la victoria. Es difícil ni siquiera comprender dónde estoy, y lo que estoy haciendo.

Las bendiciones del Señor siguen abundando cada día.

El torneo pasa a Seattle, y los Mariners se apoderan del tercer y cuarto partido. En la octava entrada del quinto partido, después del último de los sorprendentes 147 lanzamientos de David Cone, una bola cuatro fuerza una carrera para empatarlo. Buck me entrega la bola. Las bases están llenas y Mike Blowers está en el plato.

Cuatro meses antes, yo era un jugador de los Columbus Clippers que había fallado en su primera audición en las Grandes Ligas. Ahora tengo el resultado de toda una serie postemporada dependiendo de cada uno de mis lanzamientos. La presión es inmensa, pero yo no la siento. Ese no es momento de pensar en lo rápido o lo lejos que he llegado. Tengo que ponchar a un bateador. Estoy fijo en el guante de Mike Stanley. Estoy de nuevo en el tubo.

Poncho a Mike Blowers con tres lanzamientos.

Terminamos perdiendo en la undécima entrada, cuando Edgar Martínez hace un doble de dos carreras por la línea del jardín izquierdo ante Jack McDowell. Es un final brutal, un final que yo nunca veo venir. Me quedo helado observando a los Mariners celebrar delante de nuestros ojos. Estaba seguro de que ganaríamos esta serie, de que seríamos nosotros quienes estaríamos bailando. Pero junto con la punzada, hay también una resolución que está al borde del desafío:

Aprenderemos de esto. Regresaremos. Prevaleceremos.

Cuando pasa un poco de tiempo, es imposible que yo no me sienta alentado por lo que sucede en 1995. No sé dónde me llevarán la gracia y la misericordia del Señor desde aquí, pero sé que será abundante, y sé que no estoy solo. Después de todo, comienzo el año como un signo de interrogación con un inestable historial de lesiones, un lanzador de Triple-A durante todo el camino. Lo termino con cinco y un tercio de entradas sin recibir hits y ocho ponchados en la competición de postemporada para los Yankees de Nueva York, en las *Grandes Ligas*, jugando a un juego que aprendí en una playa, en la ciudad más estupenda del mundo. Todo ello es parte del plan del Señor, y a mí me encanta.

7

Relevo y fe

TENGO UN NUEVO HOGAR para mis lanzamientos en 1996, y paso allí las siguientes 1.096 apariciones de mi carrera. Se llama el *bullpen*. Supongo que si me pusieran contra una pared y me forzaran a responder, diría que prefiero ligeramente comenzar, pero daré todo lo mejor en cualquier cosa que el equipo necesite.

Es una temporada de importante transición para los Yankees. Tenemos un nuevo mánager, Joe Torre. Un nuevo as en el muchacho de veinticuatro años, Andy Pettitte. Un nuevo parador en corto en el muchacho de veintiún años Derek Jeter, al igual que un nuevo primera base, ex de los Mariners, Tino Martínez, y un nuevo cátcher: un inteligente y sólido hombre llamado Joe Girardi. Nunca se sabe cómo va a encajar todo, y yo supongo que George Steinbrenner no está tan seguro él mismo, lo cual es el motivo de que los Yankees estén en conversaciones con los Mariners acerca de intercambiarme por su parador en corto, Félix Fermín. Steinbrenner aparentemente tiene preguntas acerca de si Derek está preparado para tomar ese lugar, y quiere a Fermín como una política de seguros. Yo no tengo idea alguna de que se están produciendo las conversaciones, y no quiero saberlo. Algunos jugadores se obsesionan con esas cosas, y quieren estar al tanto de todos los últimos rumores y un poco de especulación. Pero yo soy exactamente lo contrario. Para mí, tales rumores solamente pueden ser una distracción, y según mi perspectiva como lanzador, las distracciones son el enemigo.

Si no va a ayudarme a ponchar a jugadores, ¿por qué incluso molestarme en prestar atención?

Mi principal enfoque en la primavera es causar una fuerte primera impresión delante del nuevo mánager. Nunca he oído de Joe Torre, y no sé nada de su carrera como jugador, su premio como Jugador Más Valioso, su niñez en Brooklyn o sus anteriores paradas como mánager. Buck Showalter, mi excapitán, me ha visto durante años en el sistema de los Yankees, y yo sabía que él me apoyaba mucho. Cuando los Yankees decidieron soltar a Buck y traer al Sr. T (así es como le llamo incluso ahora), yo me animo en la entusiasta competición para ganarme un lugar en el *bullpen*. Hay muchos cerradores en el campo; yo soy solo uno en la cubierta. Solamente porque me fue bien en los *playoffs* el año anterior, no doy nada por sentado, en el entrenamiento de primavera o en ese año.

En mi primera salida en la temporada regular, lanzo dos entradas sin recibir ningún hit con dos ponchados contra los Rangers, y me siento tan bien como siempre sobre el montículo. Es casi embarazoso, pero básicamente sigo teniendo un repertorio de un solo lanzamiento, y mis años en el laboratorio, intentando desarrollar un lanzamiento curvo confiable y un cambio de velocidad útil no han producido ningún avance. Por tanto, mi arsenal consiste en una bola recta y rápida de cuatro costuras.

Cuando quiero incorporar algún cambio, lanzo... una bola recta y rápida de cuatro costuras.

Apuesto a que no lanzo ni siquiera diez bolas curvas durante toda la temporada. No parece importar. Tengo un fácil impulso en el último movimiento, y normalmente puedo poner la bola exactamente donde quiero.

Seis semanas después en 1996, tengo un ERA de 0.83. Lanzo quince entradas consecutivas sin recibir ningún hit en cierto momento. Durante una buena sucesión a mitad de temporada en la cual ganamos ocho de nueve, poncho a tres Medias Rojas, Troy O'Leary, Lee Tinsley y Jeff Frye, en doce lanzamientos, y me adelanto a Wetterland. Pronto se produce un gran clamor para que yo sea nombrado para los Juego de Estrellas de Mike Hargrove. Hargrove me pasa, y si los seguidores de los Yankees se ponen nerviosos al respecto, yo no. Sencillamente no me preocupa. Es otro regalo que el Señor ha visto oportuno otorgarme. No estoy hecho de esa manera.

Lo único que yo quiero hacer es regresar a Panamá durante el descanso para el Juego de Estrellas y ver a Clara, que está embarazada de nuestro segundo hijo: Jafet.

Termino el año de manera bastante parecida a como lo comencé, con un ERA de 2.09 y 130 ponchetes en 107 entradas; incluso termino en tercera posición en los votos Cy Young para mejor lanzador de la liga. Ganamos la División Este de la Liga Americana y nos enfrentamos a los Rangers en la serie divisional. Los Rangers ganan el primer partido en el Stadium, 6-2, de modo que eso hace que el segundo partido sea incluso más importante, si queremos evitar ir a Texas teniendo que barrer.

Andy pasa a la séptima y entonces recibo la pelota del Sr. T. Vamos perdiendo 4-2. Yo poncho a Iván (Pudge) Rodríguez con tres bolas rectas y después hago que Rusty Greer batee la bola al suelo. Me enfrento a ocho de los Rangers, y me deshago de los ocho, incluido Juan González, Jugador Más Valioso de la liga ese año, y un hombre que ya tiene dos jonrones y cuatro carreras impulsadas en el partido, y tres jonrones para la serie. González está en una de esas zonas en las que se meten los bateadores, cuando la bola parece tan grande como un cantalupo, y ellos no *piensan*, *saben*, que pueden golpear cualquier cosa. Sin embargo, los lanzadores también pasan a zonas. Y yo estoy en una de ellas, un lugar donde estás completamente comprometido con cada lanzamiento que haces, y sabes que puedes poner la bola exactamente donde quieres. González hizo un jonrón ante mí el año anterior, así que sé lo peligroso que él puede ser. Contrariamente a la mayoría de fuertes bateadores que se enfrentan a mí, él casi siempre establece contacto visual; yo le poncho una sola vez en veinticuatro carreras en el turno de bate. Él es muy bueno golpeando bolas rectas y bajas, por eso

RELEVO Y FE

intento mantener la bola alta y alejada de la mitad del plato. Consigo que roletee a campo corto para abrir la octava.

Terminamos empatando el partido en la octava con la suave sencilla de Cecil Fielder, ganándolo en la duodécima después de que Derek lance un primer golpe y anote con un lanzamiento errante.

Hemos sido un equipo resistente durante toda la temporada, sin abandonar nunca, siempre presentando pelea, y lo demostramos otra vez en el tercer partido, en Texas, cuando vamos una carrera por detrás en la novena y anotamos dos veces en una larga bola de sacrificio de Bernie Williams, que es casi tan bueno como González, y un sencillo de Mariano Duncan. Wetteland lo cierra, y un partido después, yo lanzo otras dos entradas sin recibir hits y tomamos la delantera 5-4 en la novena. Bernie golpea su segundo jonrón del partido, y en la parte baja de la novena Wetteland poncha a Dean Palmer para cerrar la serie.

Pasamos a la ALCS (Series de Campeonato de la Liga Americana) contra los Baltimore Orioles, y tenemos que volver a remontar. En el primer partido, estamos atrás por dos carreras y no nos recuperamos hasta que Derek evita un jonrón en campo contrario con Armando Benítez al final de la octava, un especial del Yankee Stadium y también un especial Jeffrey Maier. No, no fue un jonrón legítimo y, sí, el niño de once años lo interrumpe, y los Orioles tienen todo el derecho a protestar, pero ¿qué se puede hacer? Seguir luchando, eso es todo. Yo consigo que Mike Deveraux roletee para salir del aprieto en la décima, y entonces poncho a Roberto Alomar para terminar la undécima, y después, tres minutos más tarde, Bernie consigue un lanzamiento 1-1 de Randy Myers por el poste de foul del jardín izquierdo para sellar una victoria por 5-4.

Los Orioles empatan la serie a uno al ganar el segundo partido, y entonces vamos a Camden Yards, donde Jimmy Key lanza una obra maestra en el tercer partido. Entonces, en el cuarto partido, nuestro *bullpen* (David Weathers, Graeme Lloyd, Wettelan y yo) consigue seis entradas en cero después de que Kenny Rogers es batido temprano.

Vamos 3-1. Sin embargo, no lo hago de la manera fácil; lleno las bases con tres sencillos, y entonces poncho a Brady Anderson y Chris Hoiles, subiendo por la escalera y consiguiendo que ellos persigan bolas rectas y altas, y entonces consigo que Todd Zeile lance una elevada. Andy termina con los Orioles en el quinto partido lanzando un tripletazo en ocho entradas, y Jim Leyritz, Fielder y Darryl Strawberry hacen un jonrón todos ellos un tercero de seis carreras y sacan a Scott Erickson, para situarnos en la Serie Mundial contra los Atlanta Bravos.

* * *

Se podría pensar que al ser mi primera Serie Mundial, causaría todo un nuevo nivel de presión, pero ese no es el caso en absoluto. Según fue transcurriendo el año, esperábamos estar en la Serie. Si no hubiéramos llegado, eso habría sido aplastante, así que era casi como si la presión la sintiéramos más fuerte en las dos rondas de *playoffs* de la Liga Americana.

Sin embargo, uno nunca sabría eso por el modo en que comienza la Serie, con los Bravos jugando el papel de tractor y los Yankees jugando el papel de sucio conglomerado. Perdemos dos partidos en casa con un marcador combinado de 16-1, principalmente porque Andruw Jones, un muchacho de diecinueve años de Curazao (prácticamente un vecino de América Central) realiza dos jonrones en el primer partido, y la rotación de comienzo de los Bravos, una de las mejores de todos los tiempos, es tan buena como todo el mundo dice. John Smoltz nos cierra en el primer partido, y Greg Maddux en el segundo. Yo estoy asombrado al ver a esos muchachos, especialmente a Maddux. Él es un maestro artesano, dando toques por aquí y dando toques por allá, descuartizándonos antes de ni siquiera darnos cuenta. Él lanza ochenta y dos tiros en ocho entradas. Lleva una cuenta de tres bolas con solo dos bateadores durante todo el partido. En la cuarta entrada, él nos desbarata con seis lanzamientos. Hace lo que los grandes artistas hacen en su trabajo.

Él hace que todo parezca fácil.

La Serie pasa a Atlanta, y nosotros ganamos el tercer partido tras David Cone (yo otorgo mi primera carrera postemporada), pero tenemos muchos problemas con solo cinco outs que quedan en el cuarto partido, abajo 6-3, con cinco outs de estar por debajo tres partidos a uno, y teniendo que hacer frente a Smoltz y Tom Glavine en los dos partidos siguientes. Yo estoy calentando en el *bullpen* cuando comienza la octava entrada, con Charlie Hayes abriendo contra Mark Wohlers, uno de los más dominantes, y uno de los cerradores que más duro lanza en el partido.

Hayes golpea un toque que va titubeante a lo largo de la línea de tercera base, y en cierto modo se queda en territorio bueno. Entonces Darryl Strawberry saca una línea a la izquierda y tenemos en marcha a dos corredores. Yo sigo lanzando a Mike Borzello, el cátcher en el *bullpen*, cuando Mariano Duncan golpea lo que parece ser una automática bola de jugada doble a Rafael Belliard, el jardinero corto de los Bravos.

Belliard la enmantequilla y solo obtiene uno. Saca a Leyritz, un tremendo bateador de bolas rectas a quien le gusta estar en la caja de bateo en situaciones apuradas. Él había golpeado ese inmenso jonrón contra los Mariners en el mes de octubre anterior, y había sacado la pelota fuera del parque en el partido ganador contra los Orioles. Leyritz no se había enfrentado antes a Wohlers.

"¿Qué tiene Wohlers?", pregunta Leyritz a Chris Chambliss, el instructor de bateo.

"Tiene una bola recta a cien millas (160 km) por hora", dice Chambliss.

Leyritz sale, utilizando uno de los bates de Strawberry. En el primer lanzamiento de Wohlers, Leyritz acierta en la bola recta, y después recibe una bola resbaladiza. En el lanzamiento del 1-1, Wohlers lanza otra resbaladiza, alta y por encima del plato, y Leyritz se estira y la golpea hacia la izquierda. Andruw Jones salta en la pared del jardín izquierdo, pero la bola queda fuera de su alcance. El partido está empatado, y cuando Leyritz comienza su camino alrededor de las bases, sé que me corresponderá a mí asegurarnos de que siga el empate.

Yo lanzo y estamos empatados en la octava, y consigo un *out* en la novena. Graeme Lloyd sigue, haciendo que Fred McGriff golpee en una doble jugada, y pasamos a ganar en la décima.

En el quinto partido, Andy gana a Smoltz en un juego que ninguno de los dos merece perder, y la victoria 1-0 nos lleva de nuevo al Yankee Stadium con una ventaja de 3-2. Finalmente nos enfrentamos a Maddux con tres carreras en la tercera, y seguimos llevando la delantera por 3-1 cuando yo entro. Es la séptima entrada, y no voy a cambiar nada a estas alturas. Voy a lanzar fuerte y a los mejores puntos que pueda, y voy recorriendo dos entradas, retirando a seis consecutivos después de dar pasaporte a Terry Pendleton para abrir la séptima, y después lo dejo a Wetteland. Él otorga tres sencillos y una carrera, y los Bravos tienen el desempate en la segunda cuando Wetteland hace que Mark Lemke eleve una bola a territorio malo detrás de la tercera, donde Charlie Hayes la atrapa.

La Serie es nuestra.

Desde el primer escalón del banquillo, yo salto hasta el montículo y llego allí antes de que Charlie descienda de su salto. Es el primer título de la Serie Mundial de los Yankees en dieciocho años, y mi primer título de la Serie Mundial, y para tres muchachos de Columbus, Derek, Andy y yo, desempeñar papeles tan importantes hace que sea mucho más dulce. Estar en ese grupo y celebrar después de haber tenido que regresar otra vez para batir a un equipo tan bueno como los Bravos es un sentimiento indescriptible.

Cuando termina la temporada, los Yankees deciden que yo estoy preparado para cerrar partidos y dejar que Wetteland, un agente libre, firme con los Rangers. Yo minimizo públicamente la diferencia en los papeles, insistiendo en que no siento ninguna presión añadida, pero lo cierto es que *sí* siento presión. Quiero demostrar que los Yankees hicieron lo correcto; quiero mostrarles a todos que puedo hacerlo. No solo quiero ser tan bueno como John Wetteland. Quiero ser mejor que él.

La temporada de 1997 no comienza bien. Ganamos solamente cinco de nuestros primeros quince partidos. Yo fastidio tres de las seis primeras oportunidades de salvar que tengo. En las primeras nueve entradas de la temporada, cedo catorce hits y cuatro carreras.

El error más reciente llega contra los Angelinos en el Stadium, y de entre todas las personas, el hombre que me gana es Jim Leyritz. Intercambiado unas seis semanas después de su jonrón contra Wohlers, Leyritz golpea un doble por la línea del jardín izquierdo. Después del partido, el Sr. T me llama a su oficina. Mel Stottlemyre, el instructor de lanzamiento, está con él. Yo tengo una idea bastante aproximada de que ellos no quieren hablar sobre el mercado de valores. Sé que no he estado realizando la tarea. Sé que si las cosas siguen de esa manera, van a tener que realizar un cambio.

Siento haber metido la pata en tantos partidos. No estoy seguro de lo que va mal. Les digo que me siento bien, pero que no estoy obteniendo resultados.

El Sr. T dice: "Mo, ¿sabes lo que necesitas hacer? Necesitas ser Mariano Rivera. Eso es todo. Nada más, nada menos. Nos parece que estás intentando ser perfecto".

"Te has alejado de lo que te hizo ser tan exitoso", dice Mel. "Al intentar hacer demasiado, estás eliminando parte de tu agresividad y haciendo daño a tu dominio".

"Tú eres nuestro cerrador. Tú eres nuestro hombre, y queremos que seas nuestro hombre, y eso no va a cambiar, ¿cierto?", dice el Sr. T.

Siento un inmediato sentimiento de alivio. Los miro a los dos a los ojos, primero al Sr. T y después a Mel.

"Gracias", digo. "Saber que siguen teniendo fe en mí significa mucho".

Una de las mayores ironías en los deportes es que intentar con mucha fuerza a tener éxito es la manera más segura de producir fracaso. Joe y Mel tienen toda la razón. Yo sigo teniendo el mismo brazo, las mismas cosas, pero empujarme a mí mismo a ser mejor o más rápido de lo que era anteriormente tan solo me está haciendo daño. A veces hay que apartarse del propio camino y tan solo permitir que tu cuerpo haga lo que hace naturalmente.

Cuando salgo de la oficina del Sr. T, siento que me he quitado una tonelada de encima. Me prometo a mí mismo recordar lo que los dos me han dicho. Y desarrollo mi propio truco para ayudar: ni siquiera voy a pensar en qué entrada es. Ya sea la séptima o la octava entrada, como era hacía un año, o la novena entrada, como es este año, sigo teniendo una bola, el bateador sigue teniendo un bate, y mi única tarea es seguir ganándole, lanzamiento a lanzamiento.

He tenido una gran medida de éxito desde finales de 1995 a la hora de dejar fuera a los bateadores de las Grandes Ligas. Por tanto, ¿por qué cambiar nada? ¿Por qué enfocarme de modo diferente? Eso es lo que necesito tener en mente.

El resultado de la reunión es inmediato. Dejo de intentar ser Wetteland y dejo de demandar perfección, y realizo doce juegos salvados seguidos. Me estoy llegando a sentir totalmente cómodo con el nuevo papel ahora, y cuando entramos al Tiger Stadium para una serie de tres partidos a finales de junio, las inseguridades quedan a mis espaldas.

¿Quién tenía idea de lo que habría por delante?

* * *

Estamos jugando a lanzar la bola Ramiro Mendoza y yo, mi compañero lanzador y compatriota panameño, un par de horas antes del partido. Estamos delante de nuestro banquillo. Nuestro lanzamiento no es distinto a cientos de otros juegos de lanzar y recoger. A medida que me voy soltando, comienzo a lanzar con un poco más de fuerza. Me siento bien. Atrapo el tiro de Ramiro, y calentando más ahora, vuelvo a lanzárselo.

Mi tiro parece sorprenderle, y tiene que mover su guante en el último momento para atraparlo.

"Oye, deja de juguetear", dice Ramiro.

"¿De qué estás hablando? No estoy jugueteando".

"Hablo de la bola que acabas de lanzar. Casi me golpea".

"Solo lancé una bola normal", digo yo.

"Bueno, a mí no me pareció normal".

Seguimos jugando. Yo vuelvo a lanzarle la bola y sucede lo mismo. Se desvía aproximadamente un pie (30 cm) a la derecha cuando está por encima de él, y de nuevo casi la falla por completo.

"De esto estoy hablando", dice él. "Deja de hacer eso".

"Prometo en el nombre del Señor que no estoy haciendo nada", le respondo.

Hago algunos lanzamientos más a Ramiro, y cada uno de ellos tiene el mismo movimiento extraño al final.

"Es mejor que encuentres a otro para que juegue contigo", dice él finalmente. "No quiero resultar herido".

Lo dice en serio. Nuestro juego de lanzar y atrapar ha terminado.

Yo no tengo idea de lo que sucedió, y tampoco de por qué la bola se mueve de esa manera. Yo no soy consciente de estar haciendo nada distinto. Me dirijo al *bullpen*, que está en el campo exterior en el Tiger Stadium, y lanzo a Mike Borzello. Mi bola, la que yo creo que es mi bola recta normal de cuatro costuras, está haciendo lo mismo que hizo con Ramiro.

"¡Vaya! ¿De dónde ha salido eso?", dice Borzi. Él está seguro de que algo está mal en la bola de béisbol, que tiene algún arañazo que hace que se mueva de ese modo. La deja a un lado y agarra una nueva bola.

Sucede lo mismo. Borzi levanta sus manos.

"¿Qué sucede? ¿Qué estás haciendo?", me pregunta.

"No lo sé. Estoy lanzando mi bola recta normal de cuatro costuras", digo yo, mostrándole mi modo de agarrarla.

Hablamos otra vez después del partido, y acordamos regresar al *bullpen* temprano al día siguiente e intentar descubrir qué sucede. El lanzamiento sigue siendo cortado, duro y tarde. Ahora me empiezo a preocupar.

"Borzi, esto no es bueno. Tenemos que enmendar este lanzamiento porque casi no tengo control ninguno sobre él".

Mel Stottlemyre se une a la conversación y me observa lanzar de cerca. Mira mi forma de agarrar, el ángulo de mi brazo, todo. No pueden conseguir que yo haga ese lanzamiento recto.

Durante dos semanas, quizá tres, trabajamos para hacer eso. Manipulamos mi agarre y el punto en que suelto la bola. Es como si la bola tuviera mente propia, porque sigue moviéndose tarde, en un plano horizontal, girando ante los bateadores zurdos y lejos de los diestros. A medida que jugamos, yo sigo lanzando en los partidos, y cuanto más lanzo este nuevo tiro, más dominio comienzo a tener de él. Estoy comenzando a lanzar para lograr *strikes*.

Comienzo a llegar entender que es absurdo intentar lanzar la bola recta.

¿Quién ha oído de un lanzador que intente obtener menos movimiento de la bola? Todo eso es una locura.

Y es así como nace mi bola rápida cortada, o cortadora. Es como si hubiera caído directamente del cielo, como si yo estuviera en el barco de mi padre y un millón de libras (500 t) de pesca llegara a nuestras redes, con el radar pasando a un fuerte color rojo.

¿Cómo puedo explicarlo de alguna otra manera que como otro de los increíbles regalos del Señor?

No me paso años buscando ese lanzamiento. No lo pido ni oro por ello. De repente está ahí, un arma de béisbol devastadora. No es un lanzamiento que yo tuviese ayer, pero es un lanzamiento que tengo ahora y que tendré hasta el final. Estoy lanzando la bola sobre las costuras con lo que siento como un poco menos de presión sobre la bola con mi dedo central, y mi bola recta ahora tiene ese malvado efecto. ¿Cómo sucede todo eso? ¿Por qué sucede? ¿Por qué no a otra persona? No conozco las respuestas, a excepción de decir que el Señor debía de tener un plan, porque Él siempre tiene un plan. Y es cierto plan.

Lo que hace es cambiar toda mi carrera.

A mitad de temporada, tengo 27 juegos salvados y 1.96 de ERA, y el

Sr. T me incluye en el equipo Juego de Estrellas. El partido se juega en Jacobs Field en Cleveland. Yo llego a la novena con una ventaja de 3-1, gracias a un jonrón de dos carreras por Sandy Alomar, de los Indios, el héroe de la ciudad, y un batazo en solitario de Edgar Martínez. Estoy muy contento de tener a Edgar en mi equipo. Él me parece mejor que cualquier hombre en la tierra. Él se ha apoderado de mí, tanto que tengo ganas de organizar una fiesta para él cuando se jubile (con un promedio de .312 contra todos los lanzadores y de .579 contra mí).

Comienzo la novena ponchando a Charles Johnson, después hago que Mark Grace roletee y que Moisés Alou falle con una línea, entrando y saliendo, el tipo de salvar que más me gusta.

Volamos a casa al día siguiente en un avión que los Yankees fletan para nosotros, todo un grupo: el Sr. T, su equipo de entrenadores, Paul O'Neill, Bernie, mi padre, Clara y yo. Es un avión a hélices, y parece como si pudiera regresar a los tiempos de juego del Sr. T. ¡Vaya! Los motores a reacción ya son lo bastante malos. ¿Ahora tengo que mirar hélices que me imagino que están impulsadas por gomas?

No es bueno.

Sigo esperando y orando para que mi miedo a volar se pase, pero nunca lo hace. No en este vuelo ni en los cientos que le seguirán. En todos esos incontables vuelos de los Yankees hasta todos los rincones de los Estados Unidos, yo me siento en la fila 29, en el asiento central, con mi Biblia de cuero rojo en mis manos y mi música cristiana en mis audífonos. ¿Mis compañeros de equipo? No tienen compasión. Mike Harkey, nuestro instructor de *bullpen* en mis últimos años, es uno de los principales ofensores, caminando por el pasillo y haciéndome indicaciones para que me quite los audífonos, como si él tuviera importantes noticias que decirme.

"Oye, Mo, acabo de hablar con el piloto, y me dijo que podría ser un vuelo con turbulencias, así que quizá quieras ajustarte un poco más el cinturón".

Clara tiene incluso más miedo que yo a volar. Y allí está ella a mi lado en ese antiguo avión a hélices, los dos casi tan blancos como

Casper. Cuando pasan veinte minutos de la salida de Cleveland, el cielo se vuelve negro y el avión comienza a dar vueltas como si estuviera en un parque de diversiones a 30.000 pies de altura, ascendiendo, cayendo en picado, moviéndose hacia los lados. Yo estoy horrorizado. Clara y yo estamos haciendo oraciones, agarrándonos el uno al otro y pidiendo al Señor que nos deje en tierra sanos y salvos.

Volamos al aeropuerto Westchester County, al norte de la ciudad, y lo único misericordioso acerca de este viaje es que es corto. A medida que iniciamos el descenso, las cosas finalmente se calman y yo comienzo a sentirme mejor. Ya casi estamos abajo. Cierro mis ojos, esperando y esperando a sentir la tierra debajo de las ruedas, para así poder respirar por fin. Un instante después tocamos tierra con un golpe sordo, hay un reventón de un neumático, el avión vira bruscamente, dando botes por la pista antes de detenerse.

"¿Estás bien?", le digo a Clara.

Ella está muy pálida, pero asiente con su cabeza.

"Gracias, Señor, por permitirnos llegar hasta aquí sanos y salvos", dice Clara.

Yo apenas si puedo despegar mis dedos del apoyabrazos. Siento como si hubiéramos dado la vuelta al globo, en lugar de volar desde Cleveland. Cuando entramos en la terminal, descubro que casi todas las aerolíneas comerciales están en tierra debido al mal tiempo; nosotros somos los únicos que volamos.

* * *

La segunda parte de la temporada es mucho mejor que ese vuelo. Somos uno de los mejores equipos en el béisbol después del descanso, vamos 48-29, y ganamos ocho de nuestros nueve últimos. Ganamos 96 partidos, terminamos dos partidos por detrás de los Orioles, y ganamos una emparejamiento en la serie divisional contra…Cleveland. Comienza en el Yankee Stadium, y el tráfico sigue estando atascado en la autopista Major Deegan en el momento en que los Indios marcan cinco veces en la primera contra David Cone, que parece que no puede encontrar la zona de *strike*. Un pasaporte, un golpeado por un lanzamiento, un lanzamiento descontrolado, tres sencillos y el jonrón de tres carreras de Sandy Alomar Jr. forman un gran desastre. Pero al igual que en nuestro campeonato el año anterior, nunca dejamos de plantear pelea.

Ramiro Mendoza lanza tres y una tercera entrada magníficas en relevo de Cone, y comenzamos nuestra carga. Tino Martínez hace un jonrón, y sacamos otra carrera, y después, tras perseguir a Orel Hershiser en la quinta, Tim Raines, Derek y O'Neill golpean jonrones consecutivos para situarnos por delante, 8-6, en la sexta. Jeff Nelson los aguanta hasta la octava, y entonces yo consigo cuatro outs, ponchando a Matt Williams y buscando terminar.

Tino, que tuvo una temporada regular monstruosa (44 jonrones, 141 carreras impulsadas, .296), sigue adelante en el segundo partido, con un doble de dos carreras en una primera de tres carreras. Con Andy adelante, supongo que va a resistir, pero los Indios marcan cinco veces con dos outs en la cuarta, y cuando Williams lanza profundo a Andy para un batazo de dos carreras una entrada después, los Indios van de camino a una victoria por 7-5.

En esta reñida serie al mejor de cinco, el tercer partido es siempre fundamental, y no podría ir mejor cuando la serie se traslada a Cleveland, gracias a un jonrón con las bases llenas de Paul O'Neill y un rendimiento estilo Maddux de David Wells. Nos levantamos, 6-1, y al estar ahora a una victoria de la Serie de Campeonato de la Liga Americana, conseguimos un sólido comienzo por parte de Dwight Gooden y llevamos una ventaja de 2-1 en la octava. Mike Stanton poncha a David Justice, y después el Sr. T me da la bola a mí para conseguir los últimos cinco outs. Saco a Matt Williams con una elevada. El siguiente bateador es Alomar Jr.

Voy por detrás, 2-0. No quiero situar al principio la carrera de empate, de modo que no hay manera de que vaya a darle pasaporte. Pero tampoco voy a ceder, lanzando solamente algo por el medio para conseguir un *strike*. Alomar está muy distanciado del plato, inclinado un poco por la cintura, con una postura ligeramente cerrada. Joe Girardi está lejos. Yo busco golpear el rincón exterior, bajo. Me preparo y lanzo una cortada. La bola sale por encima del plato, casi a la altura del hombro. Fallo por mucho el punto pensado. El lanzamiento es la bola tres.

Me sorprende cuando Alomar abanica.

Me asombra cuando la golpea hasta la primera fila de las gradas del jardín derecho.

El partido está empatado, y el lugar hierve. Yo bajo la cabeza durante un momento y agarro la bolsa de resina. Los Indios pasan a ganar al final de la novena y después se apropian del quinto partido para poner fin a nuestro reinado como campeones del mundo mucho antes de lo que ninguno de nosotros esperaba.

Ceder ese jonrón es el mayor fracaso de mi joven carrera, y sé que Joe y Mel están preocupados con respecto a cómo voy a manejarlo. Mark Wohlers no es nunca el mismo lanzador después del jonrón de Leyritz. Otros relevistas han respondido de modo similar después de haber cedido inmensos jonrones. Pero casi en el momento en que la bola que aterriza sobre el guante de Paul O'Neill, yo sé que eso no solo va a romperme, sino que va a hacerme mejor.

Aprendo de ese lanzamiento. Si vemos las repeticiones atentamente, se ve que no termino correctamente, y dejo mi punto de tiro demasiado alto. No estoy seguro de si le lancé a Sandy otros cien tiros en el mismo punto para que lanzase otro *out*, pero el punto es que tengo que terminar ese lanzamiento adecuadamente, tengo que estar muy enfocado; tengo que ser tan completamente regular con mi mecánica para no perder tanto mi punto de tiro.

El Señor me ha bendecido con una capacidad de emplear toda mi energía en lugares donde pueden hacerme bien. Tengo una mente fuerte, que no se distrae fácilmente, no se echa atrás o es desalentada. No puedo hacer retroceder la bola de Sandy Alomar. No puedo cambiar el resultado de la serie divisional, pero lo que sé es que aborrezco el sentimiento que tengo cuando salgo del montículo aquella noche en Jacobs Field. Y voy a hacer todo lo posible para asegurarme de que no vuelva a suceder.

8

Sombras de 1927

Uno nunca sabe cuándo la paz del Señor marcará una diferencia en su vida. Yo lo descubro temprano una mañana de domingo fuera de temporada. Clara y yo vamos a visitar una casa en Westchester County que estamos interesados en comprar. Es una bonita casa en una hermosa zona. Un amigo nuestro de la iglesia nos acompaña, solamente por si comenzamos a negociar y necesitamos un intérprete para hablar de detalles. Es una cita a las 8:00 de la mañana, y es tan temprano que no nos vestimos formalmente para ello; yo visto pantalones deportivos y una camiseta, y Clara viste de la misma manera.

Llamamos al timbre y una mujer abre la puerta. Ella parece horrorizada cuando nos ve.

"Buenos días, estamos aquí para nuestra cita", dice nuestro amigo.

La mujer mira arriba y abajo. No parece contenta.

"Bien", dice ella bruscamente. "Por favor, quítense los zapatos. Hay otra persona que vendrá a las 8:30, así que van a tener que ver la casa rápidamente".

La expresión de su cara y su forma de comportarse sugieren que ella piensa que somos traficantes de drogas, o quizá jardineros que estamos haciendo una broma.

Nos hace un recorrido de la casa en noventa segundos. Dos minutos como mucho. No estoy bromeando. Dura tanto como le toma al personal del Yankee Stadium realizar su rutina YMCA.

"Van a venir otras personas, así que muchas gracias", dice ella.

"Nos gustaría ver el dormitorio principal y los armarios", dice nuestro amigo.

La mujer parece incrédula ahora, y más que molesta. No hay modo alguno en que permita pasar a los jardineros a su dormitorio principal, y echar un vistazo a su colección de zapatos.

Ella aparta a un lado a nuestro amigo.

"¿Puede explicarme lo que sucede? ¿Quiénes son estas personas, y por qué están aquí?".

"Señora", dice nuestro amigo. "El hombre que está conmigo es Mariano Rivera, de los Yankees de Nueva York. La mujer es su esposa, Clara. Ellos son serios compradores y están muy interesados en esta casa".

La mujer ahora parece mucho más sorprendida que antes.

"Oh, Dios mío, lo siento. No tenía idea. Lo siento mucho". Va a buscar a su esposo, un oficial local. De repente, ella quiere que nos sentemos y tomemos café y pastas. No le importa en absoluto la cita de las 8:30.

"No podrás imaginar quién está aquí...es Mariano Rivera de los Yankees y su esposa", le dice a su esposo.

Yo estrecho la mano del hombre, y le doy las gracias por enseñarnos la casa. Mantenemos una agradable conversación. Yo sé exactamente lo que acaba de suceder. Sé que los dueños de la casa básicamente nos encasillaron a Clara y a mí no solo como personas que no podrían posiblemente tener los medios para comprar su casa, sino que también realmente no eran adecuados ni siquiera para estar en ella.

Es solo la gracia del Señor la que me permite ver más allá del incidente, y reconocer que no hay ninguna malicia ni intención de insultar. Un juicio apresurado, seguramente, pero no malicia.

El Señor nos enseña a no juzgar a las personas por las apariencias, y no cerrar la puerta a nadie. Todos somos hijos de Dios, después de todo. No debería establecer ninguna diferencia el que yo trabaje con una bola de béisbol o con un machete, que yo sea el hijo de un pescador o miembro del equipo de los Yankees de Nueva York. Yo podría haberme ido de aquella casa ese día. Podría haber permitido que el arrebato de enojo que sentí se llevase lo mejor de mí. Pero no lo hice. Estoy lejos de ser perfecto. Por tanto, perdono, al igual que el Señor me perdona.

Y todo resulta bien. Clara y yo terminamos comprando la casa.

Comienzo 1998 con un juego salvado y un viaje a la lista de lesionados en mi primera aparición, gracias a una luxación de ingle. Perdemos cuatro de nuestros cinco primeros partidos y somos sobrepasados por 35-15 en el proceso.

No mucho más va mal el resto del año.

Terminamos la primera mitad con un récord de 61-20. En la segunda mitad nos desplomamos hasta 53-28. Golpeamos .288 como equipo, anotamos el máximo de carreras en la liga, y tenemos el mejor ERA en la liga (3.82), casi una carrera completa mejor que el promedio de la liga. Yo termino con 36 juegos salvados y 1.91 ERA, y un total de 36 jonrones: el total más bajo para cualquier año completo de mi carrera. Eso es así por diseño. Mel Stottlemyre está preocupado de que ponchar a demasiados jugadores esté haciendo subir mi cuenta de lanzamientos, y eso podría contribuir a que yo esté cansado al final del año. En 1997, por ejemplo, cuando básicamente elimino a un bateador por entrada, hago 1.212 lanzamientos. Un año después, incluso con quizá mejores resultados, hago más de trescientos lanzamientos menos (910).

¿Habría golpeado ese jonrón Sandy Alomar Jr. si mi brazo hubiera estado un poco más fresco? ¿Habría tenido mi bola recta cortada un poco más de mordida? El Señor sabe eso, pero ni tú ni yo lo sabemos. Aún así, tiene todo el sentido.

"¿Por qué no reservas la presión en tu brazo?", dice Mel.

"Eso me suena bien", respondo.

Con mi cortada mejorando cada vez más, estoy consiguiendo más bates partidos, aunque no tantos jonrones como conseguía con la bola recta directa. Cuando salí por primera vez, especialmente en 1996, lanzaba una bola recta a las caderas, una bola recta a la cintura, y después una bola recta al pecho, subiendo por la escalera, como se dice, y los jugadores abanicaban el bate y fallaban la alta. Pero los bateadores se ajustan. Cuando se dan cuenta de que no pueden tocar la bola recta que viaja a 96 o 97 millas por hora en la zona elevada, no golpean. Así que encuentras otra manera de batirles. Y para mí, esa manera es el movimiento duro y en el último momento de la bola recta cortada.

Terminamos la temporada normal con un récord de 114-48, o 22 partidos por delante de los Medias Rojas, en segundo lugar.

Hay números extravagantes en el béisbol aquel año, especialmente en el departamento de jonrones. Mark McGuire y Sammy Sosa llevan a cabo su celebrada búsqueda del récord de jonrones. Terminan con 70 y 66 respectivamente, y hay otros muchos jugadores que no están tan lejos. Ken Griffer Jr. golpea 56. Greg Vaughn golpea 50. Andrés Galarraga golpea 44 y casi llega hasta los cinco primeros en la Liga Nacional. Yo no pienso nada de todo eso todo el tiempo, pero entonces soy totalmente ingenuo cuando se trata de esteroides. No estoy diciendo que todos entre los líderes del jonrón estén implicados, aunque estoy seguro de que algunos de ellos lo están. Tan solo digo que podía haber pisado un paquete de jeringuillas y no saber lo que estaba sucediendo. No solo yo nunca he tomado ningún esteroide, sino que tampoco he visto a nadie tomarlos. Ni una sola vez alguien me ha apartado a un lado y me ha dicho: "Mo, deberías probar esto, porque me ayudó a mí y podría ayudarte a ti".

Sé que hay personas que puede que tengan inmensas dudas al respecto; mi nombre ha sido susurrado en este contexto debido a mi dramático aumento de velocidad en 1995. Créeme, entiendo el cinismo, especialmente después de que tantos atletas estrella, desde Ben Johnson o Lance Armstrong hasta Mark McGuire, hayan recurrido a mejorar químicamente; todos ellos después de negarlo todo. Lo único que puedo decir es la verdad en lo que respecta a mí: nunca he engañado, y nunca engañaría, porque amo y respeto el deporte demasiado para hacer eso.

Veamos todos los años de terrible publicidad y desgracia que esas cosas han producido. Cuando el problema llega hasta el Congreso de los Estados Unidos, y hay jugadores tratando de esquivar los golpes o fingiendo no hablar inglés, bueno, eso es bastante malo.

Si pudiera borrar una sola cosa de la historia reciente del béisbol, serían los medicamentos para mejorar el rendimiento. Haría todo lo posible por asegurarme de que todo el mundo jugase de la manera correcta, que jugase honestamente. Entiendo que hay jugadores que están desesperados por llegar a lo más alto, y sienten que obtener cierta ayuda química es lo único que puede hacerles llegar allí. Entiendo que las personas quieran cumplir sus sueños, pero deben hacerlo de la manera correcta. Si tienes la capacidad de ser un jugador en las Grandes Ligas, estupendo. Si no tienes la capacidad, y has hecho todo lo que has podido para sacar el máximo de ti mismo, no te des la vuelta y hagas algo que hace daño al deporte.

En definitiva, todos tomamos decisiones. Los esteroides están ahí en las calles. Están ahí en este momento. Puedes conseguirlos y tener la sustancia en tu sangre antes de terminar este capítulo, si es eso lo que decides. Nadie te está apuntando con una pistola en la cabeza para que hagas eso. Tú mismo sabes dónde te conducirá. Ganarás músculo y conseguirás más velocidad de bateo, y golpearás la bola más duro y más lejos. Si eres lanzador, vas a añadir músculo a tu bola recta.

También sabes que incluso si tu decisión nunca llega a la luz pública, es algo que llevas contigo para siempre, independientemente de lo mucho que lo niegues, de lo bueno que sea tu consejo o de lo brillantes que sean tus excusas. Y la mayor probabilidad es que de algún modo, de alguna manera, vayan a agarrarte. Quizá no sea este año, quizá ni siquiera sea el año siguiente, pero al final va a suceder.

Y cuando eso suceda, tu nombre será *barro*. Estarás en todas las portadas, en los periódicos deportivos, y conseguirás más tiempo en SportsCenter que los presentadores. Habrá reporteros que te seguirán y pedirán comentarios a tu mánager y tus compañeros de equipo. Habrá personas que te humillarán, se burlarán de tus hijos y los humillarán, y será todo un lío enorme.

Sabiendo todo esto, si aun así sigues adelante y tomas medicamentos para mejorar el rendimiento, ¿sabes lo que yo creo? Creo que tienes problemas. Creo que tienes grandes problemas. Creo que estás en completa negación, eres un temerario, o estás tan seguro de ser intocable porque eres un jugador de béisbol rico y famoso, que los problemas probablemente acaben de comenzar.

Tomar medicamentos para mejorar el rendimiento es engañar, sencillo y directo. Le roba al deporte integridad y legitimidad. Si te atrapan, tienes que pagar. Deberías aceptar tu castigo y cerrar la boca. Deberías rendir cuentas por completo y no esconderte detrás de tu agente y cierta declaración en la que ofreces vagas disculpas, y ni siquiera dices porque te estás disculpando.

¿Y si eres mi compañero de equipo y resulta que estás consumiendo medicamentos? Yo no voy a consentirte ni mirar hacia otro lado, te lo prometo. Pero tampoco voy a abandonarte. Estaré a tu lado cuando más lo necesites. Puede que crea que engañaste y cometiste un terrible error, pero no voy a dejarte tirado. Si un hermano o hermana se equivoca, ¿le darás la espalda? Yo considero familia a mis compañeros de equipo. Por tanto, por mucho que pueda aborrecer esa conducta, no voy a reprenderlos, como si yo fuera alguna autoridad moral superior. En el Sermón del Monte, en Mateo 7:1-5, Jesús dice:

No juzguen a nadie, para que nadie los juzgue a ustedes. Porque tal como juzguen se les juzgará, y con la medida que midan a otros, se les medirá a ustedes. ¿Por qué te fijas en la astilla que tiene tu hermano en el ojo, y no le das importancia a la viga que está en el tuyo?

Yo lo considero muy sencillamente: todos somos humanos, y todos cometemos errores. Algunos peores que otros, algunos mucho más difíciles de perdonar. Pero ¿quién soy yo para juzgar?

Cuando pasas 152 días consecutivos en el primer lugar, normalmente significa que no hay ninguna carrera en curso por el campeonato, pero sigues teniendo que ocuparte de los asuntos cada día. A medida que me acerco a mi treinta cumpleaños, entiendo más que nunca que prepararse adecuadamente lo es todo.

Soy una persona a quien le gusta el orden y se siente cómodo en la rutina. Eso nunca es más cierto que en los días de partido. Después de atrapar elevadas y de que termine la práctica de bateo, agarro algo para comer, normalmente pollo o pasta, aunque no puedo mentir... de vez en cuando pedimos algo de Popeyes. (Es una imagen divertida, ya lo sé: un muchacho se presenta con pollo frito en la puerta de seguridad del estadio diciendo: "Tengo un pedido para Rivera..."). Una vez alimentado, estoy en el hidromasaje antes de que comience la primera entrada, normalmente alrededor de las 6:50 de la tarde, si jugamos esa noche. Me sumerjo hasta el cuello para conseguir que mi cuerpo se suelte. Después de unos quince minutos, me seco y me dirijo a la sala de masajes, donde hago algunos estiramientos y el masajista trabaja en mis piernas y en cualquier otro lugar que podría estar tenso, un proceso que toma unos treinta minutos. Entonces me visto (muy metódicamente) y voy a la sala de entrenamiento, normalmente al comienzo de la cuarta entrada, y Gene Monahan comienza haciendo algunos estiramientos más de mi brazo y mis piernas. Después, dependiendo de cómo me sienta, él podría poner calor seco en mi hombro y dar un masaje a mi brazo con un paño caliente. Mientras tanto, estoy prestando mucha atención al partido en el televisor. Estudio los bateos de los bateadores contrarios, buscando tendencias o posibles debilidades.

Este rato con Geno es probablemente mi parte favorita del día, además de estar en el montículo. Está medido, tiene propósito. No hay prisas. Estoy en contacto con mi cuerpo; estoy en contacto con Geno. Hablamos sobre nuestras familias, sobre nuestro día, y de lo que está sucediendo en el mundo. Somos sinceros y estamos conectados. Eso da cierre a mi preparación. Cuando salgo de esa mesa de entrenamiento, casi puedo sentir que comienza a circular mi adrenalina. Me dirijo al *bullpen* en mitad o al final de la sexta, y me preparo para competir.

Un domingo a principios de agosto en el Stadium, sigo la rutina religiosamente, lanzo una entrada sin recibir hits contra los Reales para mi decimotercera carrera salvada, y disminuyo mi ERA a 1.25. Eleva nuestro récord a 84-29, y cuando llega el momento en que nuestra racha ganadora en nueve juegos ha terminado, estamos 89-29.

Llegamos hasta ahí ocupándonos de nuestro trabajo, y estando preparados.

Con el modo en que hemos dominado todo el año, obviamente somos los grandes favoritos para ganarlo todo, una posición que puede producir su propia presión. Los Rangers son nuestro equipo contrario en la primera ronda, y su alineación anota una carrera en tres partidos. Juan González, quien casi nos batió él solo dos años antes, golpea .084. Will Clark y Rusty Greer ambos batean .091, y Pudge Rodríguez batea .100. John Wetteland, mi anterior mentor, solo sale en un partido. Yo lanzo en los tres partidos, salvo dos y otorgo un hit, y ahora todo se prepara para una revancha con los Indios.

Después de apropiarnos del comienzo tras David Wells, los Indios ganan dos seguidas, y ahora estamos viendo el mayor partido de nuestra temporada. Una pérdida y estamos en un agujero de 3-1, mirando fijamente a un partido de eliminación en Jacobs Field. Orlando Hernández (El Duque), en su primer comienzo postemporada, es brillante, lanzando un triple sobre siete entradas en una victoria 4-0 para empatar la serie a dos partidos cada uno.

En el quinto partido, Wells es magnífico por segunda vez en la serie, ponchando once y lanzando en la octava. Yo lanzo un *out* y tengo una ventaja de 5-3, y el empate está a la vista. Así que ahí estoy yo de nuevo en una octava entrada en Jacobs Field, en el año 1 D.A. (después de Alomar). En el plato está el jardinero izquierdo de los Indios, el bateador ambidextro Mark Whiten, quien había estado en nuestro lado en esta serie el año anterior. A Whiten le gusta que le llamen Hard Hittin'. Es un tipo con mucha fuerza; es el mayor al turno de bate del partido, si no de la serie. La cuenta llega a 2-2, y yo estoy totalmente enfocado en terminar bien el lanzamiento, metiéndole presión con una bola recta cortada. Desde la posición, lanzo una dura cortada que hace precisamente lo que yo quiero, quedándose en sus manos. Whiten batea una débil arrastrada a la segunda que se convierte en una doble jugada para poner fin a la amenaza.

Un entrada después, yo lo cierro con dos rápidos *out* sobre Jim Thome y Brian Giles, después poncho a Enrique Wilson para situarnos a un partido de distancia de la Serie Mundial.

David Cone, un ganador de veinte juegos, comienza bien en el sexto partido, y Scott Brosius dio un jonrón que impulsó tres carreras y saltamos hasta una ventaja de 6-0. Se está formando una atmósfera de fiesta en el Stadium, pero Thome da un jonrón con las bases llenas y los Indios se ponen a uno, y es solo porque Mendoza, el jugador que no quiere jugar conmigo a lanzar y atrapar, nos da tres brillantes entradas de relevo, y Derek golpea un triple de dos carreras, para el que añadamos cierto espacio para respirar.

Yo salgo para la novena con una ventaja de 8-5. Nueve lanzamientos después, agarro la regresada de Omar Vizquel y le lanzo a Tino, y vamos de regreso a la Serie. Los muchachos me rodean, y la alegría que siento es profunda. No estoy a favor de la redención; no es que yo salga ahí conscientemente pensando que tengo que compensar el jonrón de Alomar. Lo único que quiero hacer es lanzar buenos tiros y conseguir outs.

Estoy convencido de que estar plenamente comprometido con el momento, sin ninguna preocupación sobre el pasado o proyección hacia el futuro, es el mejor atributo que puede tener un cerrador. Uno se pregunta por qué la vida activa de tantos relevistas en corto es, bueno, tan corta. ¿Por qué hay muchachos a quienes no se les puede batir durante un año o dos y después desaparecen? Se debe a que se necesita una tonelada de concentración y creencia en un mismo para permanecer en el momento de esa manera y no permitir que los altos y los bajos se metan en tu cerebro. El Señor me ha dado un brazo fuerte, pero también una mente aún más fuerte. Es la clave de todo, y me permite no sucumbir a la duda o a la debilidad cuando fallo. Doce meses después de Alomar, lanzo en cuatro de los cinco partidos contra los Indios, y no otorgo ningún hit en cinco y dos tercios de entradas. Poncho cinco. Tengo un ERA de 0.00. En nueve entradas en dos series de *playoffs*, no he cedido ni un solo sencillo.

Estoy preparado para los San Diego Padres, y para la Serie Mundial, y también estoy preparado para una interesante trama secundaria familiar. Mi primo y excompañero de equipo, Rubén Rivera, juega ahora con los Padres. Rubén es cuatro años más joven que yo, un jardinero central fuerte, rápido y con potente bateo, un jugador con el tipo de mentalidad y capacidades que hacen desmayar a los ojeadores. ¿Un Mickey Mantle panameño? Más de varias personas dentro del béisbol creen que tienen ese tipo de habilidad. En 1995, él no solo es uno de los mejores candidatos de los Yankees en años; es uno de los mejores candidatos en todo el mundo del béisbol. Él realiza algunas buenas contribuciones con su bate y su guante cuando los Yankees le llaman en 1996, un año después que a mí, y entonces todo comienza a revelarse.

"Puedes ser un Juego de Estrellas durante mucho tiempo. Tienes eso en ti", solía decirle a Rubén. "Tan solo necesitas enfocarte más y decidir si esto es lo que realmente quieres".

"Es lo que quiero", respondía Rubén. "Trabajo duro".

"Sé que trabajas duro, pero hay que hacer algo más que eso. También tienes que cuidar de ti mismo. Tienes que tomar buenas decisiones. Tienes que entender que solamente vas a tener una oportunidad en esto".

Rubén es uno de esos jóvenes que tan solo parecen verse un poco sobrepasados con la fama y la adulación que llegan por ser un dotado jugador de las Grandes Ligas. Sale demasiado de fiesta, se queda hasta muy tarde, nunca parece demostrar la paciencia que necesita para dejar que su talento se asiente. Quiere ser una estrella rápidamente. Quiere cruzar el bate en cada lanzamiento, sea un jonrón o no. Lo quiere todo, ahora, y cuando eso no sucede según su calendario, se frustra. A medida que pasan los años, la frustración solamente aumenta. Rubén terminó moviéndose diez veces en su carrera en las Grandes Ligas (firmó con los Yankees en tres ocasiones diferentes). Bateó 23 jonrones y robó 18 bases como jugador a tiempo completo para los Padres en 1999. También bateó .195 y ponchó 143 veces. Yo siempre quise que él encontrase una situación estable en las Grandes Ligas para que pudiese relajarse y dejar brillar sus talentos, pero la estabilidad nunca llegó realmente para él hasta que llegó a México, donde ha jugado durante los últimos siete años y donde, con cuarenta años de edad, sigue siendo uno de los principales bateadores de fuerza de la liga.

Yo quiero todo lo mejor para Rubén cuando comienza la Serie, pero solamente después de que ganemos cuatro partidos.

David Wells agarra la bola para comenzar una tercera serie postemporada para nosotros, pero esta vez es sobrepasado por el as de los Padres, Kevin Brown, que tomó una ventaja de 5-2 al final de la séptima. Cuando Brown otorga un hit y un pasaporte para comenzar la octava. Bruce Bochy, el mánager de los Padres, llama al relevista Donne Wall, quien inmediatamente otorga un jonrón de tres carreras a Chuck Knoblauch. Pronto, Wall se va y llega Mark Langston, y antes de que termine la entrada, Tino batea un jonrón con las bases llenas y tenemos una entrada de siete carreras. Así es como ha ido todo el año. La producción llega de todas partes. Tenemos un bateador el número 9, Scott Brosius, con 19 jonrones y 98 carreras impulsadas. Tenemos a Jorge Posada, cátcher ambidextro en su primer año, logrando 17 jonrones y disparando en 63 carreras, también en el fondo de la jerarquía. No tenemos ningún jugador de 30 jonrones, pero sí tenemos ocho jugadores que golpean 17 o más, y cinco jugadores que impulsan en más de 80 carreras. El balance es increíble.

Yo salgo en la octava y consigo una salvada con cuatro outs, y los problemas de los Padres se agudizan cuando nosotros marcamos otras siete veces en las primeras tres entradas del segundo partido. Con nuestro novato cubano, Orlando Hernández, en el montículo, ese es un déficit masivo que vencer, y estamos a mitad de camino después de una victoria por 9-3.

Nuestra confianza es tan inconmovible en ese momento que incluso cuando Sterling Hitchcock, el anterior Yankee, nos cierra en seis y toma una ventaja de 3-0 en la séptima, yo estoy sentado en el banco del *bullpen* y pienso:

Los tenemos precisamente donde los queremos.

Durante toda la temporada hemos presentado y lucha. Toda la temporada hemos tenido a diferentes jugadores que han vencido en los mayores momentos; por tanto, no estoy sorprendido cuando Brosius, que ha estado botando la bola durante toda la Serie, descarga un jonrón para abrir la séptima, o cuando Shane Spencer sigue con un doble. Hitchcock está acabado, nos acercamos una carrera más y, un entrada después, Brosius sale de nuevo contra Trevor Hoffman, uno de los mejores cerradores en el negocio, y lanza otra bola por encima de la pared, esta vez con dos hombres dentro.

Ahora estamos arriba, 5-3, y después de algunos momentos complicados, yo termino una victoria por 5-4 ponchando a Andy Sheets con la carrera de empate en la tercera. A una arrasadora victoria de distancia, Andy lanza mejor que Brown y lanza siete y un tercio de entradas de manera soberbia, saliendo con una ventaja de 3-0 y dos jugadores dentro. Jeff Nelson entra y poncha a Vaughn, y entonces el Sr. T me llama. Yo salgo desde el banquillo, y no estoy pensando en abrazos de grupo o duchas con champán, o ninguna otra cosa. Estoy pensando:

Consigue un out.

Ken Caminiti batea un sencillo para llenar las bases, y quién iba a salir sino Jim Leyritz. Parece que él nos sigue a todas partes. Leyritz puede botar la bola recta de cualquiera si no está bien situada. En un lanzamiento con 1-2, yo lanzo una cortada, un poco alta y alejada. Leyritz abanica. No es el contacto que él espera, y su corta elevada al centro es jugada fácil para Bernie, que la agarra con un atrape de baloncesto.

Mi primo sale en la novena y batea un sencillo al medio en el único turno al bate que ha tenido nunca contra mí, pero no sigue por mucho tiempo. Carlos Hernández, el cátcher, lanza para una jugada doble 6-4-3, y ahora yo estoy mirando a Mark Sweeney, un zurdo bateador emergente. Yo lanzo dos bolas rectas, y después una cortada que él hace botar hasta Brosius, quien la lanza a Tino, y ahora el abrazo entre todos es lo *único* en que estoy pensando. Joe Girardi llega el primero y me abraza mientras yo levanto mis brazos por encima de la cabeza, dando gracias al Señor. Pronto estoy rodeado por Brosius, Jugador Más Valioso de la Serie, y todos los demás. Mi postemporada termina con seis juegos salvados y 13.1 entradas sin recibir hit. Es la primera vez en mi vida que he conseguido el último *out* de una temporada. Es un sentimiento al que podría acostumbrarme.

9

Espíritu y cumbre

No es el sueño de una noche en mitad del verano. Es real. El Espíritu Santo me está hablando. No con una voz común, como si Clara me estuviera hablando en la cocina, pero es definitivamente el Espíritu Santo.

Es una calurosa noche de viernes en el Yankee Stadium en julio de 1999, los Atlanta Bravos están en la ciudad, y es un partido extraño desde el principio. El encuentro es entre el lanzador Greg Maddux contra El Duque. ¿Quién imaginaría que Maddux cedería nueve hits y cinco carreras, y Duque cedería ochos hits y seis carreras; y los dos no estarían antes de que el partido estuviera medio terminado?

Derek, en mitad del mejor año de su vida, batea su decimoquinto jonrón y batea tres hits, elevando su promedio hasta .377. Ramiro Mendoza es sensacional en el relevo y nos lleva hasta la novena con más de tres entradas de bolas imbatidas. Yo entro desde el *bullpen*, acompañado por los compases de guitarra de "Enter Sandman", de Metallica, la nueva canción de entrada que los Yankees han escogido para mí. No me lo comunican con antelación, y honestamente no le presto mucha atención a la canción. Desde que jugamos contra los San Diego Padres en la Serie Mundial de 1998 y los Yankees observaron que los seguidores de San Diego se enardecieron todos ellos por la canción de entrada de Trevor Hoffman, "Hell's Bells" de AC/DC, han estado intentando encontrar la introducción correcta para mí. (Yo podría haber salido con "Firmes y adelante, huestes de la fe", pero no creo que eso hubiera fluido). Durante un tiempo prueban con "Welcome to the Jungle" de Guns N' Roses, que parece gustarles a los seguidores. Entonces, un día un trabajador del Stadium llamado Mike Luzzi deja preparada "Sandman", y los seguidores enloquecen. Por tanto, la búsqueda ha terminado. Yo no soy consultado, y no necesito serlo. Si a los seguidores les gusta, vamos con ello.

He terminado con mis calentamientos, y estoy de pie en el montículo, cabeza inclinada, bola en mi mano derecha, a punto de decir mi oración de costumbre:

Señor, por favor mantenme a salvo. Mantén a salvo a mis compañeros de equipo, y mantén a salvo a todos. Oro para que me protejas y me des la fuerza que necesito. Amén.

Me estoy concentrando profundamente, y puedo sentir que mi corazón se abre. De repente, siento la sobrecogedora presencia del Espíritu Santo. Mi inglés no es lo bastante bueno para describir ese sentimiento; tampoco mi español. Tan solo tengo este sentimiento lleno de carga del Espíritu en mi corazón, derramándose en mi alma.

Yo soy quien te ha puesto aquí, dice el Espíritu.

Me detengo. Me doy la vuelta y miro a las cincuenta mil personas que me rodean. Sé lo que acabo de oír, y sé que yo soy el único que lo ha oído. El tono de voz es alegre, pero también de exhortación. Estoy en un momento en la temporada y en mi carrera en el cual me siento muy a cargo de lo que estoy haciendo sobre el montículo. No expreso eso externamente, pero estoy tan lleno de confianza y de vigor que es como si yo fuese quien manda. En este momento, el Señor parece que ha decidido que mis pantalones de cerrador me vienen un poco grandes, y que necesito que me recuerden que Él es el único todopoderoso, y no yo.

Mientras estoy de pie en el montículo del Yankee Stadium delante de todas esas personas, me inundan las emociones. Soy castigado y humillado, profundamente conmovido por esta repentina llamada de atención espiritual.

Lamento haber sido desviado por mi propio sentimiento de importancia. Lamento más aún haberme aventurado por mí mismo, hasta cierto grado, en lugar de buscar la voluntad del Señor. El Señor ciertamente me ha puesto ahí. Sin Él, yo no soy nada. La única razón de que esté aquí, y sea capaz de hacer lo que hago, es porque Él me da fuerza.

Ahora es momento de lanzar.

Pienso: *Vaya, en realidad no sé cómo va a salir esto.*

Yo voy a hacer lo mejor, pero en este instante probablemente tengo tantas dudas sobre mi capacidad para enfocarme en la tarea que tengo a mano como he tenido nunca en mi carrera profesional. Quizá esto sea parte de la lección que el Señor quiere enseñarme; no lo sé.

Le lanzo a Bret Boone una bola elevada a la derecha, y por un momento pienso que quizá pueda mantenerme firme después de todo.

El pensamiento no dura mucho tiempo.

Le lanzo mal un tiro a Chipper Jones, después le doy pasaporte en otra bola muy desviada de la zona de *strike*. En mi primer lanzamiento a Brian Jordan, él da un sencillo de bateo y corrido al jardín derecho. Después de que voy por detrás de Ryan Klesko, Mel se acerca hasta mí para hacer que me relaje y lance los ponches que yo siempre quiero lanzar. Asiento con la cabeza. Me comporto como si todo fuese bien.

No va bien.

Klesko enlaza un sencillo. Eso estropea la salvación. Dos bateadores después, Andruw Jones envía por encima de la pared en el centro izquierdo. Eso estropea el partido.

Es una salida tan mala como la que nunca he tenido como cerrador.

No digo una sola palabra sobre lo que sucedió a ninguno de mis compañeros de equipo, pero sé que he aprendido una importante lección. Soy un ser humano, y los seres humanos se vuelven complacientes. Perdemos el camino algunas veces. El Señor decide que esta calurosa noche de verano es el momento para ayudarme a encontrar otra vez mi camino.

¿Es una coincidencia el modo en que transcurre el resto de la temporada? ¿Qué otorgue una carrera durante el resto del año? ¿Que termine la temporada con sucesiones de treinta y dos tercios de entradas sin recibir hits y veintidós carreras salvadas consecutivas? No tengo ni idea. Lo único que puedo decir es que paso los tres meses siguientes en una zona de profunda humildad y con tanta concentración y confianza como haya tenido nunca en mi vida.

Ganamos dieciséis partidos menos de los que ganamos el año anterior, pero nuestro récord de 98-64 sigue siendo el mejor en la liga, situándonos en la serie divisional contra los Rangers por tercera vez en cuatro años. Los Rangers son un equipo muy bueno pero, seamos sinceros, hay una parte de ellos que parece secarse como una flor ante el calor de Texas con tan solo mirarnos. Barremos otra vez en tres partidos seguidos, y por segundo año consecutivo, su alineación se las arregla para conseguir una carrera sencilla contra nosotros en los tres partidos. Yo poncho a Rafael Palmeiro y Tom Goodwin y lanzo una elevada a Todd Zeile para salvar el segundo partido, y lanzo otras dos entradas sin recibir hits para terminar la serie y situarnos en la Serie de Campeonato de la Liga Americana contra los Medias Rojas: el enfrentamiento que todo el mundo parece querer.

Desde que llega en su bote desde Cuba, El Duque sigue demostrando lo buen lanzador que es, y ahí está otra vez, con ocho fuertes entradas en el primer partido, que está empatado a tres cuando yo salgo para comenzar la novena. Consigo seis outs y permito un *hit* en dos entradas, llevándolo al final de la décima, cuando Bernie Williams golpea un lanzamiento de Rod Beck por encima de la valla unos minutos después de la medianoche.

Es una emocionante manera de comenzar, y no aflojamos. Chuck Knoblauch hace una carrera doble impulsada y Paul O'Neill una carrera sencilla impulsada avanzado el segundo partido, y entonces Ramiro congela las bases llenas con dos inmensos outs en la octava, antes de que yo consiga la salvada en una insegura novena, ponchando a Damon Buford con Nomar Garcíaparra, la carrera de empate, en la tercera.

Vamos a Boston con una ventaja de 2-0, y aunque los Medias Rojas consiguen enfáticamente recuperar una con una victoria por 13-1 donde

Pedro Martínez es brillante y Roger Clemens, por mucho tiempo el as de los Medias convertido en Enemigo Público el número 1, realiza el peor comienzo de postemporada de su vida, el descenso termina allí. Andy domina en el tercer partido, y Ricky Ledee golpea un grand slam contra Beck en la novena entrada, y nosotros ganamos 9-2, y antes de que se pueda cocinar un puñado de frijoles, estamos bailando en el cuadro de Fenway después de que Duque cabalgue de nuevo para llevarnos a una victoria por 6-1 en el quinto partido.

Eso nos sitúa contra los Bravos en otra Serie Mundial, y como podrás imaginar, el enfrentamiento en el primer partido es El Duque y Greg Maddux, los mismos jugadores que estuvieron en el montículo cuando el Espíritu Santo me visitó en el Bronx tres meses antes. Esta vez no escucho ninguna voz. Tan solo me maravillo por el contraste entre estos lanzadores, y el modo en que desempeñan su destreza. Ahí tenemos a Duque, con su patada izquierda cargada y sus giros, y ángulos de sus brazos que parece inventar a medida que se mueve, lanzando todo tipo de cosas desagradables. Ahí tenemos a Maddux, tan firme como un metrónomo, dominando la bola con una mecánica impecable y brutalmente eficaz. Contrariamente al juego en la temporada regular, ambos están en plena forma, y finalmente llegamos a un juego 1-1 en la octava. Sigue el empate hasta que Paul O'Neill sale en esa entrada.

Esta Serie Mundial no es especialmente dramática, otra barrida de cuatro partidos, sin juegos épicos y momentos destacados. Las personas recuerdan que yo rompo tres bates de Ryan Klesko en un viaje al plato en los momentos finales de la Serie, y que Chipper Jones se está riendo por eso en el banquillo. Para mí, sin embargo, esta es una Serie Mundial que se trata toda ella de Paul O'Neill.

Paulie llegó a los Yankees en 1993, y el equipo inmediatamente comenzó a ganar. De hecho, los Yankees no han tenido una temporada de derrota desde su llegada. Sería necio decir que el cambio se produjo absolutamente por él, pero sería incluso más necio decir que fue una completa coincidencia.

La primera vez que conozco a Paulie es en el entrenamiento de primavera. Enseguida se nota no solo su fuerza y su tamaño (un hombre de 1,90 metros musculado y ancho de hombros), sino también su intensidad y su serio sentimiento de propósito. Él nunca habla mucho, y nunca se inquieta por nada. Él hace su trabajo y quiere ganar. Es un tipo que una vez bateó .359, y sin embargo, tan solo quiere ser uno de los jugadores en la alineación.

Yo admiro eso en él desde el principio. Uno aprende enseguida en las Grandes Ligas que algunos jugadores juegan para las cámaras, y otros desearían que no hubiera ninguna cámara en absoluto. Paulie está en el segundo grupo. Aborrece hablar de sí mismo, incluso después de lograr 4 para 4 o de salvar el partido atrapando bien. Tampoco le gusta captar la atención después dejar un casco por un *strike* cantado, o batear y destrozar otro dispensador de agua. Paulie es increíblemente duro consigo mismo, un perfeccionista al máximo. A principios de 1999 tenemos un partido en casa contra los Angelinos, y Paulie va 1 para 5 y poncha tres veces. La última vez, le agarran mirando al lado de Troy Percival con un jugador al fondo de la novena, carrera empate en el plato. Cuando el árbitro Greg Kosc le poncha, Paulie se dirige otra vez al banquillo, y lo próximo que uno sabe es que hay un dispensador de agua volando de camino al campo. Su mal genio puede sin duda alguna nublar su juicio; en una ocasión, abanica en un lanzamiento y está tan molesto con el contacto que lanza el bate en un arrebato de enojo. La bola pasa por encima de la pared del jardín derecho. Le damos un buen regaño por eso.

Sin embargo, siempre se puede contar con él. Paulie tiene una larga enemistad con Lou Piniella, el mánager de los Mariners, que data de sus años juntos en Cincinnati. A Lou le encanta meterse con Paulie, y públicamente le llama bebé por quejarse cada vez que alguien le lanza profundo. Quizá todo ello sea práctica para jugar astutamente; no lo sé, porque nunca me meto en esas cosas. No hay una sola vez en todos mis años de lanzamiento en la que maneje a un árbitro o me queje por una llamada para así quizá conseguir la siguiente, o para intentar intimidar a un bateador diciéndole que es mejor que se prepare para mover sus pies.

No es solo que pienso que eso es antideportivo; sencillamente no es el modo en que quiero comportarme. Tengo una bola en mi mano, y creo que tengo todo lo necesario para ponchar al bateador sin ninguna de esas cosas extracurriculares.

En cualquier caso, lo único que eso consigue es que Paulie sea aún más determinado. Él golpea tres jonrones en cinco partidos en la serie divisional de 1995 contra los Mariners, y batea .417 con un par de otros dos jonrones en la Serie de Campeonato de la Liga Americana en 2001, el año en que Piniella, de los Mariners, obtuvo un récord de 116 partidos.

Eso es lo que me encanta de este hombre; siempre está ahí cuando el equipo más le necesita. En junio de 1999 tenemos un desagradable juego de lanzamientos intencionales contra los Indios. Wil Cordero le da un jonrón a Clemens y después es golpeado por nuestro relevista Jason Grimsley. Poco después, Derek es golpeado por el relevista de los Indios, Steve Reed. Derek ni siquiera ha terminado de mirar fijamente a Reeds cuando Paulie lanza un tiro a Reed por encima de la pared para cerrar el partido.

"Bonita tarea la de tomar la justicia en tus propias manos", le digo después a Paulie.

Él sonríe.

"Es la mejor manera de arreglar cuentas con un lanzador", dice él.

Paulie está ahí también con el guante, nunca más que en el quinto partido de la Serie Mundial de 1996, cuando Wetteland intenta proteger la ventaja de Andy por 1-0 en el final de la novena. Los Bravos tienen corredores en la primera y la tercera y al bateador emergente Luis Polonia en el plato, y después de seis bolas malas, Polonia lanza una bola profunda al centro derecha.

Yo estoy seguro de que esa bola está entre los jardines y que el juego ha terminado, con una ventaja de 3-2 para los Bravos; pero Paulie sale corriendo y la persigue cerca de la franja de alerta hasta la pared; sin importar que él tiene mal el tendón de la corva. Al atraparla salva el partido, y muy posiblemente la Serie Mundial. De nuevo, en 1998, con dos en la primera entrada del segundo partido contra los Padres, él agarra una bola de un salto en la pared para robar a Wally Joyner y situarnos en camino.

Tres años después, de nuevo en la Serie, no es un momento fácil para los Yankees. Una temporada que comienza con el Sr. T que se va durante un tiempo para recibir tratamiento para el cáncer continúa con la muerte del padre de Scott Brosius y después el padre de Luis Sojo. Luis se pierde los dos primeros partidos de la Serie después de que su padre fallezca.

El padre de Paul, Charles O'Neill, está en su casa en Ohio batallando con una grave enfermedad del corazón. Sé que todo eso hace mella en Paulie todo el año, e incluso más en la postemporada, cuando la enfermedad de su padre empeora. Yo recibo tanto consuelo cuando le veo fuera en el jardín derecho, un hombre que uno sabe que va a dar todo lo que tiene para ayudarte a conseguir un *out*, que desearía de algún modo poder consolarle.

El padre de Paulie muere en las primeras horas de la mañana antes del cuarto partido contra los Bravos en 1999. Cuando el Sr. T da la alineación y veo a O'Neill en el agujero usual el número 3, entre Derek y Bernie, no me sorprende en absoluto. Miro a Paulie mientras él está sentado en su taquilla en la parte trasera de la sede antes del partido, preguntándome cómo debe de sentirse él con esa pérdida. Quiero orar con él y consolarle, pero ese no es el momento. Eso llega cinco horas después, tras haber roto los bates de Klesko y conseguir que Keith Lockhart batee fuera a la izquierda para terminar la victoria.

Cuando los muchachos me rodean todos ellos en el centro del diamante del Stadium, Paulie es el último en llegar, y la alegría y la tristeza, y todo lo demás, parece que le golpean a la vez cuando da un abrazo al Sr. T y comienza a llorar. Se va del campo con lágrimas y se mete en el banquillo. Como dijo el Sr. T, Paulie atraviesa las mayores alturas y los mayores descensos, todo el mismo día. Nada te prepara

para eso. En medio del caos en la sede, con el champán por todas partes, me acerco a Paulie en su taquilla.

"Siento mucho lo de tu padre", le digo. "No sé por qué el Señor quiso llevárselo a casa este día, pero estoy seguro de que está muy orgulloso de ti".

"Gracias, Mo", me dice. "Él nos estaba viendo, te lo garantizo, y está más contento que nadie porque lo logramos".

Me enfrento a cuarenta y tres bateadores en tres series postemporada este año, y ninguno de ellos anota. La última carrera que otorgo fue hace casi tres meses y cuarenta entradas, en un doble contra el cátcher de Tampa Bay, John Flaherty. Termino la temporada con más carreras salvadas (45) que hits permitidos (43). Soy nombrado Jugador Más Valioso de la Serie Mundial, y en Puerto Caimito, y por toda Panamá, familiares y amigos me dicen que soy el tema de conversación de la zona del Canal, y en todas partes. La fama está bien, pero no es lo que yo busco. Lo que busco es la luz y el amor del Señor, porque tal como Él me recordó aquella calurosa noche de julio en el montículo de lanzamiento en el Bronx, Él es quien me ha puesto aquí.

No hay nada como un desfile con confeti y papelitos de colores en la ciudad de Nueva York. Uno atraviesa ese cañón de rascacielos, con millones de confeti volando y casi el mismo número de seguidores animando, y la efusión es un espectáculo que te hace sentir humilde. Todo ese amor, toda esa adulación; es notable disfrutarlo, y compartir la felicidad de la gente. Quizá el recuerdo más duradero de esa celebración de 1999 se produce en la ceremonia en el City Hall. El Sr. T tiene el micrófono y le indica a Jorge Posada que se una a él.

"Diles lo que decimos al final de nuestras reuniones, Jorgie", dice el Sr. T.

"¡Vamos a molerlos!", grita Jorgie mientras mueve su puño, sonriendo mientras lo hace.

No hay mejor triturador en esos equipos de campeonato que Jorgie

Posada, debo decir eso. Nadie trabaja más duro tampoco. Un segunda base cuando fue elegido, Jorgie pasa incontables horas, a lo largo de los años, refinando su movimiento de pies, su bloqueo de lanzamientos, su mecánica de tiro; y obtiene recompensa en 2000, cuando Joe Girardi no está y Jorgie recibe más carga de trabajo que nunca. Soporta una temporada de Juego de Estrellas, bateando 28 jonrones con 86 carreras bateadas y un promedio de .287; con sus 107 pasaportes, logra el mayor promedio en base (.417) del equipo. También hace más ponches que nadie (151 veces), pero yo soy tolerante con él porque juega de todo corazón.

Jorgie es emotivo e inflexible a veces, con una voluntad tan firme como su psique de cátcher. Uno quiere que esté en su equipo, desde luego. Estamos en St. Petersburg a comienzos de julio del año 2000 para jugar contra los Rays, y vamos en picado, al haber perdido 4 de 5 y 7 de 9, con nuestro récord tan solo en dos partidos por encima de .500 (38-36). Duque está lanzando bien, pero él y los Rays se están vociferando unos a otros después de que salga Randy Winn cuando Duque está a punto de hacer un lanzamiento. Jorge calma a Duque, una escena irónica, porque con frecuencia Jorge motiva a Duque alborotándolo (algo como echar monedas en una gramola); y más adelante Tino barre las bases con un doble de tres carreras. En la parte de debajo de la séptima, el Ray Bobby Smith va por debajo en *strikes* contra Jeff Nelson, y cuando Jorgie eleva para tirar la bola a Brosius, Smith le da un leve golpe con el grueso de su bate.

Jorge golpea la bola al lado de Smith y ahí están, con sus cuerpos rodando, el casco de Smith volando, revelando el mejor afro rubio a este lado de Randy Levine. Jorge y Smith son ambos expulsados (y después suspendidos), y aunque yo nunca le pregunto a Jorgie si él tenía otro motivo para emprenderla con Smith, él sabe cómo alborotar a las tropas. El juego significa tanto que el Sr. T me hace salir a cerrar aunque llevamos una ventaja de cinco carreras. Ganamos siete de las siguientes ocho, y volvemos al primer lugar, permaneciendo ahí el resto del año.

Cuando uno pasa temporadas tan largas con jugadores, son inevitables los altibajos, y más que por ningún otro en el equipo lo siento por Chuck Knoblauch. Creo que las personas se olvidan del importante factor que él desempeñó en nuestras carreras del campeonato en 1998 y 1999. Durante casi una década él ha sido uno de los principales iniciadores en el béisbol. Él batea .341 y .333 en años consecutivos con los Mellizos, y el año antes de que lo intercambiáramos, golpeó .291 con diez triples y sesenta y dos robos; el tipo de jugador cuya velocidad y energía pueden cambiar un partido. También ganó un Guante de Oro como el mejor segundo base defensivo de la liga, y por eso es tan difícil verle sufrir del modo en que lo hace con su lanzamiento. Chuck, en palabras sencillas, es un manojo de nervios: el término que utiliza la gente en el béisbol para jugadores que repentinamente e inexplicablemente pierden la capacidad de ejecutar una destreza sencilla que han demostrado dominar durante toda su carrera. Puede ser un lanzador que pierde la zona de *strike* y nunca vuelve situarla, un cátcher que no puede devolverle la bola al lanzador, un lanzador que no puede lanzar la primera o, en el caso de Chuck, un segunda base que no puede hacer un tiro de 25 pies al primera base que tiene al lado. Chuck va bien cuando tiene que hacer una barrida, y después ponerse de pie y lanzar. Los nervios llegan cuando tiene tiempo para pensar. Yo nunca he estado en un equipo con un jugador que sea un manojo de nervios hasta ahora, y es horrible ver eso. Ver a un jugador que es un atleta y competidor fenomenal ser invadido por esos demonios, y tener una mente errante que le haga pedazos; es muy triste. Y probablemente la peor parte, por encima incluso de la vergüenza y la humillación, es el modo en que se lleva cada pedazo de diversión que se logra al jugar el partido.

Chuck tuvo un error en el año de su Guante de Oro, trece al año siguiente, y veintiséis el año después de ese. Sus problemas parecen estar disminuyendo cuando comienza la temporada, pero después vuelven a surgir en una derrota 12-3 con los Medias Blancas en el Yankee Stadium. Chuck comete errores en dos lanzamientos rutinarios a

Tino, fallando por mucho, y después, en un tiro perfecto de jugada doble recoge de Derek y lanza la bola unos veinte pies por encima de la línea desde la cual Tino se está estirando hacia él. Los seguidores le abucheaban sin misericordia. Al final de la entrada, corre al banquillo, habla con el Sr. T, y en un instante no está solamente fuera del banquillo; está fuera del Stadium.

Cuando un compañero de equipo está pasando por algo así, no solo un periodo difícil sino un trastorno psicológico, uno no sabe qué decir o hacer. Te sientes impotente. Tan solo intentas mantenerte positivo y hacerles saber que estás ahí.

Chuck aguanta el chaparrón, y sin duda parece que está mejorando hacia el final del año, pero para entonces nuestros problemas están muy por encima de los nervios. Cuando Roger derrota a los Blue Jays y yo consigo mi juego salvado número 34 el 13 de septiembre, estamos 25 partidos por encima de .500 (84-59). Y en ese punto nos hundimos más rápidamente que la vieja ancla oxidada de mi padre.

Perdemos ocho de los nueve siguientes, y quince de nuestros últimos dieciocho. En un tramo de tres juegos, cedemos treinta y cinco carreras. En nuestros últimos siete partidos, todos ellos derrotas, nos sobrepasan por 68-15. Eso es duro que lo haga un equipo en expansión, y menos aún uno que ha defendido en dos ocasiones ser campeón de la Serie Mundial.

Así que entramos cojeando en la serie divisional contra los Oakland Atléticos, y yo tengo una pregunta que responder: ¿somos el equipo que ha ganado veintidós de sus veinticinco partidos de postemporada, y se ha hecho con tres de las cuatro últimas Series Mundiales?

¿O somos el equipo que no ha lanzado, defendido ni jugado bien durante más de dos semanas?

Cuando Roger cede cuatro carreras en seis entradas y perdemos el primer partido en Oakland, no puedo negar lo que es obvio: estamos en contra de una manera en que no hemos estado desde 1997. O salimos y jugamos duro durante nueve entradas en el segundo partido, o sencillamente no estamos hechos de la misma fibra de campeonato que antes teníamos. ¿Podría ser que los Mets, que están de camino hacia obtener el título de la Liga Nacional, vayan a ser el siguiente equipo en Nueva York que esté desfilando ese otoño?

No muchos mánagers tienen mejor instinto que el Sr. T, así que cuando él realiza cambios en la alineación para el segundo partido, no me lo planteo como pánico; pienso en ello como un mánager inteligente que juega según una fuerte corazonada. Contra los Padres en 1998, el Sr. T sintió un impulso con respecto a Ricky Ledee, que raras ocasiones había participado durante la temporada, y Ledee terminó consiguiendo seis hits en tres juegos. Él tuvo la corazonada de que Ramiro Mendoza debería salir al final en la postemporada, y funcionó espectacularmente. Knoblauch, ahora bateador designado (DH) debido a sus problemas con el lanzamiento, se queda sentado; Glenallen Hill se hace cargo. Paulie, que lidia con molestias en la cadera, pasa abajo en el orden, y Jorge pasa arriba al segundo punto, justo después de Derek. Hill y Luis Sojo, nuestro segunda base ahora, lanzan grandes hits, y Jorgie está en base tres veces. Andy lanza de modo brillante, dando una blanqueada en la siete y dos tercios, y entonces el Sr. T me llama, y yo consigo cuatro roleteos para completar una victoria 4-0, incluso la serie, y recordarnos cómo se siente al ganar.

De nuevo en el Yankee Stadium, Duque gana a Tim Hudson, y yo consigo los últimos seis outs sin ceder un hit, y la victoria 4-2 en el tercer partido nos sitúa a un juego de distancia de la Serie de Campeonato de la Liga Americana. Yo habría apostado dinero a que, después de perder el primer partido, Roger habría detenido a los Atléticos en el cuarto partido; y si lo hubiera hecho, habría perdido. Roger recibe unos azotes, cediendo un jonrón de tres carreras en la primera ante un DH, Olmedo Saens, y los Atléticos pasan a una derrota 11-1, y todos regresamos a Oakland, donde nosotros cobramos una ventaja de seis carreras en la primera y después aguantamos, y yo consigo que Eric Chávez lance una bola elevada para situarnos contra Piniella y sus Mariners en la Serie de Campeonato de la Liga Americana.

Los Mariners son el equipo donde por cinco años antes alcancé

Soy todo piernas, y muy orgulloso de mis logros, el día que me gradué de la Escuela Elemental Victoriana Chacón, saludando al alcalde de Puerto Caimito, Eugenio Castañón.

Durante la mayor parte de mi infancia, mi sueño era ser el Pelé de Panamá. Aquí tengo 18 años, justo antes de abandonar el deporte del fútbol debido a una lesión ocular grave.

Clara y yo el día de nuestra boda, el 9 de noviembre de 1991. Casarme con ella fue la mejor decisión que he tomado.

Día de la escapada: Clara y yo salimos fuera de Ciudad de Panamá de luna de miel por dos días antes de salir a jugar pelota en la liga instruccional.

El día en que salí de Panamá por primera vez—y subo a un avión por primera vez—puse una cara de valiente, pero no se deje engañar. Aquí estoy en el aeropuerto de Ciudad de Panamá con mi padre y mi madre. Mi primo Alberto está escondido en la parte trasera. (Clara tomó la foto).

Caminando por el Aeropuerto Internacional de Tocumen en Ciudad de Panamá con mi boleto en mano, para irme por una temporada más, sin darle a entender a la gente que me aterra volar.

Tuve un buen año en 1992 como iniciador de los Yankees de Fort Lauderdale en la pelota Clase A, hasta que una operación de codo me hizo más sospechoso que prospecto.

Scott Brosius *(izq.)* y Jorge Posada me agarran tras barrer a los Bravos en 1999 para capturar nuestro tercer título de la Serie Mundial en cuatro años. *(Jamie Squire / Getty Images)*

Saludando a los fans después de salvar el juego número 602, pasándole a Trevor Hoffman para convertirme en el líder de todos los tiempos en el béisbol. *(Rob Tringali / Getty Images)*

Otra recta cortada (cutter) está a punto de lanzarse. *(Ronald C. Modra / Sports Imagery / Getty Images)*

El último *out* es siempre el más difícil de conseguir. Aquí celebro sacar a Mark Sweeney y completar nuestra barrida a los Padres en 1998. *(Vincent Laforet / Getty Images)*

Ganar nunca cansa. *(Pool / Getty Images)*

Tener mecanismos consistentes y repetibles es uno de los mayores activos que un lanzador pueda tener. Aquí repito uno de mis últimos lanzamientos de mi carrera. *(Jim McIsaac / Getty Images)*

Como un segundo, después de que mis viejos amigos Andy Pettitte y Derek Jeter vinieron a buscarme con dos *outs* en la novena entrada de mi último partido, estuve llorando en los brazos de Andy. Había contenido mis emociones durante mucho, mucho tiempo. Ya era hora de soltarlas. *(Al Bello / Getty Images)*

Caminando desde la lomita por última vez el 26 de septiembre de 2013, con los aficionados de pie y vitoreando, tanto los Rays de Tampa Bay (al fondo) como los Yankees, fue uno de los momentos más intensos y emotivos de mi vida. *(Jim McIsaac / Getty Images)*

madurez, desde luego, estableciéndome por primera vez como un lanzador que era capaz de dominar. Cuando obtienes ese avance, cambia no solo el modo en que otros equipos te perciben, sino también el modo en que te percibes a ti mismo. Yo siempre supe que podía ser efectivo, pero cuando salgo del montículo después de haber ponchado a Mike Blowers con la temporada en juego, no puedo decir que esa no sea una poderosa afirmación.

De camino a un triunfo a seis partidos, la Serie de Campeonato de la Liga Americana contra los Mariners produce uno de los rendimientos de lanzamiento verdaderamente mejores que yo haya visto jamás, realizado por Roger Clemens en el cuarto partido, cuando lanza y solo otorga un hit y poncha a quince. El golpe, un doble por Al Martin, no llega hasta la séptima entrada. Roger entonces responde ponchando a Alex Rodríguez, Edgar Martínez y Mike Cameron. No solo sobrepasa a los Mariners; los hace pedazos con su ubicación, y compite de la manera más dura cuando más lo necesita. La heroicidad de Clemens nos da una ventaja de tres juegos a uno, antes de que lo cerremos en el sexto partido, cuando David Justice, el Jugador Más Valioso de la serie, batea un masivo jonrón para concedernos una séptima de seis carreras que nos da una ventaja de 9-4. Son 9-5 cuando yo salgo para cerrar en la octava, y otorgo otras dos carreras más para dejarlo en 9-7. En la novena, consigo dos outs con cinco lanzamientos antes de que Alex Rodríguez siga con un hit en el cuadro interior. Eso no es bueno.

Porque el siguiente bateador es Edgar Martínez, asesino de Mo.

Yo lanzo *strike* uno y sigo contra él, intentando permanecer enfocado para que él no puede golpear la bola hacia el otro lado, algo en lo que es muy bueno. La bola cortada llega a él y golpea duro, golpea tarde. Edgar abanica pero golpea débilmente, una arrastrada al campo corto. Derek la levanta y la lanza a Tino.

¿Qué sabes?

Realmente saqué a Edgar Martínez.

Un instante después, Jorge se apresura para abrazarme, y Derek llega enseguida y me da un empujón de muchachos.

"Edgar Martínez no puede batearte", dice Derek.

La multitud canta: "Queremos a los Mets". Tendrán a los Mets, y nosotros también, en la primera Subway Series desde 1956.

10

New York, New York

La PROFUNDIDAD Y LA intensidad de la rivalidad en la ciudad entre seguidores de los Yankees y los Mets sigue siendo nueva para mí. No es que yo hubiera crecido sin ella, después de todo. La mitad de los pescadores que había en nuestro barco no llevan gorros de los Mets, y la otra mitad no llevan gorras de los Yankees, y ninguno de nosotros pasamos nuestros días debatiendo quién es mejor: Keith Hernández o Don Mattingly.

Pero no necesito mucho tiempo para descubrir que esta va a ser una Serie Mundial muy diferente a las tres anteriores. Nada cambia en el objetivo, ganar cuatro partidos, y nada cambia en mi enfoque de entradas y sacar. Yo no soy alguien que vaya a quedarse atrapado en la histeria y la locura al estilo Super Bowl.

Pero:

Estar en una Serie que no requiera ningún vuelo (una cosa buena) y me permita dormir en mi propia cama y despertarme con mi familia cada día (una cosa aún mejor), y que va a ser cubierta aproximadamente por diez millones de reporteros y va a sacar cada segundo de filmaciones que se hayan hecho jamás de los viejos Yankee-Dodger, no es lo mismo. También siento eso.

A pesar de nuestra oscura forma de juego en busca del campeonato, mostramos señales de volver a ganar en el béisbol en las dos primeras rondas de los *playoffs*. Podrán batirnos. Podrán derribarnos. Pueden pensar que nos van a echar del camino. Pero es mejor que sepan que vamos a volver a pelear, y seguir peleando, todo el tiempo que sea necesario.

Y además de eso, es mejor que sepan que no vamos a volvernos complacientes y pensar que no hay duda alguna de que vamos a ganar porque somos los Yankees de Nueva York. Todo el mérito debe ser del Sr. T y su equipo por eso. Ellos han creado esta cultura de profunda fe en nosotros mismos pero no arrogancia. Esa es una línea tan fina que ni siquiera se puede ver, pero nosotros caminamos sobre ella. ¿Sabes cuántas veces he salido al montículo pensando: *Este tipo no tiene bateo, porque yo soy Mariano Rivera?*

Ninguna.

El jugador que tiene el bate en sus manos es un profesional; es un gran bateador de la liga, se llame Mike Piazza, o Bubba Trammell, o Benny Agbayani. El está intentando conseguir un bateo tan fuerte como yo estoy intentando expulsarle. Yo respeto eso. Respeto a cada contrincante, desde Edgar Martínez hasta el jugador que nunca ha conseguido batear una de mis bolas.

El campeonato comienza en el Yankee Stadium, con los Mets enviando a otra persona a la que respeto: Al Leiter. Él es un ganador y un luchador, campeón del mundo para los Marlins en 1997, que bateó seis resueltas entradas en un séptimo partido. Leiter y Andy empatan a ceros en cinco entradas, y entonces Tino Pérez, un rápido jardinero cuya energía y empuje han sido una gran parte de la carrera de los Mets avanzada la temporada, lanza un sencillo al medio.

Yo sigo estando aún en la sede, viendo el televisor a la vez que Geno me da un masaje. Casi estoy a punto para dirigirme al *bullpen* cuando, con dos outs, Todd Zeile saca una línea izquierda en el campo corto. Parece como si fuese a salir, pero la bola golpea en lo alto de la pared, y no la sobrepasa por los pelos.

Cae en la franja de alerta. David Justice, nuestro jardinero izquierdo, la recoge y lanza al hombre de relevo, Derek, quien agarra el tiro cerca de la línea de campo izquierdo, gira, y con el pie equivocado, cruzando

NEW YORK, NEW YORK

a territorio malo, lanza un *strike* de un salto a Jorge, quien bloquea el
plato y golpea duro sobre Pérez.

"¿Has visto eso, Geno?", digo. "¡Qué relevo! ¡Qué jugada!", grito en
voz alta. "¡Bien!".

Es un tiro perfecto de Derek, aún más porque está desequilibrado
y se está moviendo. Es una jugada terrible de Pérez, que está tan seguro de que la bola se va que corre a mitad de velocidad cuando rodea
la segunda. Si estuviera corriendo incluso a tres cuartos de velocidad,
marcaría.

En el final de la entrada, Justice batea un doble de dos carreras y tenemos que lograr solo nueve outs, pero los Mets no se quedan abajo,
consiguiendo una ventaja de 3-2 en un sencillo de dos carreras del bateador emergente Trammell y, con Jeff Nelson relevando a Andy, una
rola bien situada por la tercera base por Edgardo Alfonzo.

Fuera en el *bullpen* ahora, espero que suene el teléfono. El mensaje
es siempre el mismo:

Que se prepare Mo.

Suena momentos después. Tony Cloninger, el entrenador de *bullpen*
en ese momento, responde.

"Mo", dice Tony.

Eso es lo único que necesito oír. Comienzo a calentar con mi bola
que pesa tres libras (1,3 kilos), moviendo mi brazo en círculos a la vez
que me inclino por la cintura. Después sigo con mi rutina normal
con el cátcher en el *bullpen* Mike Borzello. Comienzo con tres lanzamientos fáciles a Mike mientras él está detrás del plato, entonces le indico que se agache y lanzo media docena de lanzamientos al lado del
guante, otra media docena al otro lado, y después regreso al lado del
guante. En quince a dieciocho tiros, estoy suelto, y entonces solo veo
el partido.

Entro en la novena. Jay Payton, que abre, lanza una elevada al
campo corto al centro derecha, y entonces detengo a Todd Pratt y
otorgo un doble ante Kurt Abbott, y yo mismo me meto en un pequeño lío. Pérez interviene. Necesito un jonrón o una arrastrada, con

el defensa interior dentro. En un lanzamiento 1-2, hago un tiro duro con la cortada y Pérez da un débil golpe a segunda para el segundo *out*. Después está Alfonzo, un duro bateador, abanicando.

Ahora es nuestra última oportunidad para empatar o ganar el juego, contra el cerrador de los Mets, Armando Benítez, y él busca tres outs. Jorge pelea con él en siete lanzamientos antes de batear una larga elevada al centro. Paulie entra e intenta cambiar la historia reciente. Tiene treinta y siete años, molestias en la cadera y ha estado cojeando, pero si hay un jugador que vaya a pelear hasta el final para conseguir algo, ese es Paulie. Benítez se pone por delante, 1-2. Un hombre inmenso con una inmensa bola recta, Benítez sigue lanzando bolas rectas altas, y Paulie sigue adelante, luchando contra ellas con swings cortos y defensivos. Después de dos bolas malas, Benítez falla para 2-2, y vuelve a fallar para dejar la cuenta en 3-2. Ahora la presión está igualada. Paulie arruina otro *strike*, y otro, y la multitud comienza a rugir y Benítez se está enojando.

En el décimo lanzamiento del turno de bateo, Benítez dispara y falla, y Paulie lanza el bate y realiza su pasaporte tan duramente ganado. Es un turno al bate tan bueno como yo haya visto jamás. El Stadium se viene abajo. Bateando para Brosius, Luis Polonia lanza un sencillo a la derecha, y Jose Vizcaíno va al otro lado, lanzando un sencillo a la izquierda, pero demasiado superficial para que Paulie anote. Knoblauch lanza una elevada a la izquierda, una elevada de sacrificio que envía a casa a O'Neill para empatar el juego.

Yo poncho a Piazza y a Zeile, y hago que Robin Ventura lance una elevada para ocuparme de la décima, y entonces Mike Stanton lanza dos fuertes entradas y el primer partido pasa a la duodécima. Es casi la una de la mañana, y el partido dura más de cuatro horas y media.

Este es el tipo de partido en el que encontramos la manera de barrer el juego y ganar, pienso yo.

Yo elijo mis momentos cuando decido hablar en el banquillo. Normalmente solo lo hago en los momentos más grandes, los partidos más importantes. Juegos como este.

"Ahora es el momento", digo, caminando de un lado a otro por el banquillo. "Vamos a ganar esto ahora".

Con un *out*, Tino lanza un sencillo y Jorge saca con un doble al relevista de los Mets, Turk Wendell. Los Mets dan pasaporte a Paulie para llenar las bases y tener fuerza en el plato. Luis Sojo la eleva, y ahora es el turno de Vizcaíno. Él ya tiene dos hits, otra de las corazonadas del Sr. T que funcionan de modo brillante. (Al Sr. T le gustan las cifras de carreras de José contra Leiter y le da el comienzo, aunque Sojo ha estado jugando como segundo en casi todos los partidos).

En el primer lanzamiento de Wendell, Vizcaíno abanica y sirve una línea a la izquierda. Ahí llega Tino, y ahí llega Vizcaíno, dando saltos alrededor de la primera. Es la 1:04 de la mañana del domingo. Nos lanzamos al campo y hacia Viz. Es un juego que ganamos en un lanzamiento de relevo, con pasaporte de diez lanzamientos y tres hits de un obrero dominicano que está en su séptimo equipo.

Él encaja correctamente. Él sabe cómo ganar.

Es el final de la primera entrada, unas diecinueve horas después del juego ganador de Viz, y yo estoy metido en un hidromasaje en la sala de entrenamiento de los Yankees. Aquí no hay televisor, pero sé que Mike Piazza es el tercer hombre contra Roger, y es la confrontación entre pesos pesados más anticipada desde Alí y Frazier, si creemos lo que dicen los medios de comunicación. Yo no les creo la mayoría de las veces, pero *siento* curiosidad por ver lo que sucede. Cuando jugamos contra los Mets a principios de junio, Piazza bateó un jonrón con las bases llenas contra Clemens. Cuando jugamos contra los Mets a principios de julio, Clemens golpeó a Piazza en la cabeza con una bola recta. No puedo decir cuáles fueron las intenciones de Clemens. Nunca hablé con él al respecto, aunque sí sé que Piazza había tenido mucho éxito contra él. Solamente Clemens y el Señor saben lo que estaba en su mente el día que golpeó a Mike Piazza. Yo nunca he golpeado a nadie en la cabeza en toda mi carrera, y nunca lo haría. No intencionadamente. Puedes hablar todo lo que quieras acerca de mantener en su sitio a los bateadores e infundir temor que al final podría ayudarte a ganar, pero nunca haces algo que ponga en peligro el bienestar de alguien, o su modo de ganarse la vida, o incluso su propia vida. ¿Una de nuestras buenas bolas rectas? Para mí, se parece más a una muestra de buena cobardía lanzar una bola de béisbol a 98 millas por hora a la cabeza de alguien. Ese hombre que agarra el bate es el hijo de alguien; probablemente sea el esposo de alguien y el padre de alguien. No se puede negar eso o pasarlo por alto. Yo compito tan duro como cualquiera, pero lo hago dentro de los límites del juego limpio, e ir en busca de la cabeza no es juego limpio.

Cuando salgo del hidromasaje, descubro que me he perdido toda la emoción, así que inmediatamente veo una repetición: Clemens rápidamente consigue dos *strikes* sobre Piazza. Él lanza una bola y después entra con una bola recta, y mientras Piazza abanica, su bate se hace astillas, y el grueso cae rebotando la derecha del montículo. Sin ser consciente de que la bola es mala, Piazza comienza a correr hacia la primera, y Clemens recoge el grueso del bate y lo lanza hacia un lado, y fuerte, hacia Piazza en la línea de primera base. El bate va volando a ras del suelo y se levanta, y su filo roto no golpea a Piazza por un pie o dos.

"¿Cuál es tu problema?", dice Piazza mientras da un paso hacia el montículo. Yo no tengo ni idea de lo que sucede, o por qué Roger haría eso, pero me deja con la boca abierta que uno pueda estar tan emocionalmente inquieto como para saltar de esa manera. Roger es un competidor locamente intenso. Yo nunca le pregunto lo que pasa por su mente entonces, principalmente porque todos los demás lo hacen en mi lugar.

Mike Hampton, el titular de los Mets, es feroz desde el principio, ayudándonos a anotar dos en la primera, antes de que Brosius abra la segunda con un tiro a las gradas en la izquierda. Antes de cambiar de rumbo tres carreras más adelante, me encuentro con George Steinbrenner en la sede. Yo tengo más de treinta años ya, pero él siempre me ha llamado Kid, y eso no va a cambiar ahora.

Yo le llamo Sr. George.

"Kid, ¿quieres un *hot dog?* Te traeré un *hot dog*".

"No, gracias, Sr. George. Estoy bien".

"¿Estás seguro?".

"Estoy seguro, gracias".

"Oye, Kid, ¿vamos a ganar este campeonato? ¿Qué piensas?".

"Vamos a ganar, y estoy tan seguro que le haré una apuesta, Sr. George. Si tengo razón y ganamos, usted nos llevará a mí, a mi esposa y a mis hijos a Panamá en su jet privado. Si estoy equivocado, yo le invitaré a cenar en el restaurante que usted escoja".

"Tenemos una apuesta, Kid", dice el Sr. George.

El Sr. George desaparece y yo me dirijo al *bullpen*. Roger lanza ocho entradas blanqueadas y se va con una ventaja de 6-0. El juego parece estar tan asegurado como pueda estarlo, pero no lo está. Nelson cede un jonrón de dos carreras a Piazza y un sencillo. Entonces entro yo, y Clay Bellinger, nuestro relevista defensa jardinero izquierdo, me salva el cuello al regresar a la valla del jardín izquierdo y realizar una soberbia y equilibrada atrapada de un largo golpe de Todd Zeile. Agbayani lanza un sencillo, pero entonces pongo a Lenny Harris en una selección al cuadro y me quedan dos *strikes* para cerrar, y dos jugadores, cuando Payton, el jardinero central de los Mets, agarra una cortada y la lanza a las gradas de la derecha.

De repente, el marcador está en 6-5, y se palpa el creciente pánico en el Stadium. Kurt Abbott sale. Él me sacó un doble en el primer partido. Esto es lo que estoy pensando:

Este juego tiene que terminar ahora.

Aborrezco las entradas complicadas, y esta se ha convertido en una gran complicación. Me pongo por delante, 0-2, y lanzo la siguiente cortada precisamente donde quiero que vaya, profunda a media altura. Abbott saca, y Charlie Reliford, el árbitro de plato, marca ponche. Abbott tiene un breve arrebato de enojo cuando Jorge se acerca a estrechar mi mano. Cincuenta y seis mil seguidores comienzan a respirar otra vez.

Me enfrento a otros 309 bateadores en mi carrera de postemporada, y nunca cedo otro jonrón después del de Payton.

Después de un día de viaje para poder pasar por el puente Triborough a Queens, los Mets, los perdedores de dos agonizantes juegos por una carrera, regresan a su hogar al Shea Stadium, su tazón junto a la bahía con el tráfico del aeropuerto de LaGuardia por encima de las cabezas. Me sorprende cuántos seguidores de los Yankees han llegado hasta el Shea, pero eso no evita que los Mets derriben a El Duque en el tercer partido y consigan una victoria por 4-2 con Rick Reed, aunque Duque poncha a seis Mets en las dos primeras entradas, y doce en total.

No estamos obteniendo mucha producción de nuestros primeros bateadores (están 0 por 12 en los tres juegos), así que el Sr. T decide pasar a Derek al primer lugar para el cuarto partido. Bobby Jones es quien comienza en los Mets, y en su primer lanzamiento del partido, Derek golpea por encima de la pared del jardín central izquierdo en el Shea Stadium. Es una carrera sencilla que se siente como diez, por el modo en que nos anima y deja sin sentido a los Mets. Es Derek Jeter en su mejor momento, dándonos precisamente lo que necesitamos y cuando lo necesitamos. Jones se mantiene firme después de otorgar otras dos carreras, y cuando Piazza entierra un lanzamiento de Denny Neagle para un jonrón de dos carreras, los Mets están a una carrera en 3-2. Piazza sale de nuevo en la quinta con dos *out* y nadie dentro. Neagle está a un *out* de completar las cinco entradas necesarias para obtener la victoria. El Sr. T interviene y le saca, y pone a David Cone, y Neagle se enoja tanto que ni siquiera mira al Sr. T. Cone tiene treinta y siete años, un as convertido en hombre olvidado, que sale del peor año de su tremenda carrera, una lucha de un año entero que terminó con un récord de 4-14 y un ERA de 6.91. No ha hecho ni un lanzamiento en esta Serie Mundial.

Es otra corazonada del Sr. T...que David puede encontrar un modo de vencer a Piazza. David se pone por delante, 1-2, y sigue con Piazza con una afilada desfiladora. Piazza abanica y va a segunda.

En la sede con Geno, yo solo puedo maravillarme una vez más por los instintos de nuestro mánager.

Ambos fogones lanzan de manera intachable, y ahora me corresponde la octava y la novena. Paulie se apodera de una línea lanzada por Alfonzo para abrir la octava, y entonces yo consigo que Piazza haga una arrastrada, antes de que Zeile lance un sencillo. Salgo de eso lanzando una elevada a Ventura, y registro dos outs también en la novena.

Después sigue Matt Franco, que realizó un hit ganador del juego contra mí el año anterior. En el primer lanzamiento, un *strike*, Jorge y yo podemos decir que Franco está esperando la cortada a las manos, abanicando con más amplitud desde el plato para que le proporcione más espacio para agarrarla.

Jorge capta mi atención y señala hacia sus ojos, como si quisiera decir:

¿Ves eso?

Yo lo veo. Asiento con la cabeza. Lanzo una bola recta a la esquina exterior, y Franco nunca se mueve. *Strike* dos. Sé que él está esperando que llegue la cortada. Jorge también lo sabe. Lanzo otra bola recta a la esquina exterior. Franco tampoco se mueve.

Partido terminado.

En cuatro partidos, tenemos quince carreras, y los Mets tienen catorce. Cada juego se basa en una o dos jugadas, o en uno o dos lanzamientos. Me gusta el modo en que los ejes han funcionado, y ahora es el momento de terminar las cosas en el quinto partido, Leiter contra Andy, una repetición del primer partido.

Bernie, en un eslom 0 para 16 en la Serie, golpea un jonrón para comenzar la segunda, y después de que los Mets respondan con dos carreras en la parte baja de la entrada, Derek agarra dos bolas rectas de Leiter y después consigue su segundo jonrón en dos juegos. Vamos 2-2, y Andy y Leiter están compitiendo al máximo con sus zurdas, igualando a ceros y ganas. Mike Stanton sale para una octava 1-2-3, y Leiter regresa para la novena y consigue dos rápidos ponches.

Con Leiter acercándose a ciento cuarenta lanzamientos, Jorge, el jugador que tiene mejor ojo en el equipo, sigue golpeando lanzamientos, batallando del modo en que lo hacía Paulie en la novena entrada del primer partido. Después de un drama de nueve lanzamientos, Jorge pasa por bolas. Brosius lanza un sencillo a la derecha. Luis Sojo, un factor fundamental en toda la Serie, abanica en el primer lanzamiento y golpea una bola que va saltando por el suelo. Jorgie apenas bate el lanzamiento de Payton, y cuando desliza, la bola vira rápidamente y Brosius también anota.

Ahora vamos 4-2, a tres outs. Mientras lanzo mis tiros de calentamiento, pienso en hacer que el primer tiro que lance sea tan bueno como pueda ser.

El bateador emergente es Darryl Hamilton. Toma el *strike* uno, es mala en el *strike* dos, y abanica en una cortada alta para *strike* tres.

El siguiente es Agbayani, el jardinero izquierdo. Yo intento desplazarlo, pero fallo y le doy pasaporte en el cuarto seguido. Mala decisión, situando la carrera del empate en el plato, pero ya está hecho. Lo dejo estar. Cambio todo mi enfoque hacia Alfonzo, me pongo por delante, 1-2, y lanzo una cortada. Él eleva una bola a la derecha que Paulie agarra fácilmente.

Ahora le toca a Mike Piazza, uno de los bateadores más peligrosos en el béisbol. Derek y Sojo trotan hacia el montículo para una rápida visita. Sojo se queda un poco atrás. Derek es quien habla.

"Hay que ser cuidadoso aquí. Uno sabe lo que él puede hacer. Mueve la bola y ve tras de él con dureza", dice Derek.

Me da un golpe en la pierna con su guante y regresa al campo corto. Yo soplo en mi mano derecha. Miro al guante de Jorge, y estoy solo en ese tubo otra vez. No estoy pensando demasiado. Voy a hacer el mejor lanzamiento que pueda.

No voy a complicarme.

Piazza tiene un tremendo poder en el campo contrario. Yo quiero estar sobre él. Mi primer lanzamiento es una cortada, dentro. *Strike* uno. Jorge se prepara otra vez dentro, reclamando que la bola sea un poco más elevada. Yo me preparo y lanzo, una cortada no tan profunda como quiero, unas pulgadas por encima del plato. Piazza abanica y golpea la bola bastante bien, una elevada al centro. Yo me giro y veo el lenguaje corporal de Bernie mientras él va retrocediendo, completamente en control. Unos pocos pasos delante de la zona, la atrapa, y exactamente a la medianoche del día 27 de octubre de 2000, Bernie se agacha sobre una de sus rodillas, inclinando su cabeza en una oración momentánea. Ahora levanto mis dos brazos y estoy dando saltos arriba y abajo, arriba y abajo, hasta que llega Tino para darme un abrazo, hasta que todo el equipo sale al campo, y la tensión y el estrés de la gran competición se evaporan con mayor rapidez que un charco bajo el sol panameño, y la alegría está por todas partes donde uno mire, discurriendo antes de que lo haga el champán.

Al día siguiente de que termine la Serie, recibo una llamada telefónica de la asistente del Sr. George.

"Buenos días", me dice. "El Sr. Steinbrenner me dijo que le llamara. ¿Está preparado para organizar todo para su viaje a Panamá?".

11

El día en que el mundo cambió

Es la parte baja de la octava en Baltimore y la carrera de empate está en el plato, un hombre de hierro en la vigésima y última temporada de una carrera legendaria. Llevamos un mes en la temporada 2001. Es una noche calurosa, mi tiempo favorito para lanzar. Carl Ripken Jr. y los Orioles van por debajo 7-5. Yo voy por delante en la cuenta, 1-2, tan solo a unos pocos lanzamientos desde que salí pero sintiéndome muy fuerte. Compruebo el corredor en segunda, Delino DeShields, y lanzo una dura cortada, a 93 millas (150 km) por hora, profunda a Cal. Parece como si fuese a golpearle, o al menos raspar su uniforme con el el número 8. Él se inclina hacia atrás para apartarse del camino, precisamente cuando el lanzamiento hace un giro a la izquierda, virando bruscamente hacia la esquina interior.

Charlie Reliford, el árbitro en el plato, levanta su mano derecha. Cal deja caer su bate y se aleja, meneando la cabeza. Yo salgo del montículo del Camden Yards, sin registrar ninguna emoción, aunque sé que es una de esas noches en que la cortada va como si fuera una bola de plástico perforada, cuando la bola la siento como casi perfecta cuando sale de mi mano.

"No tienes ninguna opción cuando se mueve tanto", le dice Derek a un reportero después.

Pasamos la mayor parte de la temporada dominando la División Este de la Liga Americana, y cuando ganamos tres consecutivos contra los Medias Rojas en el Yankee Stadium a principios de septiembre, nuestra ventaja llega hasta trece juegos. Está programado que la serie concluya una noche de lunes, con Roger Clemens intentando ampliar su récord hasta 20-1 contra su antiguo equipo. Se espera una inmensa multitud y una atmósfera postemporada, pero la lluvia hace que sea imposible jugar en el campo, y se pospone el partido.

La fecha es el 10 de septiembre.

En la mañana la lluvia se ha ido, dejando tras ella una atmósfera de frescor otoñal y un cielo azul espectacular. Es día escolar, así que me levanto temprano con los muchachos. Me estoy cepillando los clientes cuando mi suegra, que está quedándose con nosotros, nos llama y parece alarmada.

"¡Clara! ¡Pili! ¡Vengan rápido! ¡Miren lo que sale en televisión!".

Yo me apresuro escaleras abajo hasta la cocina y escucho un extraño informe sobre un avión que choca contra el World Trade Center. Pasan unos minutos después de las 8:45. La información es escasa. Una de las torres está ardiendo, y sale humo de arriba. Me pregunto cómo es posible que esto haya sucedido, y si los trabajadores que están en el edificio podrán salir. Entonces un segundo avión se estrella contra la otra torre, y ahora las cosas parecen mucho más claras.

Es un ataque terrorista.

Siguen más informes trágicos, acerca del avión que choca contra el Pentágono y el vuelo 93 que se estrella en el campo de Pennsylvania. Las imágenes son demasiado horribles para comprenderlas, y el mal que está detrás del ataque aún más. Yo oro por las víctimas y sus familias. Oro por todos nosotros, por el país. La ciudad se duele y nosotros nos dolemos también. Todos los partidos de béisbol son cancelados durante una semana.

Yo permanezco cerca de casa y veo el horrible proceso de limpieza. Oro constantemente, y tan solo quiero estar cerca de Clara y de los muchachos. Cuando se reanudan los partidos tenemos que volar a Chicago, pero debido a que es un vuelo de los Yankees, para mí no es un vuelo más traumático de lo normal. Es el mismo avión que siempre tomamos, que nos transporta al lugar del siguiente partido. (Cuando vuelo comercialmente a Panamá después de la temporada, es cuando me siento horriblemente mal).

Reanudamos la temporada el 18 septiembre en Comiskey Park, ganando 11-3, y después regresamos para nuestro primer partido en Nueva York desde los ataques. Roger visita una estación de bomberos en Nueva York en la tarde y da comienzo al partido en la noche. Es una poderosa noche de tributo y recuerdos para las víctimas y los que primero respondieron. El Stadium tiene el ambiente casi de una iglesia; toda la noche se parece más a una vigilia que a nuestro partido número 150 de la temporada. Tampa nos barre, 4-0, pero con la derrota de los Medias Rojas nos aferramos al título de la División Este de la Liga Americana por quinta vez en seis años. Los corchos se quedan en las botellas de champagne. Somos los Yankees de Nueva York. Nuestra ciudad está sufriendo mucho, y nosotros también. No es momento de celebración.

Aunque ganamos 95 partidos en el año 2001, no estamos cerca de ser el equipo principal en la Liga Americana. Los Mariners de Seattle son incluso mejores de lo que éramos nosotros en 1998, terminando con un récord de 116-46, una hazaña tan ridícula que los Atléticos de Oakland ganan 102 partidos; y se quedan a 14 partidos de la primera posición.

Podríamos estar por tercera vez defendiendo el campeonato de la Serie Mundial, pero solamente somos el tercer mejor equipo en nuestra liga. Si alguien duda de eso, es que no está prestando atención. Nos enfrentamos a Oakland en la serie divisional. En el primer partido, en el Yankee Stadium, Mark Mulder sobrepasa a Roger, y los Atléticos consiguen dos jonrones de Terence Long y uno de Jason Giambi, y ganamos por 5-3. Tim Hudson nos blanquea en el segundo partido, y los Atléticos ganan, 2-0, para pasar a 2-0. Ahora volamos al oeste, a solo una derrota distante de 2002, nuestra temporada depende del brazo derecho de Mike Mussina. Los Atléticos han ganado diecisiete juegos consecutivos en casa. Barry Zito, un zurdo de veintidós años, apunta a alcanzar los dieciocho. El juego está empatado a cero hasta la cuarta. Con un *out* en la quinta, Jorge hace un lanzamiento de 1-0 sobre la pared a la izquierda para darnos una ventaja de 1-0. Yo miro con asombro cuando mi amigo rodea las bases.

No tengo idea de cómo es posible que él esté jugando al nivel que lo hace; o cómo sea capaz incluso de enfocarse en el béisbol.

El hijo de dos años de Jorge, Jorge IV, tiene una grave enfermedad médica llamada craneosinostosis, en la cual una o más de las suturas del cráneo del niño se cierran prematuramente, con consecuencias potencialmente devastadoras para el cerebro y el desarrollo neurológico. La enfermedad se agudiza casi con el paso de los días. El pequeño Jorge pasa por una cirugía de ocho horas el 10 de septiembre, y dos horas más de cirugía unas semanas después. Parece como si ese bebé estuviese siendo operado constantemente, y de alguna manera Jorge es capaz de rendir tanto como lo ha hecho siempre en el campo, realizando una temporada tremenda, una temporada de Juego de Estrellas, bateando .277 con 22 jonrones y 95 carreras bateadas, y además de todo, haciendo un estupendo trabajo a la hora de manejar a los lanzadores.

"Eres tan fuerte mentalmente como nadie que conozca", le digo. "Estoy orando por el pequeño Jorge, para que un día él te vea y sepa lo afortunado que es de tenerte como papá".

Mientras tanto, Mussina mantiene los ceros y deja a Johnny Damon, Miguel Tejada y Jason Giambi en la sexta. Consigue dos rápidos outs, retirando a Jermaine Dye y Eric Chávez, en la parte baja de la séptima. Jeremy Giambi lanza un sencillo a la derecha y tiene a Terence Long, que hace un lanzamiento 2-2 dentro de la línea de primera base, pasando a Tino. La bola hace carambola a la esquina del jardín derecho. Shane Spencer la recoge y termina lanzando, pero falla con los dos hombres de relevo, Alfonso Soriano y Tino. Todo está sucediendo delante de mis propios ojos, ya que el *bullpen* visitante está cercado a lo largo de la línea de primera base, y todos nosotros estamos apiñados en un banquillo que parece que hubiera sido sacado de una estación de autobús. Gino rodea la tercera y da la impresión de que va a marcar fácilmente para empatar el partido. El lanzamiento de Spencer rebota hacia casa, junto a la línea de primera base, en las manos de nadie.

Es entonces cuando veo a Derek corriendo de ese modo, cruzando el cuadro, hacia nosotros.

Hacia la línea de primera base.

Pienso: *¿Dónde va? Esta jugada no tiene nada que ver con él.*

Derek sigue corriendo hacia la línea. Al lado de la bola.

Ahora sé lo que está haciendo.

Ya está casi en la línea, quizá a unos quince o veinte pies del plato. Todavía corriendo mucho, se inclina hacia abajo y agarra la bola que rueda; la lanza hacia Jorge.

Giambi va entrando erguido. No tengo idea del porqué.

Jorge agarra y lanza un directo a Giambi, un instante antes de que él llegue al *home*.

Jeremy Giambi está *out*. Nuestra ventaja de 1-0 permanece intacta. Derek Jeter saca el puño. Mussina saca el puño. Yo tengo ganas de salir corriendo del *bullpen* y sacar el puño. Parece que la mitad del banquillo está cargando en el campo, una espontánea explosión de emoción para un jugador que nunca deja de pensar o de moverse rápidamente.

Es la mejor jugada instintiva que he visto jamás.

Con seis outs que lograr, yo salgo en la parte baja de la octava y la recorro sin ninguna importante dificultad, y entonces tenemos que enfrentarnos al corazón de la alineación en la novena, comenzando con Jason Giambi, el reinante Jugador Más Valioso de la Liga Americana, y el hermano grande, y quiero decir muy grande, de Jeremy. Giambi rebota un lanzamiento 1-0 a segunda para un *out*, y después de que Jermaine Dye haga un doble, yo poncho a Eric Chávez y sale Jeremy, el hombre que no barre. En un lanzamiento de 1-1, otro Giambi roletea a segunda, y seguimos con vida.

En el cuarto partido, conseguimos heroicos lanzamientos y bateos de Duque y Bernie, quien tiene tres hits y cinco carreras impulsadas, y después de una victoria por 9-2, volamos 3.000 millas de regreso a

Nueva York para jugar el quinto partido al día siguiente, que es lunes. Antes de que se haga un solo lanzamiento, me sorprende lo diferente que se siente la ciudad con respecto a antes del 11 de septiembre. Es difícil describirlo. La sensación es que todo se ve engrandecido: más destacado; más urgente, en cierto modo; impregnado de una actitud que parece estar diciendo:

Tenemos este día y vamos a encararlo.

Siempre hay emoción y energía recorriendo el Stadium, pero ahora parece estar repleto incluso de mayor significado, como si nuestra misión no fuese solamente la de ganar otra Serie Mundial, sino hacerlo por la ciudad.

Ni Roger ni Mark Mulder están en lo mejor, y tomamos una delantera de 5-3 en la sexta con una elevada de sacrificio de Derek y un jonrón de David Justice. Después de que Ramiro consiga una séptima 1-2-3, me corresponde a mí conseguir los seis últimos outs. Jason Giambi lanza un sencillo para comenzar la octava, y entonces saco a Eric Chávez en una jugada de selección, y sale Terrence Long, quien batea un lanzamiento 1-1 hacia las gradas detrás de la tercera, y de nuevo sale Derek, situándose rápidamente detrás del cojín e inclinándose sobre el enrejado y después realizando un fenomenal atrape incluso aunque casi cae de cabeza sobre los asientos. De algún modo se aferra a la bola, y después consigo de Ron Gant un roleteo a tercera para terminar la octava.

En la novena, Olmedo Saenz lanza fuera a segunda, y entonces hago *strike* a Greg Myers, el cátcher de los Oakland, en tres lanzamientos. El bateador emergente Eric Byrnes entra, y la multitud del Stadium está en pie mientras Byrnes se agacha en una postura ligeramente abierta. La cuenta está 2-2. Jorge se coloca. Yo lanzo una bola recta y Byrnes la abanica; sin ni siquiera pensarlo, yo doy un salto y hago un completo 360. No tengo ni idea de dónde sale eso; no recuerdo haberlo hecho antes, y nunca más vuelvo a hacerlo. Jorge levanta su puño y da saltos, después sale corriendo para estrechar mi mano, a la vez que me rodea con su brazo, tocando mi cuello. El Sr. T acompaña al campo al alcalde de Nueva York, Rudolph Giuliani, quien ha hecho tanto para ayudar a la ciudad a recuperarse después de los ataques. Es una noche súper saturada de emoción: hemos remontado y ganado tres consecutivos contra un gran equipo, en cierto modo personificando el espíritu de resistencia de la ciudad. Ahora tendremos que enfrentarnos a los potentes Mariners, que tienen sus propios momentos de ansiedad, por detrás de los Indios, dos partidos a uno, antes de la retirada.

Los dos primeros partidos son en Seattle, y estamos listos. Sabemos lo buenos que son los Mariners, y respetamos lo que han hecho esta temporada, pero tenemos tanta confianza como nunca de poder sobrepasarlos.

Andy es nuestro hombre en el primer partido, y él responde a otro gran comienzo de juego con otro gran esfuerzo, cediendo solamente tres hits y una carrera, y ponchando siete. Toda la noche él lanza su bola curva exactamente donde quiere situarla. El sencillo de Knoblauch nos mantiene adelante en la segunda, y cuando Jorge batea con dureza una bola al iniciador de los Mariners, Aaron Sele sobre la pared a la derecha en la parte alta de la cuarta, se vuelve rápidamente durante todo el camino y desafía al brazo rápido como un cohete de Ichiro. El lanzamiento de Ichiro es sobresaliente, pero Jorge de algún modo aguanta. Paulie lanza un jonrón de dos carreras a Sele, y Andy protege una ventaja de 3-1 en la octava.

En la novena, Alfonso Soriano lanza una bola al relevista José Paniagua que está seguro que irá fuera. Levanta su bate y se queda en el plato para admirar su golpe. La bola golpea la pared, y Sori levanta el brazo a primera, y el Sr. T está furioso. Sori es un joven bateador muy dotado, pero puede que aún no sepa que admirar jonrones y no correr, no es el modo en que hacemos las cosas. Como si quisiera compensar su lapsus, roba la segunda y después marca sobre un sencillo de David Justice y lleva la ventaja a 4-1.

Yo salgo para la novena, y con un *out*, Ichiro, un jugador que maneja el bate como si fuese una varita mágica, deja un doble en la línea del jardín izquierdo. Él no es solo el campeón de bateo de la liga (.350), un hombre que hizo 242 hits, sino que está de camino a ser Jugador Más Valioso de la Liga Americana, un brillante jugador todoterreno. Yo estoy a un *out* de cerrar después de agarrar la bola directa a mí de Stan Javier, pero cuando recojo la bola, me tuerzo el tobillo, que me ha estado molestando de vez en cuando durante un mes o más. En mi primer lanzamiento a Bret Boone, hago un tiro descontrolado que permite ir a Ichiro a la tercera. En mi tercer lanzamiento, lanzo otro tiro descontrolado, e Ichiro marca. No hago otro lanzamiento descontrolado en la postemporada durante el resto de mi carrera, pero eso no me hace ningún bien. Boone da pasaporte, y es obvio que mi mecánica no está bien. He dado pasaporte a solo cuatro bateadores desde el descanso de la Juego de Estrellas, y ahora me enfrento a Edgar en la potencial carrera empate.

Me sitúo por delante con un *strike* y después lanzo una cortada y Edgar va a buscarla, golpeando una arrastrada a primera. Tino la saca, y yo corro para cubrir, y el primer partido es nuestro.

Mussina, que fue tan sensacional en el juego en el *bullpen* contra Oakland, no está tan acertado en el segundo partido pero compite fuerte de principio a fin. Consigue una temprana ventaja de 3-0 gracias al doble de dos carreras de Brosius, pero los Mariners están haciendo lo que hacen nuestros bateadores: hacer trabajar a Moose. En la parte baja de la segunda, Dan Wilson hace malos ocho lanzamientos seguidos antes de conseguir un sencillo, un bateador después de Javier realiza un turno al bate de nueve lanzamientos para un pasaporte. Moose sale de ello, pero Javier lanza un jonrón de dos carreras en la cuarta, y ahora es un juego de una carrera. Moose machaca en la sexta, y termina ponchando a Edgar y Cameron y elevando ante John Olerud. Para mí como lanzador, no creo que haya nada mejor que ver a un jugador competir tan duro y obtener tan buenos resultados, aunque no esté a la altura en que él quiere estar.

Ramiro sale en la séptima, y con un hombre dentro y dos fuera, el Sr. T hace un valiente llamado, ordenando a Ramiro que dé pasaporte a Ichiro. No se supone que debes situar la potencial carrera ganadora en la base, nunca, pero Ichiro es demasiado peligroso para preocuparse por lo que dicen los libros. Mark McLemore pasa a segunda, de modo que la estrategia funciona precisamente del modo en que esperaba el Sr. T.

Yo entro con un *out* en la octava y Edgar en primera. Consigo una forzada con Olerud y poncho a Cameron, y después lanzo una bola recta al lado de David Bell para finalizar la novena, y volamos al este, a mitad de camino de la Serie Mundial.

Duque no lo logra, y el *bullpen* se mueve en el tercer partido y ganan los Mariners, 14-3. El equipo visitante ahora ha ganado los tres partidos. Si podemos detener esa tendencia, podremos evitar un viaje de regreso a Safeco Field. Tenemos a Roger, que ponchó a quince Mariners la última vez que le vi en los *playoffs*, y tenemos a Paul Abbott, que ganó diecisiete juegos durante la temporada, pero tuvo un desastroso comienzo contra los Indios en la serie divisional, y puede estar en todo lugar con su control.

Abbott, un muchacho delgaducho, es tan errático como parece. Da pasaporte a ocho jugadores en cinco entradas. Lanza 49 *strikes*, 48 bolas, pero de alguna manera consigue cada *out* que necesita, y no nos permite un solo sencillo en cinco entradas.

Limitado por una molestia en el tendón de la corva, Roger hace cinco y cede solamente un hit, y los fogones se hacen cargo, y sigue el 0-0 en la octava. Ramiro consigue los dos primeros outs, terminando su tercera entrada de trabajo sin ceder un solo hit, antes de que Bret Boone golpee una recta de cambio a las gradas para un 0-1. Los Mariners tienen una ventaja de 1-0, y necesitan tan solo seis outs para empatar la serie a dos partidos.

Arthur Rhodes, un zurdo, sale del banquillo de los Mariners para la parte baja de la octava. Es un jugador que, por cualquier razón, es bueno contra el resto de la liga y no muy bueno contra los Yankees de Nueva York. Con un *out* y una cuenta completa con Bernie, Rhodes lanza una bola recta, su mejor lanzamiento, por encima del plato. Bernie permanece atrás, abanica y golpea una elevada a la derecha que

cae en las gradas, por encima del guante del saltador Ichiro. El juego
está empatado. El siguiente lanzador que entrará en el partido soy yo,
no para salvar un partido. Tan solo para mantenerlo empatado.

Olerud roletea a primera con mi primer lanzamiento. Javier lanza
un toque hacia segunda y está *out* en mi segundo lanzamiento. Cameron eleva la bola a primera en mi tercer lanzamiento. Estoy en el
montículo durante unos noventa segundos, quizá menos. Me sorprende que Cameron no reciba un lanzamiento o dos, porque una de
esas reglas no escritas en el béisbol dice que no se supone que debes
permitir que un lanzador obtenga una entrada con tres lanzamientos.

Yo no me quejo.

Kazuhiro Sasaki, el cerrador de los Mariners, sale para la parte
baja de la novena. Shane Spencer roletea a tercera para comenzar la
entrada, y Brosius agarra una bola dura en el medio que McLemore
detiene, pero no puede hacer llegar la bola a primera a tiempo. Sale
Soriano. Sasaki lanza una recta de dedos separados. Soriano abanica
libremente, pero no ofrece. Sasaki no quiere quedar por detrás de él, y
sin duda no quiere llevar la carrera ganadora a la posición de anotación.
Lanza una bola recta, un poco por encima de la altura de la cintura, directamente sobre la mitad del plato. Soriano, en una posición cerrada,
salta sobre ella y la golpea lejos al centro derecha. Mike Cameron salta
por la pared pero no tiene tiro, y nuestra estrella novata, que salta a las
Grandes Ligas con dieciocho jonrones y 73 carreras impulsadas, nos
ha situado a un juego de distancia de la Serie Mundial. El Stadium
está enloqueciendo. Parece que el ruido aumenta de volumen cada vez
que alguien produce otra ronda de heroicidades al final de la entrada.

El quinto partido es al día siguiente, y nuestra filosofía es: ¿Por qué
esperar? Uno no quiere darle a un grupo que ha ganado 116 partidos
ninguna razón para tener esperanza. Aaron Sele, otro lanzador que parece atravesar un tiempo angustioso contra nosotros, ya sea que lleve el
uniforme de los Rangers o los Mariners, lanza dos entradas empatados
a cero y entonces nosotros rompemos, anotando cuatro veces en la tercera, siendo la principal un jonrón de dos carreras por Bernie. Paulie

le da un jonrón a Sele una entrada después, y con Andy remontando, parece no haber ningún peligro en absoluto, y especialmente no después de haber acumulado otras cuatro carreras contra el *bullpen* de los Mariners. La multitud comienza a decir "sobrevalorado" a los Marines y "No sexto partido " a su mánager, Lou Piniella, que había garantizado que la serie regresaría a Seattle.

A mí no me gusta ese tipo de comportamiento, y nunca me ha gustado. Sé que los seguidores están contentos, pero ¿qué motivo tiene burlarse de alguien? ¿Qué hace eso para lograr que te sientas mejor? Sin duda, no nos ayuda que nos den un empuje emocional, así que en mi libro…¿por qué hacerlo? Pero yo no doy sermones sobre el tema; tan solo quiero saborear el momento, y regresar a la Serie Mundial para intentar llevar a casa un cuarto título consecutivo.

No estoy seguro del motivo, pero el Sr. T me saca para cerrar con una ventaja de nueve carreras (12-3). En mi duodécimo lanzamiento, Mike Cameron batea una suave línea a la derecha, y Spencer, que sale por Paulie en las últimas entradas, la arrastra y cierra. Pronto, todo el equipo está en el montículo, uniformes con rayas por todas partes, todos nosotros tomamos turnos para abrazarnos unos a otros. En series consecutivas, hemos batido a los dos mejores equipos en el juego esta temporada.

Hay otros cuatro partidos que ganar.

La Serie comienza en Phoenix, en un estadio con una piscina en el jardín central. No nos damos un chapuzón, pero tampoco nos remojamos. Bernie sigue encendido con una doble impulsada ante Curt Schilling en lo más alto de la primera, y es una manera estupenda de seguir, ya que el consenso es que si Schilling y Randy Johnson pueden lanzar como una versión posterior de Koufax y Drysdale, vamos a estar metidos en profundos problemas.

Después del bateo de Bernie, nuestros bates se quedan en profundo silencio. Brosius hace un doble en la segunda y Jorge un sencillo en la cuarta, y esa es la suma total de la ofensiva de los Yankees esa noche.

Schilling hace siete entradas y poncha ocho, y ganará su cuarto partido contra ninguna derrota en la postemporada (los Diamondbacks baten a los Cardinals y después a los Bravos para ganar el campeonato de la Liga Nacional). Mussina, que ha sido nuestro mejor primera posición durante el último mes, es sobrepasado por Craig Consell y Luis González, y estamos de camino a una derrota por 9-1.

Ahora es Johnson contra Andy en el segundo partido, y esta es la mala noticia: Johnson es incluso más dominante de lo que era Schilling. No otorga ninguna carrera y tres hits, y recorre la distancia con once ponchetes. Matt Williams golpea un jonrón de tres carreras ante Andy y el marcador está 4-0. Bien podría ser de 40-0 por el modo en que Johnson está lanzando.

Volamos de regreso a Nueva York, poniendo nuestra temporada, y un cuarto título consecutivo de la Serie Mundial, en las manos de Roger. Jorge nos da una ventaja temprana con un jonrón ante Brian Anderson, el titular zurdo de los Diamondbacks, en la segunda. Roger evita temprano una situación de bases llenas, y vuelve a escapar en la sexta cuando Shane Spencer se extiende para atrapar una línea de Matt Williams para salvar dos carreras. Brosius batea un sencillo para darnos una ventaja de 2-1 en la sexta, y Roger termina fuerte, con dos ponchados en la séptima en una entrada 1-2-3, y entonces me entrega la bola.

Yo no he lanzado en ocho días, pero caliento bien y me siento fuerte y atinado. Tengo a Counsell con un intento de toque, y después poncho a Steve Finley y González, y consigo otros dos ponchetes en la novena, antes de que William la rebote para ponerle fin. Es una gran victoria para nosotros, con Schilling preparado para regresar en el cuarto partido.

Schilling es tan bueno como fue en el primer partido, pero Duque está ahí con él. Empatados a uno, el juego pasa a la octava, con Mike Stanton en el montículo. González lanza un sencillo, y Erubiel Durazo, el bateador designado, golpea un doble, y los Diamondbacks van 3-1 y llaman a su cerrador, un lanzador raso surcoreano: Byung-Hyun

Kim. Kim ha sido intocable en los *playoffs*, con su pesado tiro raso y su forma de lanzar. Hace cuentas completas con Spencer, Brosius y Sori en la parte baja de la octava y poncha a los tres.

Ramiro recorre una novena limpia, y ahora estamos abajo para nuestros últimos tres outs. Derek intenta seguir adelante con sus bateos; Williams, el tercera base, le saca. Después de que Paulie haga un sencillo a la izquierda, Bernie abanica en tres lanzamientos, y ahora es el turno de Tino. Estamos a un *out* de estar por debajo tres partidos a uno, con Randy Johnson y probablemente Schilling como contrincantes. Tenemos pulso, pero es débil. Kim mira a Paulie y lanza, a la altura del cinturón, a la parte exterior del plato. Si Tino intenta agarrarla, es una arrastrada a segunda, o quizá una débil elevada al centro derecha.

Tino no intenta agarrarla. Gira el corazón del bate y lanza la bola por encima de la cabeza de Kim, una línea ascendente a unos cuantos pasos a la derecha del centro. Finley sale corriendo y se parece a Spiderman intentando subir por la pared, pero esa bola se va y ese juego está empatado.

Yo consigo tres rápidos roleteos en la parte alta de la décima y saldré en la undécima si es necesario. Brosius abre y golpea una línea a la izquierda que es mala quizá por diez pies, después golpea bien a una bola que eleva a la derecha para el primer *out*. Sori también da un buen golpe o dos antes de elevar a la izquierda. A continuación está Derek, que ha obtenido un hit en los cuatro juegos y está bateando .067 en la Serie. El reloj da la medianoche y la pantalla del Stadium dice "Bienvenido noviembre". Con toda la temporada retrasada una semana después del 11 de septiembre, esta es la primera vez que se ha jugado al béisbol en noviembre en las Grandes Ligas. Derek va por debajo 0-2 pero sigue adelante y evita una bola mala, después otra, y otra, claramente buscando batear una bola a la derecha con su movimiento marca de la casa.

Con la cuenta llena, Kim lanza de nuevo y Derek va de dentro hacia fuera otra vez, lanzando la bola a la línea en la derecha, una bola que sigue adelante y adelante... hasta las gradas del jardín derecho. Jeter hace su lanzamiento de ángulo derecho, otra marca de la casa, y el Stadium grita mientras todos salimos del banquillo para la fiesta en el plato.

Es 1 de noviembre y la Serie Mundial está empatada. Yo conduzco hasta mi casa para dormir en mi propia cama. Es difícil superar esto.

Mussina agarra un segundo tiro en Arizona en el quinto partido, y está de nuevo en forma. Poncha seis veces y solamente concede un hit en cuatro entradas, aunque tampoco estamos tocando a Miguel Batista, el veterano titular diestro para Arizona. En el quinto, Finley abre bateando un lanzamiento 1-2 por encima de la pared para la primera carrera del partido, y tres bateadores después, el receptor Rod Barajas hace lo mismo.

Batista parece ir fortaleciéndose a medida que avanza el partido. Yo me dirijo al *bullpen* en la parte baja de la sexta.

Pienso: *En verdad nos gusta hacer las cosas de la manera difícil en esta Serie Mundial.*

Mussina se mantiene agresivo, y cuando lanza una elevada a Williams con dos más para salir de la parte alta de la octava, una espléndida noche de trabajo ha terminado. Ponemos a dos más en la octava pero no anotamos, y Ramiro se ocupa para la novena. Cuando yo comienzo a calentar en el *bullpen*, oigo a los seguidores en las gradas y los asientos del jardín derecho diciendo: "¡Paul O'Neill! ¡Paul O'Neill!". Le han estado animando toda la noche, sabiendo que si no salimos adelante, probablemente este sea su último partido en el Stadium, ya que parece que va a retirarse. El sonido nos rodea en el *bullpen*. Se me pone la carne de gallina al escucharlo. Paulie no sabe qué hacer. Continúa escupiendo en su guante e intenta fingir que no sucede nada. Yo estoy emocionado porque él reciba este tipo de despedida, porque no se merece nada menos.

Ramiro deja a tres de los Diamondbacks en la parte alta de la novena, y estamos exactamente donde estábamos una noche antes: dos por debajo, con Byung-Hyun Kim en el montículo. Jorge abre con un doble a la línea, pero Spencer roletea y Knoblauch poncha, y ahora es el turno de Scott Brosius. Él toma una bola. Kim mira a Jorge, y después se prepara. Lanza el tiro raso 1-0 y Brosius abanica, y el sonido es bueno, y sale la bola, hasta los asientos del jardín izquierdo. Ahora es el segundo puño al aire de Scott Brosius.

Esto no se puede inventar.

Por segunda noche consecutiva, estamos dos por debajo, por debajo en nuestro turno al bate, y golpeamos un jonrón de dos carreras que empata el partido. A medida que Brosius rodea las bases, Kim está agachado sobre el montículo, como un cátcher. En las tomas de cerca en televisión, parece como si quisiera llorar. Bob Brenly, el mánager de los Diamondbacks, sale para sacarle del juego a favor de Mike Morgan.

Yo realizo una fácil décima, pero Morgan también lo hace bien, retirando siete consecutivas. En la undécima, yo cedo dos sencillos, y después de uno de sacrificio, damos pasaporte a Finley para llenar las bases. Con Johnson posiblemente en el sexto partido, yo sé exactamente lo importante que es este momento. Lanzo duro a Reggie Sanders, subimos 0-2, y le saco con una línea a la segunda.

Ahora el bateador es Mark Grace. Otra vez vamos 0-2, y eso marca la diferencia. Puedo hacer que él intente batear mi lanzamiento, y lo hago, consiguiendo que rebote a la tercera para un entrada final.

El partido sigue adelante, con Sterling Hitchcock (fue cedido de nuevo a los Yankees por los Padres a mitad de temporada) relevándome y lanzando una décima a cero, y Albie López saliendo para Arizona. Knoblauch le recibe con un sencillo al medio, y Brosius intenta un toque a segunda. Sale Soriano, y en un lanzamiento 2-1, sirve una bola a la derecha para un sencillo, y ahí llega Knoblauch con la carrera ganadora. Ganamos nuestro tercer partido consecutivo por una carrera y protegemos nuestra cancha. Lo único que necesitamos es uno más, y un cuarto campeonato mundial consecutivo es nuestro.

12

Trofeo

Estamos de nuevo en el desierto para el sexto partido, y la noche resulta ser tan agradable como estar sentado sobre un cactus. En 1996, Andy ha demostrado ser un jugador tan grande como sería posible, pero no tiene eso esta noche, y tampoco nosotros. Los Diamondbacks anotan una en la primera, tres en la segunda, ocho en la tercera y tres en la cuarta. Randy Johnson está en el montículo. Está bastante claro que no vamos a empatar o ganar este partido con otro jonrón en la novena entrada.

El marcador final es de 15-2, y los Diamondbacks tienen veintidós hits, dos más de los que tuvimos nosotros en los cuatro primeros partidos de la Serie. Diez de los hits son contra nuestro relevista, Jay Witasick, en una y un tercio de entradas. Lo siento por Jay. Es su única aparición en la Serie, y su tarea es tomar el bate e intentar salvar los otros brazos en el *bullpen*. Toda la noche es tan fea como puede ser, pero solo cuenta como una derrota, de modo que así lo veo yo:

Ahora es una Serie Mundial al mejor de uno.

El enfrentamiento para el séptimo partido parece sacado de un guión de cine…dos de los mejores lanzadores en el partido…dos grandes diestros…Curt Schilling y Roger Clemens. Su récord combinado del año es 42-9.

No creo que esto vaya a ser una paliza.

El Sr. T no está seguro de lo que va a decirnos en el vestuario antes del partido. Ya nos ha dicho mucho, nos ha dicho lo orgulloso que estaba de nosotros y que nunca olvidaría a este equipo y su configuración.

"Creo que dejaré que tomes el piso", le dice el Sr. T a Gene Monahan. "Los muchachos en esta sala no respetan más a nadie que a ti".

Geno se ríe cuando el Sr T. le dice eso, porque no le toma en serio.

"Cuando él me dijo que lo decía en serio, estuve a punto de hacerme pipí en los pantalones", dice Geno.

Es una idea inspirada del Sr. T. Geno es mucho más que un entrenador para nosotros; es alguien que ayuda a nuestros cuerpos a recuperarse y nos edifica por medio del entrenamiento físico de la temporada. Es también un hombre tan amable y generoso como se puede encontrar. Lo único que quiere hacer es dar y servir. Hacerte sentir cómodo, sentirte mejor. Él es un hombre especial.

Salimos al campo después de la práctica de bateo. Todo el mundo está en el vestuario. El Sr. T se pone en el centro de la sala.

"Geno, tienes el piso", le dice.

Geno queda desconcertado por un instante. Su rostro dice: Oh, Dios mío, ¿qué hago ahora?

Él ha estado con los Yankees durante cuarenta años. El centro de atención nunca es lo que él quiere; pero ahora lo tiene, y corre con él:

"No importa lo que suceda esta noche, muchachos, han tenido un gran año", dice Geno. "Desde el primer día del entrenamiento de primavera, pasando el 11 de septiembre, en dos difíciles series...ustedes han jugado con mucho corazón. Han jugado con clase y han sido ganadores; ustedes han sido verdaderos Yankees. Y nunca he estado más orgulloso de ser parte de un equipo, debido a lo que ustedes aportan cada día. Cualquier cosa que suceda aquí esta noche, ustedes van a entrar en esta sede y van a ser los mismos campeones que han sido durante todo el año. Nada cambiará eso".

La sala se queda completamente en silencio cuando Geno termina, a excepción del sonido del entrenador Don Zimmer al llorar. Muchos de nosotros sentimos ganas de llorar.

Ahora yo quiero decir algunas cosas.

"Este es un partido para ganar", digo. "Tan solo necesitamos confiar. Confiar en nuestro corazón, confiar el uno en el otro. Mi corazón, viene del Señor. Estamos bendecidos por estar aquí otra vez, por estar los unos con los otros. A pesar de lo que suceda, yo voy a confiar en el Señor".

Lo que quiero decir no es que el Señor quiera que yo salve el partido, o que el Señor esté del lado de los Yankees y no de los Diamondbacks. Es que el Señor está siempre a nuestro lado. Su gracia y su misericordia son infinitas. Están a nuestro lado hasta el final. Por tanto, en realidad no hay nada que temer, ningún resultado que no sea parte del plan, porque estamos en los brazos del Señor. Esta creencia es lo que me hace libre para vivir, y lanzar, en el momento.

Roger y Schilling salen los dos en muy buena forma. Roger poncha ocho jugadores en las primeras cuatro entradas, y Schilling está incluso más agudo, cediendo un hit y ponchando ocho en seis.

Finley abre la parte baja de la sexta para los D-Backs con un globo sencillo al centro; entonces Danny Bautista, el jardinero derecho, lanza una bola recta a la pared en el centro izquierda. Finley anota la primera carrera de la noche, antes de que un brillante tiro de relevo de Derek deje a Bautista mientras busca un triple. Roger sale y llegamos a la séptima, y Derek abre con un sencillo a la derecha. Paulie sigue con un sencillo al medio, y con un *out*, Tino lanza un duro sencillo a la derecha para que Derek anote y empatar el partido. Spencer casi nos consigue dos carreras más, pero Finley lanza su golpe al centro derecha para el *out* final.

El partido pasa a la octava. Sori abre y queda atrás, 0-2. Saca malos dos lanzamientos y entonces Schilling lanza una recta baja de dedos separados y Sori la atrapa, golpeándola por encima de la valla del jardín izquierdo. Es la primera vez que tomamos la delantera en Bank One Ballpark desde la primera entrada del primer juego. Momentos después de que aterrice la bola de Sori, suena el teléfono en el *bullpen*.

"Mo, tienes la octava", dice el entrenador de *bullpen* Rich Monteleone.

Miguel Batista y después Randy Johnson consiguen los dos *out* finales en relevo de Schilling, y yo salgo para la parte baja de la octava.

Luis González abre. Yo regreso al montículo y tengo la bola en mi mano derecha, cierro mis ojos y oro:

Querido Señor, por favor mantenme a salvo a mí y a mis compañeros de equipo, y permíteme utilizar tus bendiciones y tu fuerza para hacer mi trabajo. Gracias por todas las maneras en que me has bendecido. Amén

Poncho a González con una derecha cortada por debajo de sus manos, después hago que Williams persiga una bola recta para otro ponche. Finley lanza un sencillo a la derecha, y entonces consigo que Bautista persiga una cortada arriba y fuera de la zona para abanicar el lado.

Johnson deja a Bernie, Tino y Jorge en orden, y ahora es el momento. Quedan tres outs en la temporada. Tres *out* que nos separan de otro campeonato, no solo de una cuarta Serie Mundial consecutivamente, sino de un campeonato para la ciudad de Nueva York. Estoy pensando solamente en golpear el guante de Jorge, ocuparme del trabajo, con una bola recta cada vez.

Consigue tres rápidos outs y salgamos de aquí.

Tengo un potente sentimiento como he tenido jamás de que vamos a ganar este partido. Esta es mi aparición postemporada número cincuenta y dos. He convertido veintitrés oportunidades de salvar seguidas y tengo el ERA más bajo de cualquier bateador en la historia de la Serie Mundial. No siento exceso de confianza. Tan solo sé en mi corazón que como equipo vamos a terminar el trabajo, porque hacemos eso tan bien como cualquier club que yo haya visto jamás.

Siento bien mis lanzamientos de calentamiento. En lo único que pienso es en lanzar el mejor tiro que pueda...pasar la entrada en el túnel con Jorge y su guante.

El primer bateador, el veterano primera base Mark Grace, se quita de encima un lanzamiento 1-0 y golpea un elevado al centro para un sencillo. David Delluci corre para él, una velocidad extra que es importante con el siguiente bateador, el receptor Damian Miller, que seguramente tocará de plancha. Miller se cuadra y lanza su toque casi directamente a mí, con una fuerza fácil al instante. Yo la recojo y la lanzo a Derek en segunda, pero mi tiro se dirige a la derecha, al jardín central. Es el segundo error de mi carrera como Yankee.

Es una jugada fácil. Yo sencillamente la estropeo.

Regreso a la goma. El estadio Bank One Ballpark, tan silencioso como un funeral tan solo un minuto antes, de repente está lleno de ruido y emoción. El Sr. T sale del banquillo. Los jardineros se reúnen en el montículo.

"Consigamos un *out*; asegúrense de conseguir uno", dice. Yo le escucho, pero mi mente está en otro lugar.

Voy a disparar este golpe. Voy a poner todo en ello. Acabo de hacer una terrible jugada en un golpe y ahora voy a enmendarlo.

Cuando el bateador emergente, Jay Bell, sale al cajón, yo estoy casi listo para cargar contra el plato antes de lanzar. Bell tiene la reputación de ser un golpeador muy bueno, pero si yo tengo algo que ver con ello, esos corredores no avanzarán.

Bell se cuadra y golpea el primer lanzamiento, duro, ligeramente al lado de la tercera base. No es un buen golpe, y yo estoy al tanto, agarrándolo, y lanzándolo a Scott Brosius en tercera para forzar. Scott sale de la base y agarra la bola. Bell puede que ni siquiera esté a mitad de camino en la línea. Yo estoy esperando a que Scott la lance al otro lado a Tino al principio. Es una jugada doble garantizada, dejándonos con dos outs y un hombre en segunda.

Pero él nunca lanza la bola. Scott es un jugador agresivo y alerta, un excelente tercera base y un jugón total. ¿Tiene las palabras de Joe en mente, "asegúrense de conseguir uno", cuando aguanta la bola? No lo sé. No puedo preocuparme de eso ahora. La entrada no está saliendo como yo esperaba, pero tampoco puedo preocuparme de eso. No puedo comenzar a permitir que se cuelen pensamientos negativos. Yo nunca hago un lanzamiento pensando que algo malo va a suceder. El Señor me ha bendecido mucho con esa capacidad.

Hay corredores en primera y segunda, con un *out*. Hay un bateador al que sacar. Eso es en lo único en que yo me enfoco: Tony Womack, el jardinero corto de los Diamondbacks. Womack se sitúa en el cajón de bateadores a mano izquierda. Si yo lanzo mi mejor cortada, sé que puedo verle fuera, conseguir o bien un jonrón o un bate roto. Lanzo una cortada elevada, y después otra, para quedar atrás, 2-0. Mi dominio no es lo que yo quiero que sea. No estoy golpeando los puntos donde quiero golpear. Regreso al 2-2 y lanzo otra cortada a Womack, pero no es lo bastante profunda, y él golpea la bola al jardín derecho, un doble que empata el partido y pone jugadores en primera y segunda.

La multitud está totalmente entusiasmada ahora, oliendo la victoria, y estoy seguro de que es más dulce aún porque es contra los poderosos Yankees y su supuestamente invencible cerrador.

Yo nunca pienso en tales términos. No voy a ceder, ni voy a abandonar.

Nunca.

El siguiente bateador es Craig Counsell, otro zurdo. En un lanzamiento de 0-1, él se percata de mi cortada. Comienza a abanicar y se detiene, y la bola le golpea en la mano derecha. Ahora las bases están llenas.

Yo respiro profundamente.

Ahora regresa Luis González, el mejor bateador de los Diamondbacks. En dos turnos previos al bate en la Serie yo le he sacado y conseguí que golpease una débil arrastrada. Él adopta una posición abierta a la izquierda exagerada. El Sr. T ha ordenado al jardinero que entre para conseguir la carrera en el plato, sin querer arriesgar una débil arrastrada que podría poner fin a la Serie Mundial. González no ha establecido buen contacto conmigo, así que acorta, agarrando el bate una pulgada o dos en corto. Más adelante me entero de que es la primera vez en todo el año que el bateador golpea con el bate acortado.

Haz un buen lanzamiento, consigue un *out*: esos son mis pensamientos. Estoy calmado. Enfocado. Estoy seguro de que voy a vencerle.

González lanza una mala en mi primera cortada, y entonces yo me sitúo en mi posición y lanzo otra, una buena, un lanzamiento que gira bruscamente a sus manos. González abanica. Rompe su bate. La bola se eleva en el aire, hacia el campo corto. Yo veo su trayectoria y sé que se dirige al borde de la hierba detrás de Derek.

Sé que hay problemas.

En su posición normal, Derek retrocede algunos pasos y hace la jugada; pero ahora no está en su posición normal.

La bola cae un pie o dos más allá de la tierra del cuadro. Jay Bell corre a la base.

No hay más lanzamientos que hacer.

Los Diamondbacks de Arizona son campeones mundiales.

Yo salgo del campo a la vez que los Diamondbacks entran en él. Yo estoy en un estado similar a estar anonadado. Nunca podría haber imaginado ese final.

Entro en el banquillo, bajo los escalones, dirigiéndome a la sede. Jorge se pone a mi lado y me da unas palmaditas en la espalda. Recibo muchas palmaditas en la espalda. No recuerdo si alguien me dice algo.

Después me quedo sentado en mi taquilla durante bastante tiempo. "No sé lo que ha sucedido", le digo al Sr. T. "Yo sabía que íbamos a ganar ese partido. Lo sabía. No lo entiendo. Yo perdí el partido. Perdimos el partido. Pero mire cómo sucedió. Mire todas las cosas que ocurrieron y que fueron tan diferentes, tan extrañas".

"Tiene que haber una respuesta al porqué ha sucedido esto. Tan solo yo no sé cuál es la respuesta".

"Yo tampoco sé cuál es la respuesta", dice el Sr. T.

Hablo con la prensa, respondo todas las preguntas, asumo la culpa. Sí, yo lance los tiros que quería. No, no recuerdo la última vez en que lancé un golpe como ese. Sí, conseguí que González golpease mi lanzamiento, pero él se las arregló para establecer contacto. Hablo suavemente, no lanzo golpes a nadie ni patadas a nada. Pero estoy sufriendo más de lo que he sufrido nunca después de un partido. Yo he hecho lo mejor que he podido, sin duda; pero lo mejor de mí no es lo bastante bueno. He decepcionado al equipo, y eso es lo que duele. Mis compañeros de equipo cuentan conmigo, y yo no estoy a la altura.

Sencillamente no sé por qué. Debe de haber una razón, y yo no tengo ni idea de cuál es.

Después de darme un baño y cambiarme, me encuentro con Clara fuera de la sede. Le doy un beso y un abrazo, y ella me frota la espalda. Es lo que Clara hace siempre para consolarme. Me frota la espalda suavemente y con ternura. Es más consolador para mí de lo que pueda ser cualquier palabra. Yo tomo su mano y caminamos hasta el autobús. Tengo lágrimas en los ojos. Los muchachos del equipo están a mi lado, yo sé eso, pero me están dando espacio. Llegamos al aeropuerto y tomamos el vuelo, y Clara y yo nos sentamos en mi fila, la 29. Tengo mi Biblia y tengo a Clara. No digo nada, y ella tampoco. Tan solo me frota la espalda. Las lágrimas no se detienen. No se detienen durante todo el viaje atravesando el país.

Clara está a mi lado, y lo ha estado desde que yo era un muchacho. Incluso en mi tristeza y sufrimiento, estoy muy agradecido por mi esposa y su corazón tan tierno y amoroso, muy agradecido por el amor con el que el Señor me ha rodeado. Aterrizamos en Nueva York y conducimos hasta nuestra casa en Westchester, sin apenas poder pronunciar palabra. Son aproximadamente las 5:00 de la mañana.

Yo subo las escaleras hasta el dormitorio principal. Cuando me acerco a la habitación, veo algo sobre el piso delante de la puerta. Me inclino y lo recojo. Es un pequeño trofeo, probablemente de ocho pulgadas de altura, con una base de madera y la forma dorada de un jugador de béisbol encima. Es un trofeo de las Pequeñas Ligas. Pertenece a nuestro hijo mayor, Mariano Jr., que acaba de cumplir ocho años.

Yo lo acerco a mi pecho, sin sonreír pero sintiendo algo mucho más profundo.

13

Planes

A PESAR DE LO COMPROMETIDO que estoy a vivir en el presente, me resulta muy difícil el final de la Serie Mundial de 2001. Busco una respuesta al porqué se desarrolló del modo en que lo hizo. No creo que las cosas sucedan al azar, sin ninguna razón. Sí creo que el Señor está a cargo y tiene infinita sabiduría, aunque puede que nosotros no lo entendamos en ese momento.

Ocho días después, una mañana de martes, recibo mi respuesta.

Me detengo en el Stadium para recoger algunas cosas. El Sr. T está allí. No le he visto desde que terminó la Serie.

"Bien, Mo, supongo que ahora sabemos por qué sucedió como lo hizo, ¿verdad?", dice el Sr. T.

"¿Qué quiere decir? ¿Cómo lo sabemos?".

"¿No lo has oído? Me refiero al accidente de avión". Y entonces me habla del vuelo 587 de American Airlines, desde el aeropuerto John F. Kennedy en Nueva York a Santo Domingo. Se estrelló aquella mañana y murieron 260 personas que iban a bordo.

"Oh, no. Oh, Señor. Eso es terrible", digo yo.

"Sí, lo es... una trágica pérdida de vidas", dice él.

No necesito mucho tiempo para conectar los puntos. Un querido amigo y compañero mío de equipo, Enrique Wilson, tenía reserva en ese vuelo, junto con su esposa y sus dos hijos. Cuando nosotros no ganamos, no hubo desfile, ninguna celebración después de la Serie para estar aquí. Por tanto, Enrique y su familia tomaron un vuelo anterior. Nuestra derrota había salvado su vida, las vidas de su familia. Por favor, entiende que no estoy sugiriendo que el Señor cuidó de Enrique Wilson y su familia y no cuidó de las personas que murieron aquel día. Y ciertamente no estoy diciendo que la vida de Enrique sea más importante que las vidas que terminaron en la tragedia. Sencillamente digo que sea por el motivo que fuese, el Señor tenía su propia jugada ese día, y en efecto le dijo a Enrique que no era su momento de ir a estar con Él.

Ahí está. ¿Perder un partido en lugar de perder a un amigo? Yo siempre aceptaré ese cambio un millón de veces cada millón de veces. Por doloroso que fuese perder, es tan solo otro recordatorio para mí de que nosotros no somos quienes estamos a cargo; y que tan solo porque podamos orar por algo, eso no significa que automáticamente llegue a cumplirse.

La oración no es como una máquina expendedora, en la que metes dos monedas (o palabras) y entonces esperas a que el producto sea entregado. No es como si yo pudiera decirle al Señor: "Oro por la victoria en esta Serie Mundial"; "Oro para que tenga un informe de salud positivo en mi próximo chequeo", y después me quedo sentado y espero a que Él me lo entregue. En raras ocasiones oro por resultados específicos. Cuando mi agente está negociando un contrato para mí, nunca me postro sobre mis rodillas y mis manos y le pido al Señor que me haga rico. No oro para tener un auto nuevo o un buen resultado en la resonancia magnética, o un jonrón en un importante partido. Para mí, las oraciones más significativas son cuando le pido a Dios sabiduría.

Por tanto no, mi fe en que ganaríamos el séptimo partido no se hace realidad. Pero de otra manera, una manera mucho más importante, se cumple. Porque somos seres humanos y estamos tan limitados, a veces pedimos algo equivocado, o no vemos más allá de nosotros mismos. Pero Dios sabe lo que hay por delante, y Él siempre tiene un plan para nosotros, y en noviembre de 2001, ese plan no incluía un desfile de victoria para los Yankees de Nueva York, y no incluía un momento heroico para mí.

* * *

Es un crudo sábado en abril la primera semana de la temporada 2002, y estamos jugando con los Tampa Bay Devil Rays (ese era su nombre en aquel entonces) en el Stadium. Yo estoy en mi taquilla en la sede, comenzando a vestirme y pensando en lo hermoso que es mi uniforme y en lo mucho que me gusta llevarlo.

Para mí, ponerme el uniforme de los Yankees cada día es un proceso lleno de embeleso. Se oye a jugadores que son cedidos, o que firman, con los Yankees hablar de lo estupendo que es ponerse el uniforme a rayas. Para mí, la emoción nunca se desvanece. Se trata de la historia del uniforme, la dignidad y los campeonatos, el modo en que significa algo duradero, la excelencia. Quizá sea porque yo provengo de un pueblo pesquero que está a una parada del final de la tierra el motivo de que llevar el uniforme de los Yankees signifique tanto. Sé que nunca lo doy por sentado, ni siquiera un día. Es muy fácil quedar enredado en los problemas, complicaciones y tristezas con los que la vida puede confrontarnos, pero al abrir mi corazón al Señor, estoy lleno de ligereza, de agradecimiento por los dones que Él me ha dado, por la capacidad de prestar atención a lo que es bueno y a lo que no es bueno.

Y cuando me estoy cambiando y poniéndome mi uniforme de los Yankees, es todo bueno.

Soy extremadamente metódico en cuanto al modo en que me pongo el uniforme. Comienzo con un calcetín y después el otro; paso a la ropa interior. Con cuidado descuelgo los pantalones de la percha y me los pongo, y sigo con el jersey. Me tomo mi tiempo para hacer todo eso. Quiero saborearlo, y lo hago, día tras día y año tras año. A Posada le gusta burlarse de mí diciendo que soy tan fanático en cuanto a mi uniforme, que probablemente intento que las rayas de los pantalones y de la camisa estén alineadas. En realidad no hago eso, pero él no está demasiado equivocado.

Yo quiero honrar el uniforme de los Yankees durante tanto tiempo como lo lleve puesto.

Puede que el uniforme sea intemporal, pero hay más cambios en torno a los Yankees esta temporada que en cualquier año desde que yo llegué. Paul O'Neill se retira después de la Serie, y también hace lo mismo Scott Brosius. Tino Martínez es ahora de los Cardinals, y Chuck Knoblauch es un Royal y se retira después de 2002, cuando su rápido y misterioso declive pone fin a su carrera prematuramente. Jason Giambi, nuestro gran agente libre, es ahora nuestro primera base, y David Wells está de regreso y también hemos añadido a Robin Ventura, Steve Karsay y Rondell White. Es otra temporada estelar, con 103 victorias, pero es también la temporada más frustrante de mi carrera, ya que en tres ocasiones separadas estoy en la lista de lesionados, y lanzo en menos partidos (45) que cualquier otro año desde 1995, cuando estuve de un lado a otro desde Columbus. Un esguince de ingle me aparta en junio, y después llega tirantez en el hombro. Estar sin hacer nada no es fácil. No puedo atrapar bolas elevadas en la práctica de bateo. No puedo hacer mi trabajo. Me enorgullezco de ser alguien con quien mis compañeros de equipo pueden contar. Estoy en reposo y recibo tratamiento, pero no soy bueno en la paciencia. No soy muy bueno tampoco a la hora de ser paciente.

Se le puede preguntar a Clara al respecto.

Para alguien que puede parecer externamente sereno y en su lugar, tengo momentos en que me aprietan algunas teclas y pierdo los nervios, siendo los principales botones el tráfico y las personas groseras. En una ocasión, Clara y yo fuimos a una pequeña pizzería de barrio. El lugar está en New Rochelle, una ciudad a unas 14 millas (22 km) al noreste del Yankee Stadium. Hemos estado yendo allí durante años. Tiene una modesta fachada al lado de la carretera, situada entre una tintorería y una licorería, sin lujos y una estupenda pizza. Es un lugar donde puedo ir y estar con los muchachos y que no se convierta en una masiva sesión de autógrafos o de fotografías. A uno le gustan este tipo de lugares cuando está en el ojo público. Intento con fuerza ser cortés y tratar a todas las personas con respeto, pero a veces uno no quiere estar en exhibición, y así puede ser en nuestro lugar de pizzas.

Es temprano en la tarde cuando Clara y yo entramos, y hay otro cliente allí, un fornido amigo latino, de unos treinta y tantos años probablemente. No parece saber quién soy yo hasta que los muchachos en el lugar me saludan.

Entonces él interviene.

"Oye, regálame algunas entradas".

Parece como si el tipo hubiera estado bebiendo o estuviera bajo la influencia de algo. Sus palabras no son claras.

Yo no digo nada. Tan solo me río y en cierto modo miro hacia otro lado.

"Vamos, regálame algunas entradas. Ustedes ganan mucho dinero, y se lo pueden permitir. Quiero algunas entradas".

Ahora mi temperatura va aumentando. Ya no me río. Para mí, paciencia y mantener los nervios a raya son frutos del Espíritu Santo. Esos frutos me están evitando en ese momento.

"Déjale en paz. Él es nuestro amigo. No les trates con esa falta de respeto", dice uno de los camareros.

El tipo no escucha, y da un paso hacia mí. Yo miro a Clara, y ella no dice nada, y no tiene que decir nada. Ella está calmada, lista.

Su mirada dice: cálmate, déjalo estar. Vuelve la otra mejilla.

Hago una pausa durante un minuto. "No me gusta el modo en que me estás hablando", le digo al hombre.

Ahora él levanta su voz y se acerca un poco más.

"Muy mal, tacaño...", me dice, llamándome un nombre tan malo como los haya, y hasta ahí llego yo. Mi sangre está hirviendo y estoy listo para golpear a ese tipo, y golpearle con fuerza. Clara me agarra y dice: "Pili, no". El camarero ordena al tipo que se vaya de ese lugar, acompañándole hasta la puerta.

Él vuelve a decir malas palabras y se va. Lo único en que yo puedo pensar mientras intento calmarme es en dar gracias a Dios porque mi esposa estaba allí, porque si yo hubiera estado solo habría golpeado a ese tipo.

"Siento lo que ha sucedido", dice uno de los camareros. "Él no tenía derecho a hacer eso; debía de estar bebido".

"Está bien, no es culpa tuya".

Miro a Clara y ella sigue teniendo la misma expresión en su cara: *No tienes que reaccionar. El tipo tan solo está buscando problemas. No permitas que te afecte.*

Ella tiene toda la razón, desde luego, y en eso tengo que trabajar, y sí que trabajo en ello cada día. Si alguien te cierra el paso cuando vas conduciendo o te saca el dedo, ¿qué haces? ¿Sacar tú también el dedo? ¿Maldecirle o perseguirle? Para mí, los pequeños encuentros diarios son más desafiantes que las cosas más grandes, y el modo en que reaccionas en esas situaciones cuando nadie te observa es más revelador que nada.

Yo oro al Señor todo el tiempo para que me ayude a ser más paciente, a no reaccionar en exceso. A veces puede ser peligroso. En una ocasión, Clara y yo vamos conduciendo por la Interstate 95 en dirección a Baltimore. Los vehículos vuelan en la autopista, como siempre, cuando de repente un tipo me pasa volando y se mete en nuestro carril: una locura. Yo toco el claxon y el tipo pisa a fondo los frenos como si me estuviera desafiando a embestirlo. Él acelera y yo también acelero.

"Pili, no", dice otra vez Clara. "Déjalo ir".

Yo no estoy en modo escucha. Estoy en modo venganza, siendo un necio insensato, alejándome otra vez del Espíritu. Me sitúo a su lado y comienzo a deslizarme lentamente hacia su carril. Voy a enseñarle, a mostrarle con quién se está metiendo, a intercambiar un poco de pintura para ponerle en su lugar. La misma persona que no se inmuta ante 37.000 personas que le provocan en Fenway Park ahora está perdiendo los nervios por un motorista macho, poniéndose en peligro a sí mismo y a su esposa en el proceso.

¿Cuán necio es eso?

"¡Basta! ¡Basta ya!", vuelve a decir Clara. "Esto es una locura". Ella tiene razón, desde luego. Finalmente consigue comunicarse conmigo, y hace que me calme. Toma mucho más tiempo del que debería.

Soy un hombre imperfecto en un viaje imperfecto, pero intento mejorar. La próxima vez que esté en esa situación, espero tan solo dejar que la persona siga su camino.

Esta temporada me dedico mucho más a observar y a esperar de lo que yo quiero, con mucha diferencia, pero otro final en primer lugar en la División Este de la Liga Americana nos otorga una serie divisional al mejor de cinco contra los Angelinos. Ellos son el mejor equipo bateador en el béisbol (.282), un equipo joven que ganó 99 un año después de ganar tan solo 75. Nosotros hemos estado realizando jonrones todo el año (223 en total), y el primer partido, en el Yankee Stadium, no produce ningún cambio. Derek, Giambi, Rondell White y Bernie ponchan todos ellos, y aunque Roger y Ramiro pasan por ciertos apuros, yo consigo salvar en una victoria por 8-5 en trece lanzamientos, retirando a Tim Salmon y Garret Anderson para cerrar.

Pasamos de un temprano déficit, 4-0, en el segundo partido hasta 5-4, pero entonces los Angelinos consiguen finalmente jonrones de Troy Glaus y Garret Anderson para ganar el partido: 8-6. La serie se traslada a Anaheim, y saltamos a una ventaja por 6-1 después de dos y media entradas, pero ahí están los Angelinos de nuevo, obteniendo otros tres hits, incluido un jonrón de Adam Kennedy y un jonrón y cuatro carreras impulsadas de Tim Salmon, y pasando a una victoria por 9-6.

Estamos a un partido de distancia de ser sacados de los *playoffs* más temprano de lo que hemos estado en toda nuestra era de campeonatos.

Cuando los Angelinos realizan un desfile digno de Disneyland en una quinta entrada con siete hits y ocho carreras contra David Wells, estamos básicamente acabados. El marcador final es de 9-5. Los Angelinos batean .376 en la serie y remontan en las tres victorias. Ellos no tienen temor y son implacables, y su *bullpen* domina al nuestro. Aunque yo no puedo imaginar el resultado, el modo en que sucede me resulta un poco familiar. Su valentía me recuerda exactamente el modo en que nosotros jugábamos cuando ganábamos campeonatos. Puedes ganar todos los partidos que quieras en la temporada regular, pero cuando tu postemporada termina en cuatro partidos es imposible sentirse bien con respecto a ese año.

* * *

Nuestro tercer hijo se llama Jaziel, que significa "fortaleza de Dios". Él nace siete semanas después de que termine nuestra temporada, por cesárea realizada por la Dra. Maritza Cruz, la obstetra de Clara. Jaziel pesa casi nueve libras (4 kilos), y todo va bien para él, pero Clara tiene una grave hemorragia que requiere otra operación. Yo estoy en la sala de partos con ella cuando la Dra. Cruz se da cuenta de la gravedad de la hemorragia. Es aterrador ver a mi esposa de ese modo, una mujer fuerte de repente tan vulnerable.

Dije anteriormente que no oro a menudo por resultados, pero entonces estaba orando precisamente por eso:

Amado Señor, por favor cuida de mi esposa y de nuestro hijo. Por favor, ayúdales en todo esto. Por favor, dale a la Dra. Cruz la habilidad y la templanza para ocuparse del problema y dale al cuerpo de Clara la fortaleza que ella necesita para recuperarse. Amén.

Pasan seis horas antes de que la hemorragia esté bajo control. La Dra. Cruz, ella misma una persona de profunda fe, nos dice más adelante que podía sentir la presencia del Señor en el quirófano. Dice que la recuperación de Clara de esa hemorragia tan rápidamente como lo hace es un milagro.

Nuestro primer periodo fuera de temporada como familia de cinco se pasa rápidamente, y casi llega el momento del entrenamiento de primavera. Es una ventosa mañana de domingo, y yo estoy más nervioso que un novato en su primer campamento. Pero no debido al béisbol. Estoy a punto de hablar del Señor delante de cuatro mil personas en el Brooklyn Tabernacle. Jim Cymbala, el pastor, ha leído acerca de mi fe y me invita a compartirla en testimonio delante de la congregación.

Yo no tengo idea de qué decir. Un amigo sugiere una escritura de los Salmos que dice: "Los pasos del justo son ordenados por el Señor".

"¿Por qué no predicas sobre eso?".

Así que lo hago. Hablo de que a veces nos aventuramos por un camino que no está ordenado por el Señor, y es entonces cuando fracasamos. Cuando estamos separados del Señor es cuando llegan los problemas y el estrés. Hablo acerca de mi viaje, y cómo la gracia del Señor me ayuda a lidiar con la adversidad y me muestra el camino, cada día de mi vida.

"Estoy aquí este día porque el Señor ordenó mis pasos", digo.

Lo que sucede es que nunca podemos conocer esos pasos de antemano, lo cual se hace más evidente aún en la temporada 2003, cuando suceden todo tipo de imprevistos. El día de apertura, Derek golpea la espinillera del cátcher de los Toronto Blue Jay en tercera base; él estará seis semanas de baja. Yo me pierdo los primeros veinticinco partidos de la temporada cuando vuelve a surgir el problema de la ingle en el último lanzamiento de una de mis últimas salidas en el entrenamiento de primavera. Seguimos comenzando con un récord de 23-6 pero después pasamos a 11-17 en mayo. Terminamos empatados con los Bravos para el mejor récord en el béisbol (101-61), y sin embargo perdemos once de doce en nuestro propio estadio en cierto momento, y de alguna manera conseguimos no recibir ningún hit de seis lanzadores de los Astros de Houston: la primera vez que un equipo de los Yankees ha estado sin hits desde 1958.

¿Quién oyó nunca de no recibir ningún hit de seis lanzadores?

Pero cuando llega el mes de octubre, yo tengo un sentimiento mucho mejor con respecto a las cosas. Ganamos a los Mellizos en cuatro partidos en la serie divisional, y yo retiro a los doce bateadores con quienes me enfrento. Ahora llega el momento para los Yankees y los Medias Rojas, al mejor de siete, para el campeonato de la Liga Americana. Los Medias Rojas, que han jugado duro contra nosotros todo el año, están convencidos de que este es el año en que finalmente derrotarán a los potentes Yankees, y comienzan ganando el primer partido, tras Tim Wakefield y los jonrones de David Ortíz, Manny Ramírez y Todd

Walker. Andy equilibra la balanza en el segundo partido, lanzando en la séptima, antes de dar lugar a José Contreras (objeto de una feroz guerra de ofertas Yankee-Medias Rojas fuera de temporada) y a mí en un triunfo por 6-2, enviándonos a Fenway para un enfrentamiento en un tercer partido de Roger Clemens y Pedro Martínez. Se supone que será el último partido de Roger en Fenway, e incluso mientras él calienta, hay ese ajetreo en el estadio que uno sentiría en una pelea de pesos pesados.

Manny Ramírez batea un sencillo de dos carreras para dar ventaja a Pedro en la parte baja de la primera, pero en la tercera Derek lanza una curva a la calle Lansdowne, claramente por encima de la Green Monster, y de nuevo nos vemos en el cuarto cuando Hideki Matsui, jugando en su primera serie postemporada de los Yankees-Medias Rojas, dispara un doble a la derecha.

Karim García, nuestro jardinero derecho, entra. Él ya tiene un sencillo impulsador de Pedro. El primer lanzamiento de Pedro es una bola recta por detrás de la cabeza de García, golpeándole en la parte trasera. García está furioso; se queda mirando a Pedro y le dice malas palabras. Pedro hace lo mismo. Nuestro banquillo se pone en pie, y también el banquillo de los Medias Rojas. Una jugada después, en una bola de doble juego 6-4-3, García corre y sale de la segunda y saca a Walters, el segunda base de los Medias. Es juego sucio, y Walker se enoja con razón. Ahora García está hablando sin parar a Pedro mientras él va saliendo, ambos banquillos están de pie en los escalones, y nadie está regañando más a Pedro que Jorge.

No se caen bien el uno al otro, y en los *playoffs* las emociones arden incluso más. Pedro se queda mirando y señala a Jorge, y después señala a su cabeza, dos veces. Yo estoy viéndolo desde la pantalla del televisor de la sede, y estoy enojado y disgustado por las bufonadas de Pedro. Él es un lanzador demasiado bueno como para comportarse como un gamberro. Primero busca golpear en la cabeza a García, y ahora acalora las cosas incluso más amenazando supuestamente con golpear a Jorge en la cabeza.

Si alguien frota dos palos, este lugar podría explotar, pienso.

Esos palos se frotan unos minutos después, en la parte baja de la cuarta. Roger lanza una bola recta elevada, ligeramente profunda, a Manny Ramírez. El lanzamiento ni siquiera está cerca de golpearle, pero Manny blande su bate y comienza a gritar y a caminar hacia Roger, y ahora los banquillos se quedan vacíos. Mientras todos los demás se dirigen al montículo, Don Zimmer, nuestro rotundo instructor de banquillo, de setenta y dos años de edad, se dirige al banquillo de los Medias; Pedro Martínez está de pie delante del banquillo. Pedro ve venir hacia él a Zimmer como un pequeño toro. Zimmer levanta su mano izquierda y Pedro da un paso atrás como si fuese un torero, dando un empujón a Zimmer y derribándolo al suelo. La gorra de Zimmer se le cae y él sufre un pequeño corte, y todo el mundo se arremolina en torno a él para asegurarse de que está bien.

Yo me pregunto: *¿Hasta dónde puede caer más bajo Pedro?*

Zim se equivoca totalmente al arremeter así contra Pedro, pero no se puede empujar a un hombre mayor y tirarle al suelo. Hay que encontrar una mejor manera, eso es todo. El drama continúa, y vuelve a hervir en más de una ocasión cuando surge una pelea en nuestro *bullpen*. En ella están implicados uno de los encargados de la pista de Fenway, Jeff Nelson y García, quien salta la valla para seguir con ello.

Yo no permito que ese tumulto se meta en mi cabeza en absoluto. Estoy calmado y soy positivo, aunque no me haya ido bien contra los Medias Rojas este año; he estropeado dos salvadas y ellos tienen dieciséis hits contra mí solamente en diez entradas. No puedo decir por qué, pero puedo decir que a pesar de lo mucho que me gusta la privacidad de Fenway, el montículo es uno de mis menos favoritos en la liga. Quizá sea porque la arcilla está en el lado blando, de modo que cuando salgo ahí, con frecuencia después de que se hayan hecho unos 250 lanzamientos, está bastante desgastado y no tiene los puntos duros de firmeza que yo prefiero. Pero nada de eso importa. Uno compite donde tiene que competir. ¿El montículo está blando?

Enfréntate a eso, Mo.

Corro por delante del banquillo y comienzo a calentar con Jorge. Llevamos juntos nueve años ahora, y él no es tan solo un buen amigo, es un amigo íntimo, un hombre con quien estoy en total sincronía. Él conoce lo que me gusta, cómo pienso, que quiero mantener las cosas sencillas. Él sabe que nunca menearé mi cabeza si quiero cambiar un lanzamiento o una ubicación. Lo único que haré es seguir mirando hacia adelante. Si sigo mirando, entonces él sabe que quiero lanzar otra cosa.

¿Pero quién se está burlando de quien? Yo lanzo la cortada aproximadamente el 90 por ciento de las veces. Para la mayoría de bateadores, un cátcher indica con un dedo hacia abajo una bola recta, con dos una curva, con tres una arrastrada, y así sucesivamente. Conmigo, uno es una cortada, y dos es una bola recta de dos costuras. Si hay un corredor en segunda base, cuatro es una cortada y dos es una dos costuras. Si Jorge menea los dedos mientras los sitúa hacia abajo, significa que la quiere alta en la zona.

Esa es la suma total de nuestras señales.

Jorge pone hacia abajo un dedo casi exclusivamente al final del tercer partido. Yo me enfrento a seis bateadores de los Medias Rojas, y los retiro a todos, necesitando tan solo diecinueve lanzamientos. Ganamos, 4-3, y tomamos una ventaja de 2-1 en la serie, pero esto es Medias Rojas-Yankees. Tengo la sensación de que esto se va a extender, y eso es exactamente lo que sucede. Nosotros ganamos los partidos 2, 3, y 5. Los Medias Rojas ganan los partidos 1, 4 y 6.

El séptimo partido es en el Stadium, Pedro contra Roger, parte III.

Pedro es mucho más preciso de lo que fue en el tercer partido, y obtiene mucho más rendimiento. A Roger le disparan para tres carreras en la tercera, y entonces otorga un jonrón de apertura a Kevin Millar en la cuarta. Siguen un pasaporte y un sencillo, y el Sr. T ha visto lo suficiente, llamando a Mussina, que nunca ha hecho un lanzamiento de relevo en su carrera. Poncha a Jason Varitek en tres lanzamientos, y después consigue que Johnny Damon batee una doble jugada 6-6-3. Mussina ya ha perdido dos juegos en la serie y ha otorgado cinco jonrones; estos son los outs más importantes que ha conseguido como Yankee, y no se detiene ahí. Poncha a David Ortíz con dos hombres un entrada después, y mientras yo estoy tumbado en la mesa de entrenamiento recibiendo un masaje de Geno, estoy lleno de admiración por lo que él está haciendo.

Está consiguiendo cada sencillo fuera que necesita, pienso yo.

En total, Mussina lanza tres entradas a cero, y ahora nuestros bates finalmente despiertan. Giambi atrapa el primer lanzamiento de Pedro de la quinta entrada, una recta en cambio, por encima de la valla del jardín central, dejándolo en 4-1. Es solo nuestro tercer hit de la noche. Dos entradas después, Matsui roletea agudamente a segunda y Jorge batea una línea que Damon agarra en el centro derecha, pero yo puedo ver que estamos comenzando a aprovechar más los lanzamientos de Pedro. Giambi vuelve a salir y esta vez batea una bola recta, y se impulsa sobre ella, lanzándola por encima de la pared en todo el centro, justamente por encima del guante de Damon que salta. Ahora estamos 4-2, y cuando Enrique Wilson (que está en la alineación porque batea realmente bien a Pedro) consigue un sencillo en el cuadro y García amarra con sencillo a la línea a la derecha, hay más energía positiva en el Stadium de la que ha habido durante toda la noche.

Entonces Pedro poncha a Sori por cuarta vez, y la energía se eleva por todo el lugar. Pedro señala con su dedo al cielo, su rúbrica marca de la casa, y recibe un abrazo de Nomar Garcíaparra en el banquillo, y todos pensamos que ha terminado. Pedro supone que ha terminado también, hasta que su mánager, Grady Little, le plantea una pregunta:

"¿Puedes darme una entrada más?".

Pedro está de acuerdo. Siente como si no tuviera ninguna opción, aunque él pensaba claramente que su noche había terminado. Ortiz da jonrón a Wells, otro relevista de emergencia, para dejarlo en 5-2, y nos quedan seis outs.

En efecto, ahí está Pedro otra vez para la octava. Con un *out*, Derek golpea un lanzamiento 0-2 a la derecha que Trot Nixon no lee bien, la bola va rebotando por encima de su guante para un doble. Bernie lanza un sencillo al centro para marcar a Derek, y entonces Matsui dispara un doblete por regla a la derecha. Aun así, Little deja dentro a su as, y aunque Pedro consigue que Jorge golpee al centro, cae y el juego está empatado. El Stadium erupciona. Pedro sale. En el banquillo, la histeria y el ruido son abrumadores, y así están mis emociones.

Yo dejo mi guante, salgo del banquillo y corro subiendo un pequeño trecho de escaleras, donde hay un banco y un baño. Entro en el baño, cierro la puerta y comienzo a llorar. El momento es demasiado para poder asimilarlo. Vamos tres por debajo con Pedro Martínez, quedan cinco outs y ahora el partido está empatado. No sé qué otra cosa hacer, así que le doy gracias al Señor por responder mis oraciones.

Dejo que las lágrimas corran durante uno o dos minutos, las seco y entonces termino mi calentamiento.

El *bullpen* de los Medias hace su trabajo y yo salgo para la parte alta de la novena, y la termino haciendo que Todd Walker lance una elevada baja a segunda con un hombre en segunda. Cuando sale de su bate, yo me agacho, con temor durante un segundo a que pudiera ser otro golpe suave con terribles consecuencias. Pero Sori salta para atraparla, y yo salto sobre el montículo con él. Mike Timlin nos sitúa en orden en la novena, y con dos outs en la décima, Ortíz me agarra con un doble por encima de la pared. Yo me muerdo la mano en el montículo después, molesto por no haberle lanzado la cortada en cambio, pero me sobrepongo a ello al elevar a Kevin Millar.

Después de que Tim Wakefield y su bola de nudillos nos ponga en orden en la parte baja de la décima, yo tengo mi propia entrada 1-2-3, con dos ponchetes. Es mi primera aparición en tres entradas en siete años. Cuando llego al banquillo, Mel se acerca a mí:

"Buen trabajo, Mo", me dice.

"Te puedo dar otro", digo yo.

Mel no quiere que yo vuelva a salir allí, estoy seguro de eso. Pero no hay manera alguna de que yo salga del partido. Si necesito lanzar una cuarta entrada, lo haré. ¿Una quinta entrada? También lanzaré esa. La temporada está a punto de terminar, y tendré mucho tiempo para descansar. No solo quiero permanecer en el partido; tengo que hacerlo. Siento que es mi obligación. Voy a presionar al Sr. T y a Mel tanto como tenga que hacerlo. No voy a permitir que nadie más tome la bola.

Aaron Boone abre la parte baja de la undécima. Él está bateando .125 en la serie. El primer lanzamiento de Wakefield es una bola de nudillos que llega aproximadamente a la altura de la cintura, en la mitad interior. Boone se gira sobre ella, y en el momento en que lo hace, lo sabemos. Todo el mundo en el Stadium lo sabe; se puede decir por el ruido. La bola aterriza en una profundidad de una decena o más de filas. Regresamos a la Serie Mundial. Todo el equipo sale del banquillo para felicitar a Aaron, pero yo tengo un destino diferente.

Estoy corriendo hacia el montículo de lanzamiento. Necesito estar en el montículo del lanzador. Llego allí justamente cuando Aaron rodea la segunda y se dirige a la tercera. Yo estoy sobre mis manos y mis rodillas, besando la goma, elevando una oración al Señor y llorando en la tierra.

Gracias, Señor, por darme la fuerza y la valentía para seguir adelante. Gracias por la alegría de este momento, digo. *Gracias por toda tu gracia y misericordia.*

Lee Mazzilli, nuestro instructor de primera base, me sigue hasta el montículo y me rodea con sus brazos mientras yo estoy llorando. A mi alrededor todos son jugadores que se abrazan y saltan de alegría. Yo sigo orando y llorando. No estoy seguro de qué se trata la profundidad de esas emociones. ¿Se debe a que yo había dejado el campo con mucho dolor después del séptimo partido, dos años antes? No lo sé. No importa. Cuando me pongo de pie, comparto un abrazo con Aaron y después un largo abrazo con el Sr. T.

Soy nombrado Jugador Más Valioso de la Serie de Campeonato de la Liga Americana, pero no hay realmente un Jugador Más Valioso. El trofeo debería dividirse de veinticinco maneras. Esa no es una frase de poca trascendencia. Es la verdad. Nunca dejamos de batallar. Somos un grupo de hermanos. Permanecemos juntos y creemos juntos. Podría haberme quedado en aquella tierra toda la noche.

14

Derrotas

En la primera entrada del tercer partido de la Serie Mundial contra los Florida Marlins, Josh Beckett, un muchacho de veintitrés años con una malvada bola recta y una curva para emparejar, poncha a Derek Jeter con tres lanzamientos. Jeter pasa las tres siguientes horas y ocho entradas haciendo más que cualquier otra persona en el equipo para asegurarse de que ganemos el partido. Cuando yo le veo hacer eso, me doy cuenta de que han pasado diez años desde que éramos compañeros de equipo en Greensboro, el año en que él cometió cincuenta y cinco errores y yo sabía, *yo sabía*, que iba a ser un jugador de béisbol realmente estupendo.

Lo que yo vi entonces, en 1993, es lo mismo que veo ahora: un hombre con un deseo insaciable de ser el mejor, y de ganar.

Si uno piensa en el historial de grandes momentos de Derek, es asombroso. El doble que comenzó la carrera contra Pedro en el tercer partido. La voltereta. El jonrón en la décima entrada del cuarto partido para batir a los Diamondbacks en 2001. El jonrón de apertura en el cuarto partido contra los Mets en el 2000. El bateo que comenzó el gran peloteo en el cuarto partido contra los Bravos, el que culminó con el jonrón de Jim Leyritz.

Y ahora se ve en el tercer partido contra Beckett y los Marlins, en una Serie que se supone que debe ser tan competitiva como un partido Globetrotters-Washington Generals: una disparidad en poderío de estrellas, nóminas, tradición, y prácticamente todo lo demás. Dividimos los dos primeros partidos en Nueva York, y ahora batir a Beckett esta noche puede alterar el curso de toda la Serie. Por tanto, después del ponche inicial, esto es lo que sucede:

Jeter hace un doble a la izquierda y anota en la cuarta entrada. Hace un sencillo al centro para abrir la sexta entrada. Hace un doble a la derecha y anota la carrera pasando en la octava entrada.

Beckett lanza siete y un tercio, y poncha diez y otorga solo tres hits y dos carreras. Los tres hits, y ambas carreras, vienen de Derek Jeter, un hombre que nunca deja de competir y personifica los valores de los Yankees de Joe Torre: él da todo en lo personal, pero siempre quiere que se trate del equipo.

Estoy calentando en el *bullpen* de los visitantes, preparándome para salir contra Mussina, que está magnífico toda la noche. Minutos después de que el tercer hit de Derek y su segunda carrera saquen a Beckett del juego, yo estoy en el montículo, haciendo seis lanzamientos para retirar a Pudge Rodríguez, Miguel Cabrera y Derek Lee. Explotamos en otras cuatro carreras en un jonrón en solitario de Aaron Boone y el jonrón de tres carreras de Bernie, y entonces cerramos en la parte baja de la novena.

Hemos batido al mejor lanzador de los Marlins, y tenemos a Roger Clemens en el cuarto partido, y a David Wells en el quinto partido. Nadie da nada por sentado, pero me gusta cómo estamos situados, y cuando el bateador emergente Rubén Sierra consigue un triple con dos *out* y dos carreras en la línea del jardín derecho en la novena entrada para empatar el cuarto partido a 3-3, tan solo parece familiar, como otro día de trabajo de los Yankees en octubre.

Es un golpe sacado de 1996, o 1998 o 2000, pienso yo.

Y desde ese punto en adelante, muy poco más va bien para los Yankees en la Serie Mundial de 2003. Nosotros somos quienes nos convertimos en los Washington Generals. Y por mucho que duela pensarlo, la verdad es innegable: no somos el mismo equipo que solíamos ser. Ni siquiera estamos cerca. Los Marlins son rápidos y agresivos, y juegan con corazón, pero, lo siento, los equipos que teníamos y que ganaron cuatro Series Mundiales en cinco años les habrían masacrado. Habrían encontrado una manera, y se habrían abierto paso *como equipo*. Porque aquellos eran jugadores que se interesaban más por ganar que por ninguna otra cosa. Y eso ya no es así.

Dejamos las bases llenas en la parte alta de la undécima, y entonces vemos cómo Alex González, el parador en corto de los Marlins, golpea un jonrón ganador del juego a Jeff Weaver para abrir la parte baja de la duodécima. Es una jugada sacada directamente del manual de estrategias de Aaron Boone, solo que ahora somos nosotros quienes la recibimos.

Por tanto, la Serie está empatada a dos partidos cada uno, y entonces el quinto partido se desarrolla con más rapidez que una línea de meta desenfrenada. Durante la práctica en el cuadro, Giambi le dice al Sr. T que no está seguro de poder jugar primera base debido a que le duele una rodilla, y después Wells tiene que abandonar después de una entrada con dolor en la espalda. Conseguimos un hit en ocho turnos de bateo con corredores en posiciones de anotar. Se añade a una derrota por 6-4. Regresamos al Yankee Stadium, donde Andy lanza realmente bien y Josh Beckett es aún mejor, bateando un blanqueo de cinco hits y ponchando nueve, haciéndolo como con un descanso de tres días. Nos vamos gimoteando a nuestras taquillas, a otro periodo fuera de temporada que no incluye un desfile.

Cualquier cosa que no sea un campeonato tiende a resultar en grandes cambios para los Yankees de George Steinbrenner, y 2004 produce el mayor cambio que se puede tener: la adquisición de Alex Rodríguez, el Jugador Más Valioso de la Liga Americana, un hombre ampliamente considerado el mejor jugador en el béisbol. Alfonso Soriano se va a los Texas Rangers en el trato, y Alex, defiriendo a Derek, pasa a tercera base desde su posición natural de parador en corto. Es el tercer equipo de Alex en cuatro temporadas, y yo estoy emocionado por tenerle, pero cuando miro a mi propia temporada 2004, el último año de mi contrato con los Yankees, tengo un abrumador deseo de no ir a ninguna parte. No quiero perseguir el mayor contrato que pueda, y no quiero ponerme otro uniforme. Quizá eso me convierta en la peor pesadilla de un agente, porque no tengo interés alguno en jugar al juego del agente libre, ubicando todas mis opciones y dejando caer historias sobre que podría estar de camino hacia algún otro lugar.

Quizá también me cueste dinero. Amplío mi contrato por dos años en 2004, un año antes de que termine, y unos años después, los Phillies me ofrecen un contrato por cuatro años y 64 millones de dólares, 20 millones más de lo que ofrecen los Yankees. ¿Sabes cuánto tiempo pienso en eso? Aproximadamente la mitad del tiempo que necesites para leer esta página. La razón es muy sencilla:

Yo nunca he jugado por dinero. Me gusta el dinero tanto como a nadie, y soy afortunado por poder sostener bien a mi familia, pero nunca ha sido mi motivación para jugar. Siempre sentí que si jugaba al juego de la manera correcta, si trabajaba duro e intentaba ser un buen compañero de equipo y honrar el deporte, el aspecto monetario de ello encajaría solo, y eso es exactamente lo que ha sucedido. No ha habido ni una sola vez en mi carrera en que viese lo que alguna otra persona estaba ganando y sintiera que yo me merecía más. ¿Por qué iba a hacer eso? ¿Por qué preocuparme por los asuntos de otras personas?

Eso no me haría ni una pizca de bien. Me dejaría inquieto e infeliz, vinculando mi contentamiento al tamaño de mi cuenta bancaria. El Señor me ha dado mucho más riqueza por medio de su sabiduría, como está escrito en Hebreos 13:5:

Manténganse libres del amor al dinero, y conténtense con lo que tienen, porque Dios ha dicho: «Nunca te dejaré; jamás te abandonaré».

Para mí, el contentamiento viene del Señor, y está a mi disposición dondequiera que yo esté, en cualquier momento, ya sea que esté rodeado por bonitas paredes o por ninguna pared. No necesito nada aparte del amor de las personas que me importan. Es así como decido ver la vida.

No que lo necesite, pero cuando nos dirigimos a otra postemporada en 2004, veo un potente recordatorio de lo poco que realmente importa el dinero. Han pasado solamente minutos después de batir a los Mellizos en el Metrodome para ganar la Serie Divisional de la Liga Americana en cuatro partidos; yo acabo de eliminar a los Mellizos en la parte baja de la undécima con un décimo lanzamiento.

Nos dirigimos a la sede para comenzar a mojarnos con el champán. Eso nunca se queda anticuado; a mí cada vez me parece nuevo. El Sr. T pone su mano sobre mi hombro y me pide que vayamos a su oficina. Derek, y Mel, y algunos otros instructores están allí.

"Mo, algo ha sucedido", dice el Sr. T. Sus ojos comienzan a llenarse de lágrimas, y le resulta difícil encontrar las palabras.

"Lo siento mucho, Mo. Creo que Clara debería ser quien te lo diga".

Yo no tengo idea de lo que está sucediendo.

Ellos llevan a Clara hasta la sede. Ella también está llorando. Más adelante descubro que ella no quiere que nadie me diga nada hasta después del partido. Ella sufre durante toda la noche, siendo consolada por otras esposas de Yankees.

"Ha habido un accidente en nuestra casa en Puerto Caimito", dice Clara. Víctor y Leo estaban en la piscina y fueron electrocutados. Ninguno de ellos sobrevivió".

No puedo creer lo que estoy oyendo. Víctor es el primo de Clara y alguien muy cercano para nosotros. Le conozco durante toda mi vida. Leo es su hijo de catorce años. A medida que intento asimilar todo esto, lo único que puedo hacer es abrazar a mi esposa y llorar con ella en la oficina del Sr. T. Pronto me entero de todos los horribles detalles. Clara y yo construimos la casa varios años antes, para tener un lugar donde quedarnos cuando regresáramos. Víctor se ocupa de cuidar el jardín y la piscina. Él y Leo están trabajando allí y es un día muy caluroso, y Leo decide que va a refrescarse, así que se tira a la piscina. Hay una valla eléctrica cerca que utilizamos para que nuestros perros no se alejen. Uno de los cables para la valla se mete accidentalmente en la piscina, electrificado el agua. Leo recibe un shock y se queda inconsciente, y muere ahogado. Cuando Víctor ve a su hijo en el agua, se lanza para rescatarle, y le sucede lo mismo a él.

Clara y yo volamos de regreso a Nueva York con el equipo y tomamos un vuelo al día siguiente hacia Panamá. Yo llego a la funeraria para ver los cuerpos de Víctor y Leo. Quiero verlos. Puede que suene espantoso, pero necesito verlos, para despedirme de ellos y expresar la profundidad de mi tristeza. Es una sala pequeña en el sótano de un edificio en Ciudad de Panamá. Ellos sacan los cuerpos, que están siendo preparados para el entierro. Es uno de los momentos más tristes de toda mi vida, ver los cuerpos sin vida de un primo que es como un hermano y de su joven hijo.

Comienzo a orar allí.

Amado Señor, sé que Víctor y Leo están ahora en tu reino eterno, y sé que están en perfecta paz. Por favor, bendíceles y guárdales y ayuda a su familia a atravesar esta terrible tristeza que están experimentando. Por favor, danos a todos la fortaleza que necesitamos en este momento, y ayúdanos a encontrar consuelo sabiendo que por medio de Jesucristo hay vida eterna. Amén.

El funeral se realiza en la Iglesia de Dios de la Profecía en Puerto Caimito la mañana del martes, 12 de octubre, con un servicio de dos horas al que asisten cientos de personas. El reverendo Alexis Reyes habla de que la fama y el dinero no son lo importante en este mundo. Lo que importa es nuestro amor por Jesucristo. Vamos al cementerio cercano y soltamos globos al cielo. Yo me voy de la ciudad de Panamá aproximadamente a las 2:30 p.m. en un avión privado proporcionado por los Yankees, y aterrizo en el aeropuerto Teterboro en Nueva Jersey un poco después de las 7:00 p.m. Los Yankees organizan todo para que mi documentación sea manejada con rapidez para que pueda ponerme en camino. Tienen un Cadillac azul esperándome y conducimos por el norte de Jersey, cruzamos el puente George Washington y por Major Deegan hasta el Stadium. Llego en la segunda entrada. He pasado una buena parte del día llorando y estoy emocionalmente exhausto, pero es bueno regresar al trabajo y sumergirme en la preparación para el juego, mental y física. Quiero competir. Quiero entrar en este partido de béisbol y ayudar a mi equipo a ganar.

Ese sería el mejor agente de sanidad de todos.

Me dirijo directamente a la sede. Geno está allí esperándome. Compartimos un largo abrazo. Es un buen sentimiento ver el amable rostro de Geno. Charlamos mientras recibo mi masaje rutinario. En la parte baja de la quinta entrada llego al *bullpen*, con los Yankees ganando por 6-0. Cada uno de los jugadores allí se acerca y me abraza. Los seguidores en las gradas me ven y comienzan a corear "Mariano". Es exactamente donde necesito estar. Los muchachos me ponen rápidamente al día sobre el partido: Matsui tiene cuatro carreras impulsadas, incluyendo un doble de tres carreras que ayudó a perseguir a Curt Schilling después de tres entradas; y pronto la ventaja pasa a 8-0. Yo me siento y observo la destreza de Mussina, quien realiza un juego perfecto en la séptima, antes de que los Medias Rojas repentinamente lancen cinco carreras, haciendo de este un partido en el que yo sin duda quiero lanzar. Cuando Tom Gordon otorga un triple de dos carreras a Ortíz con dos outs en la octava, la ventaja está uno por debajo y suena el teléfono, y es el momento.

El bateador es Kevin Millar. Yo estoy atrás, 2-1, y entonces lanzo una cortada que Millar agarra pero la eleva al campo corto. El doble de dos carreras de Bernie en la parte baja de la entrada nos da un alivio de tres carreras, y con dos hombres dentro, hago que Bill Mueller rebote una jugada doble 1-6-3, un emocionante final para un día triste.

Nadie necesita recordarnos que este equipo de los Medias Rojas tiene un montón de jugadores con constitución de pitbulls, jugadores que son muy buenos, incluso después de ir por debajo dos partidos a uno una noche después, cuando nosotros ganamos, 3-1, con Jon Lieber, que lanza mejor que Pedro. Yo consigo otros cuatro outs, ponchando a Damon, Ortíz y Millar, y vamos a Boston, pero los Medias Rojas esperan que la vista del Green Monster y del Pesky Pole también cambiará su fortuna dejándola enterrada debajo de una avalancha de jonrones de los Yankees, por encima del Monster y de otras paredes. Matsui batea dos de ellos y pasa a 5 para 6 con 5 carreras impulsadas. Alex Rodríguez consigue otro, impulsa tres y anota cinco. Gary

Sheffield también hace jonrón y cuatro hits, y Bernie también tiene cuatro hits. Es una sesión de práctica de bateo de toda la noche, y un triunfo de 19-8 para nosotros, y con Duque emparejado contra Derek Lowe en el cuarto partido, ni siquiera parece que vaya a ser una lucha justa.

Nos aferramos a una ventaja de 4-3 durante siete entradas del cuarto partido. Suena el teléfono en el *bullpen*.

"Mo, tienes la octava", dice Rich Monteleone. Cuando me pongo de pie y comienzo a soltarme, un seguidor bebido comienza a gritarme. Yo le ignoro, pero él continúa. Es imposible no escucharle. Está al lado de mi oreja.

¿En realidad está haciendo esto? ¿Es aquí donde estamos ahora?, pienso yo.

El seguidor borracho decide que sería divertido mofarse de mi primo y su hijo. Sigue con eso, con un insulto enfermo retorcido tras otro. Ni siquiera puedo escribir lo que él dice, porque es muy feo. Ni siquiera lo querría en mi libro. Pongo toda mi atención en el blanco de Mike Borzello. No voy a permitir que un necio borracho me aparte de la tarea que tengo por delante. Más que enojado, estoy triste. Triste porque un ser humano pudiera descender tan bajo, triste porque este hombre esté tan lleno de veneno, y sea tan desgraciado en su propia vida como para hablar de la muerte de dos personas a las que yo amo, una de ellas un muchacho.

Es un nuevo golpe bajo.

Entro en el partido cuando tenemos una ventaja de 4-3, en la parte baja de la octava. Manny batea un sencillo, pero yo poncho a Ortíz y recorro el corazón del orden de los Medias sin ningún dramatismo. En la novena, el bateador que abre es Millar. Él ha tenido éxito contra mí, así que tengo cuidado extra, especialmente después de que saque una línea mala temprano en el turno de bateo. Mi lanzamiento 3-1 es elevado y Millar se va, y es inmediatamente sustituido por Dave Roberts, que está en el partido para robar una base. Yo lo sé. Jorge lo sabe. Todo el estadio lo sabe. Roberts robó treinta y ocho bases en cuarenta y un intentos este año, y su ventaja es grande. Yo lanzo por encima a primera, bastante fácilmente. Después lanzo otra vez, y entonces una tercera vez. Él batea el toque de nuestro primera base, Tony Clark. Yo estoy pensando que podríamos lanzar fuera, pero la llamada nunca llega. En mi primer lanzamiento al siguiente bateador, Bill Mueller, Roberts está fuera. Consigue un buen salto. El lanzamiento es alto y lejos, y Jorge hace un fuerte lanzamiento a Derek, que toca un instante tarde. Roberts está en posición de marcar con nadie fuera. Mueller amaga un toque y es ponche. Yo lanzo una cortada por encima del plato, no donde la quiero, y él la golpea elevada al medio. Yo intento arponearla como si fuese un guardameta de hockey, incluso doy una patada con mi pierna, pero la bola va al centro y Dave Roberts llega a casa.

Mueller había bateado un jonrón ganador del juego contra mí en julio, un gran impulso emocional para los Medias Rojas en un partido que presentaba una pelea entre Alex y Jason Varitek después de que Alex fuese golpeado con un lanzamiento. Ahora me tiene a mí otra vez, y a los seguidores en Fenway les encanta.

Yo salgo de la entrada, pero el daño está hecho, y se vuelve mucho peor cuando Ortíz, el mejor bateador de la tierra durante los *playoffs*, lanza un jonrón de dos carreras en la parte baja de la duodécima.

El partido dura cinco horas y dos minutos, y no solo les da a los Medias Rojas un partido, sino que también les da esperanza. En el quinto partido vamos arriba por 4-2 en la octava y perdemos en catorce entradas. Regresamos al Bronx en el sexto partido, Shilling es mejor lanzador que Lieber, y perdemos 4-2, y con cada entrada que pasa, parecemos más apretados que una persona gorda con Spandex.

Es tan tangible como el entrelazado de la N y la Y en nuestro logo. Estamos esperando que suceda algo malo, atrapados en el pensamiento negativo. Es una evidencia más del modo en que la mentalidad de nuestro equipo ha cambiado. Los jugadores de los años de campeonato no habrían sucumbido a ello; habrían encontrado una manera. Este equipo no lo hace. Los Medias Rojas completan el mejor regreso en la historia del béisbol de postemporada con una severa derrota por 10-3. Un año después de Aaron Boone, los Medias Rojas tienen cuatro partidos dignos de sus propios momentos épicos, y nadie se siente peor al respecto que yo.

Yo soy quien dejó la puerta abierta, después de todo, estropeando la salvada en la novena entrada del cuarto partido. Esa entrada lo cambia todo. Pero incluso cuando me voy de Fenway Park y regreso a nuestro hotel aquella noche, tengo un pensamiento muy claro:

Tenemos una ventaja de 3-1. Si no podemos ganar un partido más, no nos merecemos ir a la Serie Mundial.

Y no fuimos.

15

Vítores y abucheos

Es EL DÍA DE apertura en Boston, 11 de abril de 2005, y yo soy más popular que Paul Revere. Los Boston Medias Rojas, los campeones mundiales Boston Medias Rojas, están recibiendo sus anillos de la Serie Mundial y elevando su bandera del campeonato, y resulta que los Yankees de Nueva York están en la ciudad para la ocasión. Uno por uno, somos presentados. Todos son abucheados, algunos más que otros, y Alex Rodríguez el que más. Después de que Randy Johnson, el el número 41, reciba su abucheo, es mi turno de estar en la parrilla del Back Bay.

El anuncio público dice:

Número 42, Mariano Rivera...

Y la multitud del Fenway Park enloquece, con personas de pie y vitoreando cuando yo salgo al campo, situándome al lado de Chien-Ming Wang y Randy. Cuando llego a la línea de base, me quito la gorra y saludo y me inclino. Me río, y sigo riéndome, y los vítores continúan, como si yo fuese uno de los suyos. Desde luego, sé que no estoy a la misma altura que Ortíz o Damon en sus corazones. Desde luego, sé que los vítores son burlones, que estoy siendo saludado por mis aportaciones al título de primer campeonato mundial de los Medias Rojas en ochenta y seis años.

Y eso está bien. Estoy dispuesto a seguir el juego. Mi reacción no es falsa en absoluto, y no es rebosando de enojo interior. Los seguidores están contentos, y es un día de una gran celebración como Boston no ha tenido en mucho tiempo, y yo puedo apreciar eso. Su equipo ganó después de realizar una remontada histórica contra sus más feroces rivales.

¿Por qué no querrían ellos celebrarlo? ¿De qué serviría tomar esto como una afrenta personal? Que ellos se alegren. Yo estaré haciendo todo lo que pueda para dejarlos fuera la próxima vez, y quizá para ser un poco menos popular en la ciudad. En cierto modo, en realidad disfruto al ver la profundidad de la celebración de los seguidores de los Medias en Fenway, su intensidad avivada por la pasión y décadas y décadas de perseverancia. Por tanto, es fácil inclinar mi gorra y sonreír a treinta y tres mil personas que están vitoreando a expensas de mí, porque esto no se trata de mí.

La Escritura, después de todo, es la que me está situando en el camino correcto. En Santiago 1:12 dice:

Dichoso el que resiste la tentación porque, al salir aprobado, recibirá la corona de la vida que Dios ha prometido a quienes lo aman (NVI).

Tengo asuntos más importantes de los que preocuparme que las ovaciones en estadios enemigos cuando comienza la temporada 2005. La principal es ser abucheado en mi propio estadio. Estropeo salvadas otra vez, sí, contra los Medias Rojas, durante nuestro partido de apertura, y en el segundo de ellos soy tan ineficaz (tres pasaportes, tres sencillos y cinco carreras, una ganada), que el Sr. T sale y se acerca a mí, ganándome resonantes vítores del Bronx en mi camino hacia el banquillo. Algunos de mis compañeros de equipo están horrorizados porque me abucheen, pero yo no espero que me lancen ramos de rosas cuando no realizo mi trabajo. ¿Por qué iba a esperarlo? Tampoco espero un pase para toda la vida porque haya salvado muchas bases. Si las personas quieren abuchear, deberían hacerlo. En realidad no me molesta en absoluto.

Mucho más que hacia la reacción de los seguidores, dirijo mi atención hacia mejorar el rendimiento que la desencadena. En otras palabras, dejar de estropear las cosas. Todo mi problema es no tener mi dominio usual: un resultado, estoy seguro, del dolor de codo que me costó tiempo durante la primavera. Cuento con lugares de bateo, especialmente contra los Medias Rojas, un equipo paciente que me ve tantas veces que es difícil sorprenderlos con algo. En la salida en que me abuchean, hago treinta y ocho lanzamientos y solamente dieciocho son *strikes*. Si esa no es la peor proporción de *strikes* de mi carrera, me sorprendería. Los seguidores puede que estén alarmados, pero yo no lo estoy. Sé que es una cuestión de dar precisión a las cosas. Lanzo más, ajusto mi lanzamiento, y sé que los resultados estarán ahí.

Convierto mis siguientes treinta y una oportunidades de salvar: un periodo de más de cuatro meses. Una de las apariciones llega en Detroit a principios de julio, en un partido que le hace bien a mi corazón. Bernie Williams tiene ahora treinta y seis años y está siendo gradualmente eliminado como jardinero central regular. En una reciente serie contra los Mets, perdemos dos de tres en el Stadium, y Bernie deja una bola elevada en el centro en un juego, permite que un corredor avance en otro, y le sobrepasan repetidamente. El Sr. T dice que quiere darle a Bernie un par de días de descanso para que aclare su mente. Bernie no quiere tiempo de descanso, pero de todos modos lo tiene.

No se podría decir que Bernie es un héroe sin honra, no cuando es un jugador que hasta la fecha tiene más carreras impulsadas postemporada (80) que nadie; cuando ha ganado un título de bateo y ha impulsado en cien de carreras cinco veces; cuando ha bateado .435 en una Serie de Campeonato de la Liga Americana, como hizo Bernie contra los Mariners en el año 2000. Perdido entre toda la tinta derramada con respecto a nuestro derrumbe en la Serie de Campeonato contra los Medias Rojas en 2004 está que Bernie bateó en diez carreras, dos jonrones, y un promedio de bateo de .306 en los siete partidos, todo ello sin timidez. Esta es una de las cosas que admiro de él: tiene muchas más ganas de tocar su guitarra que de cantar sus propios elogios.

Bernie nunca ha cambiado desde que le conocí en 1990. Está esa inocencia, casi la fragilidad de un artista, con respecto a él, algo que no se ve con frecuencia en los deportistas estrella. Diez minutos antes del primer lanzamiento, estaría tocando acordes en su guitarra, como si esa fuese a ser su principal actividad durante la noche.

Al igual que Derek, Jorge, Andy y yo, él viene del sistema agrícola y hace su trabajo, y llega a ser uno de los productos más raros que se puede encontrar: un jardinero central Juego de Estrellas ambidextro que puede batear para fuerza y promedio, carrera y campo. Sé que él no es el corredor base más dotado por naturaleza, pero me sigue encantando verle correr, subiendo las rodillas alto, casi saltando, un hermoso atleta que va volando con elegancia por las bases.

Pero la temporada no ha sido un tiempo fácil para Bernie. Los Yankees están a punto de traer a Melky Cabrera para jugar como jardinero central, y cada vez más Bernie es un bateador designado o nada. La edad les sucede a todos los atletas, pero eso no hace que sea más fácil observar cuando un jugador ha sido tal campeón y ha producido tanto honor y gracia al equipo.

Somos solo un equipo .500 (39-39) cuando nos dirigimos a Comerica Park esa tarde, con Mussina contra Sean Douglass, un diestro de 1,95.

Bernie está dentro, y batea un sencillo en la cuarta, el hit número 2.154 de su carrera, haciéndole pasar a Don Mattingly en la lista de hits de los Yankees, por detrás solamente de Lou Gehrig, Babe Ruth, Mickey Mantle y Joe DiMaggio. Entonces lanza un sencillo a la línea para conseguir dos carreras en la sexta. Batea otro sencillo a la línea a Kyle Farnsworth en la octava, y en la novena abre con un juego de una carrera con un jonrón de tres carreras a Troy Percival.

Bernie es la estrella del partido; y cuando llega la prensa a la sede para hablar con él, él ya no está. Ha sido un compañero de equipo especial, y un estupendo jugador para los Yankees durante mucho tiempo. Estoy contento de verle tener un día tan estupendo.

Con el modo en que comenzó la temporada, siendo aclamado como un héroe en Boston y metiendo la pata en aquellas dos primeras oportunidades de salvar contra los Medias Rojas, no puedo imaginar una mejor manera de terminar que regresar a Fenway Park: para asegurar otro título de la División Este de la Liga Americana. Decido que es momento para otra aparición en el banquillo, una pequeña motivación espontánea desde el *bullpen*. "Terminemos el trabajo ahora", digo. "Esta es nuestra división. Demos el todo por el todo hoy".

Los muchachos siempre parecen divertirse cuando yo paso a modo animación. No tengo ningún problema en divertirles si eso produce el resultado deseado.

El último sábado de la temporada regular, Alex, Gary Sheffield y Matsui lanzan todos ellos jonrones a Tim Wakefield, y Randy Johnson lanza en la octava. Para Alex, es el jonrón número 48 en otra temporada monstruosa, una temporada de Jugador Más Valioso. Cuando Johny Damon abanica y batea una bola hacia mí con dos outs en la novena, somos campeones de la División Este de la Liga Americana por novena temporada consecutiva (los Medias Rojas terminan con el mismo récord de 95-67 que nosotros, pero nosotros ganamos la división porque ganamos la serie de temporada contra ellos).

Nos enfrentamos a los Angelinos en la serie divisional y volamos a Anaheim para los dos primeros partidos. Nos hacemos con el primero, derrotando a Bartolo Colón temprano, principalmente gracias a un doble de tres carreras por nuestro segunda base novato, Robinson Cano, en la parte alta de la primera. Perdemos una importante oportunidad de situarnos con ventaja de dos juegos al cometer tres errores en el segundo partido. Aun así, estamos empatados cuando regresamos a Nueva York, y tenemos a Randy Johnson emparejado contra Paul Byrd, y deben gustarte tus oportunidades con un futuro jugador del Salón de la Fama sobre el montículo.

Byrd no es nada bueno esa noche, pero Randy es mucho peor. Otorga nueve hits y nueve carreras en tres entradas. Salimos de un agujero de cinco carreras y tomamos ventaja por 6-5, pero el *bullpen* es ametrallado y perdemos, 11-7, y ahora vamos por debajo, 2-1. Luchamos de nuevo para ganar el cuarto partido por 3-2. Yo consigo los últimos seis outs con dos jonrones y cuatro roleteos, pero la mejor parte puede que haya sido el desempeño de Bernie, que recibe cuatro sobresalientes ovaciones y su nombre es coreado una y otra vez, del mismo modo en que le sucedió a Paulie cuatro años antes. No está claro si Bernie regresará al año siguiente, y si esa es su despedida, los seguidores de los Yankees quieren realizarla adecuadamente.

Mientras nos preparamos para el partido decisivo, es imposible para mí no recordar la imagen que tengo de Bernie: agachado sobre una de sus rodillas después de atrapar la bola elevada de Mike Piazza en el quinto partido de la Serie Subway para darnos nuestra cuarta Serie Mundial en cinco años. Fue un final perfecto, un acto de humildad y una celebración respetuosa. Era la esencia de Bernie.

Vamos por detrás, 5-2, en el quinto partido contra los Angelinos, pero Derek abre la séptima con un jonrón para disminuir la ventaja a dos. Aún necesitamos nueve outs. Hemos remontado cuando las cosas han parecido sombrías antes. Es mi oración que reunamos tal fortaleza y resolución otra vez. Pienso en el séptimo partido contra Pedro, tan solo dos años antes, cuando íbamos tres por debajo en la octava. ¿Por qué no podemos volver a hacerlo?

Alex roletea, y después de que Giambi haga un doble, Sheffield lanza fuera una elevada y Matsui lanza un bombo. Tampoco hacemos nada en la octava.

En la novena, Derek abre con un sencillo, pero Alex batea una jugada doble en el interior del cuadro. Giambi y Sheffield lanzan un sencillo, y entonces Matsui batea un golpe abierto con el que Darin Erstad hace una gran jugada, lanzando a Francisco Rodríguez que cubre para el *out* final.

Es el tipo de juego que menos me gusta...el tipo en que perdemos y el tipo en que yo no entro. Es un sentimiento impotente y vacío, preparándome para competir y queriendo competir, y entonces nunca tener la oportunidad. Nos bañamos y nos cambiamos en una pesimista sede y nos dirigimos al aeropuerto. Con la Biblia roja a mano, voy orando durante otro vuelo que cruza el país en la fila 29, sintiendo consuelo en saber que estoy en las manos del Señor, y que la frustración y el desengaño que estoy atravesando finalmente me harán ser un hombre más fuerte y una mejor persona. Escucho las consoladores canciones cristianas de Jesús Adrián Romero. Siento la presencia del Espíritu Santo. El sueño me llama.

16

Considérenme *out*

Los números significan muy poco para mí. Por mucho que me gustaría culpar a la Sra. Tejada, mi maestra de matemáticas, no puedo hacerlo. Así soy yo. Juego a un deporte que está obsesionado con los récords y los hitos, que produce tantas técnicas numéricas para llenar una barca. En cuanto a mí, no sigo el rastro de tales cosas, y nunca lo he hecho. Yo sería un hombre terrible de tener como consejero de fantasía. ¿Sabes cuándo sé acerca de un hito? Cuando alguien me habla de ello.

A principios de junio de 2006 yo realizo un juego salvado con cinco lanzamientos y tres out en Fenway (no, no hay vítores), que fue el número 391 de mi carrera, haciéndome sobrepasar a Dennis Eckersley al cuarto lugar en la lista de todos los tiempos.

Aproximadamente seis semanas después, lanzo dos entradas a cero en el Yankee Stadium contra los Medias Blancas para lograr la salvación número 400. El 15 septiembre 2008, también contra los Medias Blancas en casa, retiro a A. J. Pierzynski con una lenta arrastrada delante del plato, salvando un juego para Phil Coke; y con la salvación número 479, sobrepasando a Lee Smith para situarme en segundo lugar de la lista de todos los tiempos.

Si Jason Zillo, el director de relaciones con los medios de los Yankees, no me pone al tanto de ello, o un reportero no me pregunta al respecto, me pasa desapercibido. Es diferente cuando sobrepaso las 601 carreras salvadas de Trevor Hoffman, porque es un tema muy relevante en todos los medios, pero de otro modo, tan solo abre la puerta del *bullpen*, deja preparada la canción "Sandman", y dime dónde estoy en el departamento de historia más adelante.

Lo que esos hitos significan para mí no podría ser más sencillo: estoy haciendo mi trabajo; y estamos ganando muchos partidos de béisbol.

A lo largo de los años escucho historias sobre cerradores, algunos cerradores muy importantes, que se niegan a entrar en el partido si no es para salvar una situación.

Podrían decir: lo siento, Skip, no puedo soltarme.

O:

No creo que pueda dar nada hoy.

En otras palabras: "Si no está ayudando a mi rendimiento, no voy a agarrar la bola".

Su razonamiento, supongo yo, es que les pagan basándose en las carreras salvadas, de modo que ¿por qué querrían desempeñar obligaciones por las que no vayan a pagarles?

Si yo fuese un instructor o mánager de lanzamiento y tuviese a alguien con esa actitud, intentaría librarme de ese jugador más rápidamente de lo que Brett Gardner puede llegar a primera. ¿Por qué tener a alguien en el equipo que no se interesa por el equipo? Si está tan interesado en sí mismo y en su dinero, quizá debería irse a jugar al tenis o al golf.

A principios de septiembre de 2007, estamos en un campeonato y una carrera por la Wild Card, y tenemos una ventaja de ocho carreras contra los Mariners, no una oportunidad de salvar, y el Sr. T me saca para conseguir los tres últimos outs. En los momentos finales de nuestro derrumbe y en la derrota en el séptimo partido contra los Medias Rojas en la Serie de Campeonato de la Liga Americana de 2004, el Sr. T me llama para que consiga el último out de un partido 10-3 que es una de las peores noches en toda la historia de los Yankees.

¿Sabes en qué estoy pensando?

Mi mánager quiere que yo lance, así que lanzo. Eso es todo.

No puedo imaginarme no aceptar la bola, nunca.

Por tanto, ¿mis números? A menos que estemos hablando de los números de mi equipo o de Números, el libro del Antiguo Testamento (*El Señor te bendiga y te guarde; el Señor te mire con agrado y te extienda su amor; el Señor te muestre su favor y te conceda la paz*, 6:24-26 NVI), les dejaré eso a otros, y que ellos lo hagan.

* * *

Desde el comienzo hasta el final en 2006 logramos números como equipo que hacen echar humo a cualquier calculadora. Anotamos 930 carreras durante la temporada, 60 más que el siguiente equipo más cercano. Bateamos .285 como equipo, machacamos 210 jonrones, y con una alineación que incluye nombres como Rodríguez, Jeter, Sheffield, Damon, Abreu, Cano, Williams, Giambi, Matsui y Posada, es una maravilla que no anotemos diez carreras por juego.

Terminamos con 97 victorias y ponemos fin a la temporada regular en casa delante de los 50.000 seguidores usuales (establecemos un récord en la Liga Americana al atraer a 4,25 millones de seguidores), y con un nuevo mánager: Bernie Williams. Bernie está jugando el que resulta ser su partido final de la temporada regular con los Yankees, y con la divisional asegurada, el Sr. T continúa su tradición de permitir que un jugador se haga cargo del partido final si no hay nada en juego. Este año, él decide que sea el turno de Bernie.

Aunque es un músico reticente, Bernie es un maestro de la dirección. Derek está luchando con Joe Mauer de los Mellizos por el título de bateo, y cuando Derek batea un sencillo en la primera, está solo a medio punto por detrás. Pero Mauer termina consiguiendo dos hits, y cuando está claro que Derek no puede alcanzarle, Bernie envía a llamar a un jugador de la liga menor: Andy Cannizaro, el el número 63, para sustituir a Derek en la parte alta de la novena. Derek señala a su propio pecho, como si quisiera decir: "¿Yo?", y se va con una inmensa ovación. Más adelante, en la novena, Bernie mismo batea para el bateador designado Miguel Cairo y lanza un doble al centro derecha. El instructor de primera base, Tony Pena, se asegura de agarrar la bola (resulta ser el bateo número 2.336 y último de Bernie), y la lanza al banquillo, donde Jorge la agarra, mira un segundo a Bernie, y finge lanzar la bola a las gradas.

Bernie estropea el partido sacando a Kyle Farnsworth, que otorga un jonrón de dos carreras en la novena a Adam Lind de los Blue Jays, y entonces, en su conferencia de prensa posterior al partido, realizada en la silla del Sr. T, Bernie anuncia que George Steinbrennen le ha despedido.

Todo ello es muy divertido, y vamos con optimismo a la serie divisional contra los Tigres, que pierden 31 de sus últimos 50 partidos, pero aun así encuentran el modo de llegar de las 71 victorias a las 95 en un año. Nosotros parece que nos hemos estabilizado después de un año loco de cambios, incluso por las normas de los Yankees. Soportamos muchas lesiones, y cada día parece que hace pasar a tres nuevos jugadores por las puertas de la sede. Solamente en las filas de lanzamiento, utilizamos a veinticinco jugadores diferentes. Es difícil recordar todos sus nombres. Yo quiero ser un buen compañero de equipo para todos, pero con frecuencia hay jugadores que no se quedan el tiempo suficiente para que yo consiga hacer mucho más que darles un apretón de manos.

(Perdón, ¿eres Colter Bean o T. J. Beam?)

El lanzamiento siempre ha sido el corazón de nuestros equipos de campeonato, de modo que yo no estoy totalmente convencido de la idea de que tan solo podamos aporrear a equipos y quitarlos de en medio con los bateos. Pero muchas personas sí piensan eso, incluido Al Kaline, el guardabosque del Salón de la Fama de los Tigres, un hombre que jugó contra Mickey Mantle y los grandes equipos de los Yankees de los años de la década de los cincuenta y principios de los sesenta, y se dice que su alineación Yankee es más profunda y mejor. La fórmula de gran bateo funciona bien para comenzar la serie, cuando Derek batea un jonrón sobre la valla del jardín central para un 5 para 5. Giambi da un jonrón, Bobby Abreu consigue cuatro carreras impulsadas, y logramos catorce hits. Yo salvo una decisión de 8-4 para Chien-Ming Wang, y cuando Damon marca un estallido de tres carreras con

Justin Verlander temprano en el segundo partido, Mussina tiene una ventaja de 3-1 y yo pienso que estamos en un muy buen lugar.

Pero los Tigres tienen el mejor grupo de lanzamiento de las Grandes, y si el viejo cliché de que el buen lanzamiento detiene el buen bateo parecía una broma en el primer partido, ahora nadie se ríe. Nos queda 1 para 8 con hombres en posiciones de anotación, y uno de los mayores culpables es Alex, que poncha tres veces, una con las bases llenas. Alex ya está molesto por estar bateando en el sexto en lugar de ser impulsador de carreras, y yo no puedo decir que entienda el modo de pensar del Sr. T aquí. Alex bateó 35 jonrones e impulsó 121 al batear como cuarto bate, y aunque este es un año malo para él y no ha bateado en absoluto en la postemporada en los dos últimos años, ¿tan solo se le aparta de su lugar? Él tenía un estupendo movimiento al entrar en los *playoffs*. No es mi decisión, obviamente. Yo no sé si el Sr. T está buscando quitar presión a Alex o utilizando la degradación para motivarle. Alex es un talento sobresaliente, pero a veces se va por su propio camino y hace que las cosas sean mucho más difíciles para él mismo de lo que tendrían que ser.

"No te preocupes por eso", le digo yo. "No puedes cambiar la alineación. Tan solo sal y batea del modo en que sabes hacerlo, y todo encajará en su lugar. No tienes que demostrarle nada a nadie. Tan solo juega tu juego".

Alex es un hombre muy orgulloso, sin embargo. Las apariencias son importantes para él. Ser un cuarto bateador es importante para él. No ha bateado menos en una alineación desde su primer año con los Mariners diez años antes. Eso le afecta, no lo dudo, y quiero asegurarme de que su cabeza esté donde tiene que estar. Hablo mucho con Alex, especialmente cuando están sucediendo cosas en torno a él (lo cual sucede a menudo).

"Relájate, Alex. No intentar hacer demasiado es el mejor regalo que puedes hacerte a ti mismo", le digo.

Alex está de nuevo en la posición de cuarto bateador en el tercer partido en Detroit, pero eso no cambia nada. Kenny Rogers, un miembro de nuestro equipo del campeonato del 96, no ha batido a un equipo de los Yankees en una docena de años, pero bien podría ser Sandy Koufax esta noche. Solo otorga cinco hits y poncha ocho y lanza en la octava, Randy Johnson es machacado, y perdemos: 6-0.

¿Qué pasa en esta serie divisional? ¿Por qué parece que estamos en una pelea por nuestra vida en los *playoffs* cada año? Yo no he lanzado desde el primer partido de la serie, y eso no es parte de nuestro plan de juego. Pero yo soy siempre optimista. Lo único que tenemos que hacer es ganar un partido. Eso es todo. Ganamos el sábado, y entonces tenemos un decisivo quinto partido en casa, con nuestro mejor iniciador, Wang, en el montículo. Hacemos un buen turno al bate, y entonces otro. Realizamos un buen lanzamiento, y después otro. Seguimos luchando. Esa es la receta para el campeonato. Uno participa plenamente en cada momento, y ganar todas las pequeñas batallas permite ganar la batalla grande.

Los Tigres hacen esas cosas de modo fenomenal, ¿y los Yankees? No tanto. Con nuestra temporada en juego y con Alex bateando ahora en el octavo agujero, estamos tan planos como la cubierta de un barco. Alex ahora parece tan completamente perdido que no culpo en absoluto al Sr. T por tenerle bateando ahí. Yo bien podría haberle sacado del juego. Nuestro equipo está al borde, y tenemos que situar jugadores ahí fuera que puedan ayudarnos a ganar. Por estupendo que sea, Alex no parece que pueda ayudarnos a ganar en este momento. Jeremy Bonderman, el duro iniciador de los Tigres, hace un perfecto juego al lanzamiento en cinco. Nuestro iniciador, Jaret Wright, es alcanzado por dos jonrones para quedar atrás, 3-0, en la segunda, y entonces otorga una carrera no ganada en la cuarta después de que Alex cometa un error. La ventaja aumenta hasta 8-0, y solamente alcanzamos el 8-3 porque Jorge, que batea .500 en la serie, golpea un jonrón de dos carreras con dos outs en la novena al relevista Jamie Walker.

Los puntos destacados de los Yankees son, por lo demás, inexistentes. Alex pasa a 0 para 3 y termina la serie con un promedio de .071 (1 para 14) y ninguna carrera impulsada, y está lejos de estar solo.

Sheffield batea .083 y, como equipo, conseguimos dos hits en nuestros últimos 21 turnos al bate con corredores en posición de anotar. Durante años ganamos con lanzamientos de primera y un *bullpen* cerrado, y un hit de oro tras otro. No tenemos ninguna estrella en el campo; tan solo tenemos jugadores que se esfuerzan, y ganan.

Incluso yo mismo puedo seguir al tanto de los números en esta serie. Yo hago doce lanzamientos y completo una entrada.

La falta de movimiento es aplastante.

La primavera puede producir renovación, pero cuando me presento en Tampa en 2007, también produce tristeza. Bernie Williams no está en el campo, y no lo estará. Él quiere regresar a los Yankees para desempeñar un papel a tiempo parcial parecido a lo que hizo también en 2006, por muy poco dinero. Los Yankees no están interesados, y le dicen a Bernie que puede unirse, pero solo como invitado de una liga menor, no con un trato de una liga mayor. Es semántica contractual, pero para Bernie, cuatro veces campeón mundial que ha sido parte de los Yankees desde 1991, es una importante afrenta.

Ellos quieren que él vea si puede jugar y regresar al equipo, después de batear 22 jonrones postemporada y esas 80 carreras impulsadas en los *playoffs*; ¿y después de todo lo demás que él ha aportado? Bernie rechaza la oferta, y eso es todo. No hay despedida ninguna, ningún Día Bernie Williams, tan solo un querido Yankee al que se le envía por su camino. No es tarea mía decirles a los Yankees cómo dirigir su negocio. Brian Cashman y quienes le rodean toman decisiones que creen que van a favor de los mejores intereses del equipo. Yo no creo que esa sea la manera correcta de tratar a Bernie, y no creo que sea la decisión correcta en cuanto al béisbol para el equipo. Voy a extrañar la guitarra. Voy a extrañar aún más al el número 51.

Eso es lo que hace que el regreso del el número 46, Andy Pettitte, sea tan impecablemente oportuno.

Andy se fue como agente libre después de la derrota en 2003 con los Marlins en la Serie Mundial, firmando con el equipo de su ciudad natal, los Astros de Houston. Ahora, cuatro años después, regresa, y solamente verle entrar por la puerta da alegría a mi corazón. Andy no es solamente un hombre que se deja todo en el campo cada vez que lanza; es un compañero de equipo tan bueno como se puede encontrar, un devoto cristiano que es totalmente claro y plenamente responsable, y lo muestra en un momento difícil, después de que su nombre aparezca en el Informe Mitchell sobre el uso de medicamentos para mejorar el rendimiento en el béisbol. La mayoría de jugadores en circunstancias similares se quedan en silencio, juran sobre la Biblia que están limpios, o lanzan una apología genérica por medio de su agente. Andy lo enfrenta de cara y admite que tomó hormonas del crecimiento humano. Se necesita una tonelada de valentía para hacer eso, y me hace respetarle incluso más.

Andy lleva esa misma valentía junto con él al montículo. Es un hombre que demuestra una y otra vez que no se puede ver el corazón. Seleccionado en el lugar 594 en la selección de agentes libres en junio de 1990, tomado en la ronda 22, Andy es un muchacho regordete de la escuela Deer Park High School en Texas que tiene una proyección de hacer básicamente nada. No asombra a la gente con su brazo o su atletismo, pero termina ganando 256 partidos en las Grandes Ligas y diecinueve más en la postemporada, lanzando algunos de los más grandes juegos en la reciente historia de *playoffs* de los Yankees.

Es un jugador que uno quiere tener en su equipo, sin duda.

No es culpa de Andy, porque él lanza de modo magnífico, pero cuando falla ante los Blue Jays a final de mayo, estamos en un punto inimaginable: el último lugar. Nuestro récord es de 21-29. Ya hemos tenido diez lanzadores de inicio diferentes, y todo tipo de jugadores no están jugando a su nivel. Estamos tan por debajo de los Medias Rojas, catorce partidos y medio, que estamos en peligro de que nos den dos vueltas.

Nos dirigimos a Toronto, donde una nueva ronda de pesadilla se revela, toda ella enfocada, como siempre, sobre Alex Rodríguez. Él es fotografiado con una mujer que no es su esposa, y está en la portada de un periódico sensacionalista. Yo no conozco los detalles; tan solo sé que sigue la histeria en los medios. El mismo fin de semana tenemos una ventaja de 7-5 sobre los Blue Jays en la novena entrada cuando Jorge lanza una elevada a tercera. Howie Clark, de los Jays, la está esperando debajo. Alex va corriendo con dos outs, y cuando pasa al lado de Clark grita: "¡Ja!". Un asombrado Clark desiste de hacer la atrapada, pensando que el campo corto la había reclamado, y la pelota cae. Anotamos otras tres carreras más y ganamos 10-5. Después, el mánager de los Blue Jays, John Gibbons, crítica a Alex por lo que él considera un juego de calidad mediocre. Otro Blue Jays también mete baza.

No hay duda de que Alex se las arregla para atraer la atención a sí mismo, y por hacer que su vida sea mucho más difícil de lo que necesita ser.

Como amigo, yo solo quiero ayudarle a que vea eso; ayudarle a pensar en las consecuencias de las cosas; ayudarle a entender que, probablemente más que cualquier otro jugador en el béisbol, él necesita ejercitar discreción, o estallará sobre él.

Pero también pienso que las personas se meten con él mucho más duramente porque es Alex Rodríguez. Si Jorge o Derek le hubieran gritado a un jardinero del modo en que lo hizo Alex, no creo que hubiera llegado a ser gran cosa. ¿Sabes cuántas veces bateadores y corredores han utilizado tácticas similares para distraerme? ¿Sabes lo que yo oigo cuando voy a recoger un toque?

"¡Tercera!", grita un jugador.

"¡Segunda!", grita otro.

La gente me grita desde todas partes, intentando confundirme para que me ponga nervioso y lance a la base equivocada. No funciona, porque yo mantengo mi enfoque en lo que tengo que hacer. Si estás escuchando lo que otras personas están gritando, entonces no eres tan profesional como necesitas ser. ¿De qué modo es eso tan diferente a lo que hace Alex en este caso?

¿Y qué cuando los jugadores del cuadro fingen recoger un tiro de un jardinero para engañar a un corredor? ¿Está bien eso, aunque sea un engaño declarado y podría incluso dar como resultado que un corredor de base resulte lesionado, al impulsarse sobre una base para arrastrarse?

Me pareció que todo el revuelo entre el lanzador de los Atléticos, Dallas Braden, y Alex era del todo ridículo. Braden se había enojado unos años atrás cuando Alex cruzó el montículo para regresar a primera base desde tercera después de una bola mala. Braden le insultó e hizo que Alex pareciera la persona más malvada a este lado de Whitey Bulger.

¿Atravesar un montículo? ¿En serio? ¿Vas a preocuparte por eso, como si fuese cierto tipo de tierra santa? ¿Crees que yo me voy a molestar si tú atraviesas el montículo después de que yo consiga un out? Puedes hacer lo que quieras; puedes dar vueltas sobre el montículo, o puedes bailar sobre él. No me importa. Porque yo voy a estar en el juego y voy a regresar al trabajo, intentando ganarte.

Yo consigo salvar el juego del "¡Ja!", y tan solo espero que este sea el comienzo de un cambio. Es mi primera salvada en casi un mes, y solamente la cuarta en una temporada que ha tenido más puntos bajos que altos. En cuatro semanas en la temporada, tengo un ERA de 10 y algo, y ahí está el coro anual de personas dudosas que comienzan a sugerir que voy perdiendo precisión, y que mis días como cerrador dominante han terminado. Los dudosos no me incluyen a mí, de modo que sinceramente no estoy preocupado. Sé cómo me siento y lo que está haciendo mi cortada. Sé que las cosas cambiarán y que me volveré más preciso. El día que salga sintiéndome sobrepasado, o mal equipado para ponchar jugadores, me iré, y no necesitaré que ninguna otra persona me lo diga.

El peor momento para mí probablemente fuera un partido en casa contra los Mariners cuando comenzamos con un lanzador novato, Matt DeSalvo, que llega de las Menores y lanza un maravilloso juego en su gran debut en la liga, otorgando tres hits y una carrera a los Mariners, sin ponchar ni siquiera uno, un esfuerzo de siete entradas directamente de la mejor técnica. En la octava, un árbitro hace una llamada cuando Willie Bloomquist intenta robar la segunda, dándolo como bueno aunque a leguas se ve que Willie está out, y los Mariners terminan empatando el juego. En la novena, yo arruino el juego cuando Adrian Beltre batea una cortada mal situada, que se suponía que sería elevada y profunda, pero entra por el plato, para conseguir un jonrón, y perdemos. La sensación es siempre mala cuando pierdes de ese modo, pero para mí defraudar al joven Matt DeSalvo, quien habló después sobre la "majestad" del momento cuando estaba a punto de hacer su primer lanzamiento de ligas mayores a Ichiro, realmente me carcome. El pobre muchacho no tiene nada que mostrar para su fenomenal debut.

Después, en la sede, le busco.

"Lanzaste un estupendo juego. Siento mucho el final", le digo.

"Está bien, Mo. Eso sucede. Sé que hiciste lo mejor que pudiste", responde Matt.

Nos dirigimos a Fenway para tres partidos, y uno de los fines de semana más difíciles que probablemente Alex haya tenido jamás. Él no sabe cuáles serán las consecuencias negativas de la fotografía y cómo va a tener que manejarlo con Cynthia, su esposa y madre de su hija, que va reunirse con nosotros en Boston.

No me corresponde a mí juzgar a Alex, o darle sermones en cuanto a qué tiene que hacer. Yo mismo soy un hombre con mis propios errores. Sé que Cynthia y él tendrán que hablar mucho, y lo último que yo querría hacer jamás es entrometerme en ese proceso. Tan solo pienso que lo mejor es ser sincero y directo. Mirar en tu interior. Pedir al Señor que purifique tu corazón y comparta contigo su fortaleza. Humillarte a ti mismo e intentar situarte en un camino mejor, un camino de rectitud, y saber que el perdón del Señor es abundante y no tiene límite.

En el estadio, sin que a nadie le resulte una sorpresa, los seguidores en Fenway encuentran un gran humor en todo el asunto, poniéndose caretas con la cara de una mujer rubia y puyando a Alex sin piedad. Con el marcador empatado con dos outs en la novena la noche del sábado, Alex batea un lanzamiento 0-2 de Jonathan Papelbon al *bullpen* de los Medias Rojas. Él jamás ha realizado un recorrido tan feliz por las bases, lo garantizo. Es el mayor hit de nuestra temporada. Yo consigo la salvada. Conseguimos dos de tres en Fenway. Eso es algo que nos ayuda.

Unas semanas después, tenemos programado un viaje a Colorado. Nuestro hijo mayor, Mariano Jr., se gradúa de la secundaria. Es nuestra primera gran graduación como familia. Yo entro en la oficina del Sr. T.

"¿Tiene un minuto?".

"Claro, Mo. ¿Qué pasa?".

"Sé que es mucho pedir, pero ¿le importaría si yo no hiciera el viaje a Colorado para poder asistir a la graduación de mi hijo? Significa mucho para mí, y para nuestra familia".

No puedo recordar haberle pedido un favor al Sr. T anteriormente. Sin duda, nunca le he pedido no hacer un viaje. Y él parece sorprendido. Hace una pausa por un momento antes de responder.

"Mo, me gustaría poder acomodar las cosas. Realmente me gustaría. Entiendo lo importante que es para ti y para Clara, y para tu hijo, pero me resultaría muy difícil hacer eso. Envía el mensaje equivocado. No sería justo que te permitiera hacer esto y después no tener la misma cortesía con otros".

Yo le escucho, y sé que incluso pedirle eso le está situando en un punto incómodo. Pero por una parte, no soy el jugador de equipo dócil. No creo que el Sr. T comprenda la importancia de esto para mí. Yo dejé la escuela cuando era un poco mayor que mi hijo. Mi padre la dejó incluso antes. Este día es algo que tiene que ser celebrado adecuadamente, creo yo.

"Lo siento, pero voy a ir ya tenga el permiso o no. Es muy importante que yo esté allí", digo.

"No puedo evitar que vayas", dice el Sr. T, "pero si llega la octava o novena entrada y tenemos ventaja y te necesitamos y no estás ahí, ¿qué les digo a los demás? Dime lo que debo decir. ¿Que te has ido sin permiso? No sé lo que quieres que diga, pero no puedo decirles a los demás que te di permiso cuando hay otros veinticuatro jugadores que cuentan contigo. No puedo hacer eso".

"Muy bien", respondo. Necesito pensarlo. Me voy de su oficina y lo hablo con Clara. Le explico la conversación, y cuanto más pienso en ello, más me doy cuenta de que no puedo desafiar a mi mánager y asistir a la graduación. Sencillamente no es así como yo opero. Al final, sentiría que en realidad he decepcionado a todos.

La siguiente vez que veo al Sr. T, le hago saber que lo he reconsiderado. "Estaré en el viaje a Colorado", digo. "No sería correcto no estar con el equipo".

Se lo explico a mi hijo: "Quiero estar en tu graduación más que ninguna otra cosa, pero los Yankees no me dan permiso para no asistir al partido. Te quiero y estoy orgulloso de ti, y me gustaría poder compartir ese momento contigo, pero no es posible para mí estar allí".

Mariano Jr. es muy comprensivo. La triste verdad es que él, Jafet y Jaziel están muy acostumbrados a que yo esté lejos y me pierda ocasiones y eventos. El béisbol le ha dado muchísimo a nuestra familia, pero el calendario no perdona.

Barrieron con nosotros en Colorado y yo ni siquiera lanzo. Así es como van las cosas en la temporada. Cada vez que yo creo que va a haber un cambio, volvemos para atrás. Nos las arreglamos para conseguir .500 (43-43) para el descanso del Juego de Estrellas, de modo que, psicológicamente hablando, es una nueva temporada. Olvidamos lo mal que nos ha ido en la primera mitad y comenzamos a parecernos a los Yankees de Nueva York. En partidos consecutivos contra los Rays, los sobrepasamos por 38-9, bateamos 45 hits, y terminamos marcando de nuevo las máximas carreras en las Grandes. Vamos 24-8 después del descanso y de repente estamos a cuatro partidos de los Medias Rojas. Una gran parte del resurgimiento es nuestra nueva arma secreta salida del *bullpen*, un corpulento muchacho de Nebraska llamado Joba Chamberlain, quien tiene veintiún años y tiene ganas de comerse el mundo. Joba lanza bolas rectas a 99 millas (159 km) por hora, y su deslizadora es un lanzamiento aún mejor. En sus primeros doce juegos, ni siquiera otorga una carrera ganada, y poncha a muchos más que un hombre por entrada, levantando su puño al aire después de cada ponche. Al término de la temporada regular, tiene 34 ponchetes y seis pasaportes en 24 entradas, y un ERA de 0.38. De los 19 juegos en los que él ha lanzado, hemos ganado 17 de ellos. Es divertido ver a un muchacho que tiene tanta fe en sí mismo, atacando desde el primer lanzamiento hasta el último. Yo no soy alguien que se deja llevar y proclama a alguien como una futura estrella después de tan pocos juegos, porque para mí ese estatus solamente se logra con el paso del tiempo, pero él ha sido lo siguiente mejor a ser imbateable, y es algo para observar.

Estamos en los *playoffs* por decimotercer año consecutivo, pero por primera vez en diez años, no somos los campeones del este de la Liga Americana. Como equipo en la tabla de posiciones, abrimos contra los Indios de Cleveland. Johnny Damon batea un tiro de CC Sabathia por encima de la valla para empezar el partido, y entonces Chien-Ming Wang toma el montículo, un lanzador de sinker que ganó diecinueve juegos para nosotros en cada uno de los dos últimos años. No hay motivo alguno para no tener una tonelada de fe en Wang, pues él ha ganado seis de sus últimos siete comienzos y ha manejado la presión de los *playoffs* bien las dos temporadas anteriores.

Entonces comienza el partido, y Wang está por todas partes. Solamente en la primera entrada, solo le da pasaporte a dos, golpea uno y otorga tres sencillos y tres carreras. Su bola sinker no solo es profunda; está volando por todo el estadio. Cuando él se va en la quinta, su marcador indica nueve hits y ocho carreras, y aunque Sabathia es duro y le estamos bateando, eso no importa. Perdemos, 12-3, y eso hace que el segundo partido sea obligatorio, y tenemos precisamente al jugador que necesitamos en el montículo: Andy Pettitte. Él necesita profundizar bien en el partido, y dejar la bola a Joba, quien me deja la bola a mí. Ha funcionado casi impecablemente desde el día en que llegó Joba.

Andy demuestra una vez más que su constitución competitiva está a la altura de la de cualquiera. Tiene corredores en base en cada entrada y sale airoso cada vez. En la sexta, Grady Sizemore batea un triple de apertura, pero no se mueven; Andy tiene a Asdrúbal Cabrera en una rebotada de nuevo al montículo, y entonces poncha a Travis Hafner y Víctor Martínez.

El partido avanza hacia la séptima, y la única carrera viene del jonrón de Melky Cabrera al iniciador de los Indios, Roberto Hernández, en la tercera. Con un out en la parte baja de la séptima, Johnny Peralta hace un doble y Kenny Lofton da pasaporte, y el Sr. T llama a Joba, que realiza su debut postemporada ponchando a Franklin Gutiérrez y haciendo que Casey Blake lance una elevada al campo derecho.

El muchacho es sorprendente y no tiene temor.

Seguimos con 1-0 cuando Joba sale para la octava y yo caliento en el *bullpen* para la novena. Cuando Joba se prepara para enfrentarse a Sizemore, comienza a sacudir con fuerza y mover sus brazos por todas partes en el montículo. No es uno o dos mosquitos que pasan por allí; es un enjambre de pequeños insectos llamados jejenes, y que por el calor de una noche de otoño que no corresponde a esa fecha (está a 81 grados, 27 C, cuando comienza el partido), están descendiendo a centenares, quizá miles, sobre el cuello y la cara empapados de sudor de Joba. Cubren todo su cuello. Están en sus orejas. Vuelan alrededor de su boca, su nariz y sus ojos. Él sigue moviéndose pero no consigue nada, y tampoco lo consigue el spray para insectos que Gene Monahan saca.

El *bullpen* está totalmente libre de jejenes. A mí no me molestan ni una sola vez. Al ver la reacción de Joba, no puedo creer que los árbitros no detengan el partido. Lo detienen durante una tormenta torrencial. ¿Por qué no detenerlo por una tormenta de insectos torrencial? Quizá porque los jejenes no sean tantos al lado del *bullpen*, el Sr. T no comprende plenamente lo que está pasando con Joba y no indica a los árbitros que detengan el partido. Por tanto continúa, y por primera vez desde que pasó a las Grandes Ligas dos meses antes, Joba Chamberlain, máquina de *strikes*, cambia los últimos autos deportivos por un cacharro que avanza a trompicones. Da pasaporte a Sizemore en cuatro lanzamientos: sin precedente en su carrera en las Grandes

Ligas. Le lanza un tiro desviado a segunda, y dos bateadores después, vuelve a lanzarle desviado para empatar el partido. El pobre muchacho está haciendo todo lo que puede para mantener la compostura, pero con jejenes que continúan el ataque, golpea a un jugador y da pasaporte a otro, antes de conseguir finalmente vencer a Peralta con una deslizadora para terminar la entrada.

Joba sale del partido; y los jejenes dejan el campo de modo tan misterioso como llegaron.

Tenemos a un hombre en segunda en la parte alta de la novena, pero Alex se poncha. Yo pongo en orden a los Indios y pasamos a entradas extra. Después de una décima dispareja (poncho a Peralta con las bases llenas), no hacemos nada en la parte alta de la undécima, con nuestra ofensiva tan debilitada que ha producido tan solo dos sencillos desde la cuarta entrada.

Cuando Hafner batea un sencillo en la línea con las bases llenas a Luis Vizcaíno, los Indios tienen una victoria de 2-1, y nosotros tenemos otro grave agujero divisional del cual escapar.

De nuevo en el Bronx libre de jejenes, el Sr. T comienza con Roger Clemens, de cuarenta y cuatro años, a quien incentivan para que no se retire para ayudar a estabilizar nuestra rotación; pero él ha batallado con lesiones y la irregularidad, y esta noche no es distinta.

Phil Hughes es estelar en el relevo, Damon y Cano disparan grandes hits, y yo salvo una victoria por 8-4. Así que necesitamos una más para llevar la serie de regreso a Cleveland para un quinto partido. Es el turno otra vez de Wang, y lanzando después de un descanso de tres días, su fortuna no cambia, y los Indios le barren con cuatro hits y cuatro carreras en una entrada y poco más. Quedamos atrás, 6-1, y aunque Alex batea un jonrón y Abreu también, es otro partido en el que no lanzamos, o bateamos, lo bastante bien para ganar.

Nuestra temporada termina con una derrota por 6-4.

Cuando estoy fuera de temporada, soy como un pescador fuera del mar. Voy a estar fuera un tiempo, y no miro atrás. No pienso en el béisbol, y no veo béisbol. Por mucho que me encante el juego, si no estoy jugando en la Serie Mundial, no quiero ver la Serie Mundial. No es distinto este año, cuando los Medias Rojas juegan con los Rockies, pero no necesito mucho tiempo para descubrir que mi amigo Alex Rodríguez vuelve a estar en las noticias. En la parte alta de la octava entrada del cuarto y último partido de la Serie, el reportero de la FOX, Ken Rosenthal, aparentemente informa de que Alex va a optar por no seguir con su contrato con los Yankees.

¿Por qué ahora? ¿Qué estás haciendo, Alex? ¿No podías haber esperado hasta mañana?

Esos son mis pensamientos cuando me entero de aquello.

Alex tiene derecho a ser un agente libre según los términos de su contrato. Ese es totalmente su derecho, y debería seguir esa opción si cree que es lo mejor. Pero ¿cuál es el motivo de hacerlo durante la Serie Mundial? ¿Por qué robar la atención del deporte que amas? Yo no soy psicólogo, y no voy a fingir que lo soy. A estas alturas sé que no debo juzgar duramente; intento no juzgar en absoluto. Yo no sé cuál es la motivación de Alex. Quizá su agente le convence de que es una manera estupenda de dar comienzo a una guerra de ofertas demostrando al mundo lo grande que es Alex Rodríguez...tan grande que interrumpe la Serie Mundial para hablar de su situación contractual. Quizá sea importante para él sentirse, bueno, así de importante. Yo no lo sé. Las controversias puede que no invadan a Alex del modo en que los jejenes invadieron a Joba aquella noche en Cleveland, pero a veces están cerca de hacerlo. Yo he hablado con él una y otra vez sobre la belleza y el beneficio de no complicar las cosas.

Espero y oro para que algún día él escuche.

Es 29 de noviembre, el día de mi cumpleaños treinta y ocho, la Serie terminó y estamos otro mes más cerca de la primavera, pero yo no tengo ánimo para celebrar. Estoy en Panamá para el funeral y el entierro de mi amigo y mentor Chico Herón, que ha fallecido después de una larga enfermedad. He conocido a Chico durante la mayor parte de mi vida, y le quería. Si él no hubiera sido mi ojeador y hubiera creído en mí, no habría tenido ninguna oportunidad de llegar a las Grandes Ligas. Si no me hubiera enseñado las cosas que me enseñó, no sé dónde estaría yo.

Chico era un hombre bajito y divertido, un hombre completamente entusiasmado por el béisbol panameño. Podías estar jugando en un terreno de arena limitado por piedras que estuviera a kilómetros de todas partes, y al levantar la vista verías que Chico estaba ahí. Después estarías en el mayor estadio en la Ciudad de Panamá, y él también estaría allí. A Chico le encantaba el béisbol y le encantaba ojear, y le encantaba ayudar a los muchachos en los que creía. A Chico no le importaba que yo fuese solamente piel y huesos y lanzase solamente en las ochenta millas cuando me ojeó como lanzador. Él vio potencial. Él vio lo que yo podría llegar a ser: un muchacho que, con más peso y mucho trabajo, podría ser un candidato legítimo. Él me recomendó a su jefe, Herb Raybourn, y más temprano que tarde yo estaba de camino a Tampa.

Incluso más que su olfato para el talento, sin embargo, Chico tenía bondad en su alma. Él sabía la manera correcta de hacer las cosas. Una y otra vez, hablaba conmigo sobre dar todo lo que yo tenía en todo momento, sobre ser respetuoso, mantener mi enfoque y perseverar en los momentos difíciles que son, sin duda, una parte del juego y de la vida.

Confía en ti mismo y cree en ti mismo, y confía en el Señor, me decía Chico. Cuando tengas esa confianza, y estés dispuesto a trabajar y trabajar, no hay manera de saber lo que puedes lograr.

Yo escuché, y eso cambió mi vida.

17

Momento de cerrar

No se puede tener una manera más extraña de comenzar una temporada de béisbol como esta. La última vez que vi a Roger Clemens, en el otoño de 2007, él estaba en el Bronx, vistiendo uniforme rayado, intentando mantener viva nuestra temporada contra los Indios de Cleveland. Ahora le veo en la pantalla del televisor, vistiendo un traje rayado en Washington D.C., intentando mantener viva su leyenda contra las acusaciones de su anterior instructor, Brian McNamee. Es otro momento bajo para el béisbol, con el problema de los medicamentos para mejorar el rendimiento que se está debatiendo acaloradamente en una sala de vistas en el Capitolio. Sé que es importante, y nadie quiere más que yo que el béisbol sea un deporte limpio. Yo sigo deseando que eso pase, y casi todos lo que alguna vez han engañado también.

Es momento de una gran transición también en mi vida en el béisbol. El Sr. T no está, y el Sr. G (Joe Girardi) está aquí. Él es el tercer mánager de mi carrera, y el primero, desde luego, que no había sido tan solo uno de los miembros de mi equipo, sino también uno de mis cátcheres. La primera vez que realmente estuvimos en un bateo en un partido real fue la primera semana de la temporada de 1996: en Texas, contra los Rangers. Ponché a Rusty Greer y recorrí dos rápidas entradas con Joe. Él estaba optimista y con mucha energía, un hombre pequeño con una presencia grande y positiva que era realmente bueno en el bloqueo de lanzamientos y terminar juegos. Para él también se trataba del equipo. Bateando la octava, justo por delante de Derek, él tenía las máximas bolas tocadas de sacrificio, robó trece bases, y tuvo uno de los mayores bateos en la Serie: la triple carrera anotada a Greg Maddux que nos llevó al sexto partido decisivo en el Stadium Yankee.

Tener un nuevo mánager puede que sea un gran cambio, pero al igual que fue fácil jugar con Joe, es fácil jugar para él. Que él pase a la oficina de mánager no es ningún problema en lo más mínimo. Trabajaré y me prepararé de la misma manera como siempre, y voy a hacer todo lo que él me pida que haga.

Él me dice que quiere limitarme a una entrada siempre que sea posible, y que sea juicioso cuando sea mi turno de lanzar.

"Siempre que me llames, estaré preparado", le digo.

Sea él el nuevo mánager o mi nuevo cátcher, José Molina (Jorge se pierde gran parte de la temporada por una lesión, así que los Yankees salen y consiguen al hermano de Molina), comienzo el año como si fuese a cumplir veintinueve años, y no treinta y nueve. Dos meses avanzada la temporada, tengo veintiséis ponchetes, dos pasaportes, un ERA de 0.38, y quince salvadas. Pasamos a una racha ganadora de siete partidos después de eso, y consigo mi salvada número diecinueve ponchando el equipo de los Padres. Sería mucho mejor si no estuviéramos tan solo cinco partidos por encima de .500 (50-45) cuando llega el partido del Juego de Estrellas en el viejo Yankee Stadium para la parte final.

Es mi noveno partido Juego de Estrellas, y el más especial para mí de todos: la mejor reunión del béisbol para decir adiós a un santuario. La parte más potente de la experiencia para mí es ver a George Steinbrenner de regreso en el Stadium. Él no ha estado por allí durante todo el año. Seguimos oyendo sobre su mala salud y sus facultades limitadas, de modo que es estupendo verle en persona.

Y no se puede pasar por alto lo mucho que significa para él estar aquí. En la ceremonia antes del partido, al entrar desde el jardín en un carrito de golf, el Sr. George está llorando mientras se dirige hacia el montículo del lanzador. Él manejó bolas de béisbol a cuatro miembros del Salón de la Fama de los Yankees: Whitey Ford, Yogi Berra, Goose

Gossage y Reggie Jackson. Ellos le abrazan; y después lanzan las bolas a sus cátcheres designados: Whitey a Derek; Yogi a Joe Girardi; Reggie a Alex; Goose a mí.

Ni siquiera estoy seguro de cuándo conocí oficialmente por primera vez al Sr. George, pero estoy seguro de que yo ya estaba en las Grandes Ligas. Si estaba por allí en el entrenamiento de primavera cuando yo era más joven, le vi desde lejos, pero mayormente estuve realizando mi trabajo e intenté pasar desapercibido.

El Sr. George está rodeado por su familia en el partido del Juego de Estrellas, y se le ve debilitado casi durante todas las celebraciones. Es triste ver a un hombre que siempre ha sido una presencia tan dominante (y tan demandante), un líder tan fuerte, que ha perdido su vitalidad. Quiero agradecerle que me haya dado una oportunidad, y me haya dado el honor de vestir el uniforme de los Yankees de Nueva York, pero no estoy seguro de qué decir o hacer: si acercarme a él y arriesgarme a un momento embarazoso si él no sabe quién soy yo. Decido que es mejor dejar que él disfrute de su familia y de la despedida del Stadium, un lugar que él ha ayudado a que se convierta en uno de los estadios legendarios en todos los deportes.

Es una de las últimas veces que vuelvo a ver al Sr. George Steinbrenner.

Salimos disparados de la cueva para comenzar la segunda mitad, ganando ocho juegos consecutivos. Joba, que ahora abre, lanza una obra maestra 1-0 en Fenway una noche de viernes a finales de julio, y después de yo terminarlo ponchando a Mike Lowell y J. D. Drew, estamos tan solo a tres partidos del primer lugar: lo más cerca que hemos estado desde la primera semana de mayo.

Y entonces volvemos a caer en la mediocridad otra vez. Perdemos cuatro de cinco partidos y otorgamos 44 carreras en el proceso, no el tipo de lanzamiento que te llevará a ciertos lugares. Perdemos a Wang en junio debido a una lesión en el tobillo cuando está corriendo a la base en una gran victoria contra los Astros de Houston (tristemente, él nunca ha vuelto a ser el mismo lanzador desde entonces), y tenemos solamente un iniciador, Mussina, con un ERA por debajo de 4.00. Además, este año no somos mejores que una ofensiva promedio, y esa no es una buena combinación.

Los Medias Rojas llegan a la ciudad a finales de agosto, y es una serie que realmente necesitamos ganar, sino barrer. No hacemos ninguna de las dos cosas. Andy consigue dar una paliza en la apertura, derrotando 7-3, y en el siguiente partido enviamos a Sidney Ponson, y pronto el rodillo de los Medias Rojas está ahí, y también el "Show de Dustin Pedroia".

Él consigue tres hits, anota cuatro carreras, y lanza cuatro en un jonrón con bases llenas a David Robertson. Él corre y se lanza por todo el lugar, está cubierto de tierra de arriba abajo, y juega con tal pasión que uno pensaría que era el último partido de béisbol que iba a jugar.

Hasta que regresa al día siguiente, y al otro día, y juega del mismo modo.

Hay muchos jugadores a los que admiro, y Dustin Pedroia es el primero de la lista. Nadie juega más duro, da más, quiere ganar más que él. Cada vez que sale trabaja fuerte para conseguir veintisiete outs. Es especial verlo, un jugador como ese que está dispuesto a hacer lo que sea necesario. He visto a muchos segunda base estupendos en mis años en las Grandes Ligas. Roberto Alomar era un asombroso talento que hacía que el juego pareciera fácil, que podía batirte con su guante, sus piernas o su bate. Robinson Cano tiene un hermoso toque y es tan bueno en el campo como cualquier otro. Antes de que comenzara a tener sus problemas de lanzamiento, Chuck Knoblauch era otro jugador que podía apoderarse de un partido con su velocidad y su coraje. Pero si tengo que ganar un partido, me resultaría difícil poner a alguien por delante de Dustin Pedroia como mi segunda base.

Tan solo tres semanas después, nuestra temporada está prácticamente terminada, y lo mismo le sucede a nuestra racha de postemporada durante trece años. Los Rays son los campeones del este de la Liga Americana, los Medias Rojas son el equipo de la tarjeta de anotaciones, y los Yankees no tienen suerte, con seis juegos por debajo en 89-73. Al igual que Derek y Jorge, yo he estado en los *playoffs* cada año de mi carrera, pero la pura verdad es que no nos merecemos estar este año. Termino con uno de los mejores años de estadística de mi carrera (39 salvadas en 40 oportunidades, ERA de 1.40, 77 ponchetes y 6 pasaportes), pero todo eso y 45 centavos me permitirán subirme al autobús hasta Chorrera.

Nuestra última actividad en la temporada 2008 es decir adiós al Yankee Stadium. Después de 85 años y 26 campeonatos mundiales, el último partido se juega el domingo, 21 de septiembre. Los Orioles están en la ciudad. Las puertas se abren siete horas antes para que los seguidores puedan recorrerlo y hacerle una despedida adecuada. Desde que yo salgo de casa para el Bronx, las emociones me inundan.

Pienso en la primera vez que estuve en el montículo en la postemporada: en la parte alta de la duodécima entrada en la Serie de la División de la Liga Americana en 1995 contra los Mariners, ponchando a Jay Buhner para comenzar tres y un tercio de entradas de relevo, antes de que Jim Layritz lanzase su jonrón en la parte baja de la decimoquinta.

Recuerdo la celebración de la barrida de los Bravos en la Serie cuatro años después con Jorge y Tino y todos los demás, y recuerdo arrodillarme en la tierra orando mientras Aaron Boone rodeaba las bases cuatro años después de aquello.

Esos momentos, desde luego, son meramente una pequeña muestra personal, algunos recuerdos especiales de un muchacho panameño que iba a ser mecánico. ¿Qué de los demás momentos históricos, y todos los jugadores emblemáticos, como Ruth, Gehrig, DiMaggio, hasta Berra y Mantle, y ahora Jeter? ¿Qué de sus hazañas y recuerdos, y de sus glorias?

Derek dice que el aura y la tradición sencillamente van a cruzar la calle, pero ¿es así? ¿Pueden el espíritu y el alma de este estadio ser capturados de nuevo realmente? No lo sé; sigo sin saberlo.

El Yankee Stadium no es solamente una sede central para el triunfo. Es un lugar donde crecí como lanzador, y como hombre, un lugar con retiros especiales y espirituales en lo profundo de su interior. Está la sala de entrenamiento, donde pasé todas esas entradas centrales en aquellos años con Geno; un atleta y un sanador, un hombre joven y un hombre mayor que se unen con el masaje y los valores compartidos, y una fe mutua en la importancia de la diligencia y el trabajo duro.

Está el túnel debajo de las gradas del jardín izquierdo, por donde yo me dirigía hacia el *bullpen*, girando a la izquierda al salir de la sede y siguiendo el corredor, por detrás del plato, y continuando hacia el palo de foul del jardín izquierdo, donde giraba a la derecha y cruzaba el Monument Park hacia el *bullpen*.

Está el banco del *bullpen*, que es donde observo el partido, asimilando el esplendor del verde del campo que tengo ante mí, compartiendo el tiempo con mis compañeros del *bullpen*. Me encanta este banco, y el modo en que marca los ritmos nocturnos de mi trabajo allí, al principio de modo juguetón y un poco tonto, después volviéndose más introspectivo casi con cada bateador, hasta que soy transformado en una persona totalmente diferente, en un hombre cuyo mundo está centrado en sacar a jugadores y asegurar una victoria.

Me encanta ese banco. Me gusta tanto que los Yankees fueron lo suficientemente amables para permitirme llevármelo a casa cuando el viejo Stadium cerró.

Y también está el montículo del *bullpen*, donde voy a trabajar después de recibir la llamada, realizando mi precisa rutina de calentamiento y esperando a que se abran las puertas, para hacer mi solitaria carrera hacia el montículo.

Atesoro este lugar y quiero honrar este lugar. Quiero ser el último hombre en estar sobre ese montículo. Quiero hacer el último lanzamiento, y conseguir el último out.

El poder y el sobrecogimiento de ese día nunca ceden. Parece como si la mitad de Cooperstown estuviera en el campo antes del partido, y los grandes de los Yankees están por todas partes. Bobby Murcer, uno de los más queridos de todos los Yankees, falleció a principios de verano, pero su esposa Kay y sus hijos están todos ellos allí, y todos llevan puesto el jersey con el número 1 de Bobby, disfrutando de inmensos vítores. Bernie está aquí, desde luego, y probablemente él se lleve la mayor ovación de todas. Julia Ruth Stevens, la hija de Babe, hace el primer lanzamiento a Jorge. Yogi está allí con sus viejas y pesadas toallas, hablando de que el lugar siempre estará en su corazón.

El padre de Julia hizo un jonrón en el primer partido que se jugó en el Stadium, y los jonrones continúan. En la parte baja de la tercera, Johnny Damon lanza un batazo de tres carreras que da a los Yankees una temprana ventaja. Andy hace lo posible por proteger la ventaja, pero los Orioles empatan en la parte alta de la cuarta, antes de que José Molina, que ha tenido dos jonrones en toda la temporada, golpee su tercero a la malla por el centro del izquierdo, dándonos una ventaja de 5-3.

En la sala de entrenamiento, Geno termina su masaje.

"Gracias, Geno", le digo.

"Tan solo hago mi trabajo", dice él, "y sé que tú harás el tuyo".

"Gracias, y Dios te bendiga", le digo.

Andy le da un pase a José Veras en la sexta. Camino por el corredor del jardín izquierdo debajo de las gradas. No quiero dejar este lugar. No quiero que esta sea la última vez.

La nostalgia no me golpea con mucha frecuencia.

Ahora me golpea como un tren de carga.

Por última vez, estoy en el banco que ha sido mi hogar en el béisbol durante catorce años.

Joba (que ahora está otra vez en el *bullpen*) lanza una fuerte entrada y dos tercios del partido, y agregamos otras dos carreras. Suena el teléfono en el banco en la octava. Mike Harkey responde.

"Mo, tienes la novena", dice Harkey.

Derek roletea a tercera para terminar la parte baja de la octava, y es el momento. Se abren las puertas azules, y comienza la canción "Enter Sandman", y corro por última vez cruzando el jardín en el viejo Yankee Stadium. La multitud está en pie y vitoreando. Es surreal.

Llego el montículo y agarro la bola. Necesito que esto sea como siempre; necesito enfocarme en estos tres outs, aun cuando este momento no es como siempre en lo absoluto.

El primer bateador de los Orioles es Jay Payton. Él me hizo un jonrón de tres carreras en la novena entrada del segundo partido de la Serie Subway ocho años atrás, por la línea del jardín derecho. Uno no olvida cosas como esas.

Hago que Payton batee una débil arrastrada al campo corto, que Derek maneja bien. Me pongo en ventaja con el siguiente bateador, 0-2, y lanzo una dura recta cortada y profunda, que él la rebota a segunda. Dos outs. Queda uno más. Pero antes de situarme sobre la goma para hacer otro lanzamiento, veo a Wilson Betemit corriendo desde el banquillo de primera base hacia el jardinero corto. Joe quiere que Derek deje el viejo lugar de manera apropiada, con una última ovación masiva.

Y eso es exactamente lo que sucede.

Derek Jeter, el último emblema de los Yankees en un Stadium de fábula, corre hacia el banquillo y es llamado de nuevo para realizar un saludo.

El siguiente bateador de los Orioles es Brian Roberts. Él siempre ha sido difícil para mí. En un lanzamiento 2-1, batea una arrastrada a Cody Ramson a primera. Salgo del montículo, pero Cody la agarra él mismo para el out final. Pone la bola en mi guante y estrecha mi mano. Los Yankees no ganaron suficientes partidos este año, pero ganamos este, el último partido jugado en la calle 161 y River Avenue.

Y por eso estoy muy agradecido.

Yo sé exactamente lo que voy a hacer con esta bola. Voy a dársela a George Steinbrenner. Él es quien se merece tenerla.

18

Nuevas salvadas y viejos sentimientos

Uno no quiere realizar juicios apresurados, pero los regresos iniciales en el nuevo Yankee Stadium son bastante inconfundibles. Jonrones vuelan fuera del lugar, y desde un punto de vista de diseño, el nuevo estadio, a pesar de toda su grandeza, lujo y comodidades de vanguardia, es un lugar mucho más abierto: no mantiene el sonido, o el fervor del equipo de casa, de ninguna manera cercana a como lo hacía el viejo lugar. No es que nos preocupen tales cosas como jugadores, pero cuando estás acostumbrado a tener un lugar lleno y con gargantas que gritan conectado con cada lanzamiento, es un poco difícil cuando las personas o bien no están en sus asientos o no tienen idea de lo que es una jugada ofensiva con corredores en bases.

El viejo Stadium era nuestro décimo hombre: un caldero ruidoso y entusiasta de pasión a rayas, con muchos incondicionales en las gradas. Quizá esté equivocado, pero es difícil ver que el nuevo lugar pueda llegar a repetir eso.

Sin embargo, algunas cosas no resultan afectadas de ninguna manera por la nueva construcción, y una de ellas es el *swing* de Derek Jeter. Él ha tenido durante quince años esa magia con el bate y la pelota, y aquí está mostrándose por primera vez, en la octava entrada de nuestro segundo partido, con el marcador empatado a cinco contra los Indios. En un lanzamiento para 3-1, Derek lo batea a la derecha, lanza su bate como si tuviese resortes, y sale corriendo hasta que la bola libra la valla.

Ahora depende de mí. Después de una larga elevada al centro, otorgo dos sencillos, y sale Grady Sizemore. Él batea malamente un par de rectas cortadas, y estando 1-2, José Molina se aparta para recibir una cortada. Sizemore la abanica. Mark DeRosa sale. La cuenta se llena y los corredores se mueven. Lanzo la cortada, esperando hacer mella en la esquina superior del plato. Cuando me preparo y lanzo, está donde yo quiero. José apenas tiene que moverse. DeRosa piensa que va fuera y la agarra, pero está precisamente allí. El árbitro Phil Cuzzi indica ponche, DeRosa tiene un arrebato, y yo obtengo mi primera salvada en el Yankee Stadium III.

Los Yankees han dado lo máximo para tener un equipo totalmente nuevo para el nuevo estadio, gastando cientos de millones para traer a CC Sabathia, A. J. Burnett y Mark Teixeira, pero eso no evita que volvamos a tener otro comienzo muy lento, incluyendo un fin de semana inolvidable en Fenway a finales de abril. Nos barrieron, y la derrota más dolorosa llegó el viernes en la noche. Yo poncho a Ortíz y Pedroia y estoy a uno de salvar una victoria 4-2 para Joba cuando lanzo una cortada 1-0 por encima del medio del plato a Jason Bay, que la batea recta al centro, a mitad del parque Boston Harbor. Es otro error contra un equipo que me ha vencido más que cualquier otro con mucha diferencia. Pienso en ello y hablamos de ello, y vemos grabaciones, y sigo sin poder identificar eso que los Medias Rojas están haciendo contra mí que otros no hacen. No es que ellos se sitúen en un lugar diferente o alteren sus swings. Creo que se reduce a la familiaridad. Ellos me ven más veces que ningún otro equipo, y por eso tienen un sentido mucho más agudizado de cómo y cuándo se mueve mi bola.

Me gustaría haber tenido alguna revelación acerca de lo que están haciendo los Medias Rojas para poder atacarles de modo diferente, pero no la tengo. Tan solo tengo que lanzar mejor contra ellos; o quizá cambiar mi patrón para que no sea en absoluto predecible.

Terminamos perdiendo en la undécima en un juego ganado en la última oportunidad de Kevin Youkilis, y perdemos el sábado cuando Burnett no puede aguantar una ventaja de seis carreras. En el triunfo de los Medias el domingo, Jacoby Ellsbury hace un robo de *home* a Andy, quien realmente saca a dos jugadores de primera en el juego, pero es atrapado por Ellsbury cuando lanza desde la posición de preparación.

Un par de semanas después, Carl Crawford y Evan Longoria de los Rays me dieron cuadrangulares consecutivos, la primera vez que he hecho eso en mi carrera. Me dieron más jonrones que todo el año anterior. No estoy donde quiero estar en cuanto a velocidad; hasta ahí lo sé. Estoy recuperándome de una cirugía menor de hombro en octubre, y sé que mi brazo va a fortalecerse y que es solo cuestión de ponerlo en forma. Tengo menos margen de error del que tenía cuando lanzaba a 96 o 97 millas por hora todo el tiempo, de modo que también sé que recuperar mi dominio es crítico.

Mis luchas, por supuesto, producen una nueva oleada de pánico en cuanto a que yo esté terminado. Es casi cómico. Me encanta jugar en Nueva York, pero es también el hogar de la reacción en exceso. Las personas siempre están buscando tendencias donde no existe ninguna.

Con la excepción de nuestros resultados contra los Medias Rojas (perdemos ocho seguidos con ellos comenzando la temporada), yo veo algo en este equipo que no he visto en mucho tiempo. Estamos luchando hasta el final, partido a partido. Los equipos siempre dicen que hacen eso, pero no tantos lo hacen realmente.

¿Un ejemplo? A principios de junio en el Stadium, tengo una salida brutal contra los Rays, otorgando tres hits y tres carreras ganadas en dos tercios de una entrada, una derrota realmente mala.

¿Al día siguiente? Anotamos tres veces en la parte baja de la octava, y yo lanzo una novena limpia; ganamos para pasar al primer lugar. Es la vigésima victoria por remontada para nosotros, y la temporada apenas lleva dos meses. Y entonces mantenemos el tema de la remontada para comenzar una Serie Subway con los Mets, gracias al bullicio de órdago de Mark Teixeira.

Vamos 8-7, a nuestro último out, después de que yo otorgo un doblete impulsador a David Wright en la octava. Derek, que lanza un sencillo, está en segunda, y Teixeira, a quien dieron pasaporte intencionadamente, está en primera. Alex está en el plato. Frankie Rodríguez, el cerrador de los Mets, lanza y hace que Alex batee una elevada a segunda base. Alex deja caer el bate con fuerza, porque tenía una bola recta que batear y falló. La elevada flota hasta campo corto justamente detrás del segunda base Luis Castillo. Castillo se sitúa debajo de ella y los Mets están a punto de apropiarse del inicio, y entonces de algún modo la bola rebota en el guante de Castillo. Derek sigue corriendo con fuerza, desde luego, y justamente tras él, Teixeira está corriendo también, desde que Alex mueve el bate. Él hace todo el recorrido y nosotros ganamos ese juego, no solo por un error que se podría ver una vez cada cinco años, sino por la prisa de un jugador estrella que no supone nada... que sigue adelante hasta que el partido haya terminado.

Eso es lo que hacen los ganadores.

A tres partidos de la primera, con un récord de 51-37 en el descanso del Juego de Estrellas, despegamos en nuestro mejor trecho de la temporada. Ganamos dieciocho de nuestros primeros veintitrés partidos después del descanso, barremos a los Medias Rojas en cuatro partidos en el Stadium, y los superamos rápidamente hasta el primer lugar.

El último de esos partidos es un microcosmos de nuestra temporada. Con 2-1 abajo al entrar en la parte baja de la octava, Damon y Teixeira dieron jonrones consecutivos, y Jorge sigue con un sencillo de dos carreras. Yo cierro consiguiendo que Ellsbury lance un batazo por el suelo a Teixeira. Paso siete semanas y 21 apariciones sin otorgar una carrera, y cuando realizamos otra barrida de cuatro partidos, esta vez de los Rays a principios de septiembre, llevamos 41 partidos por encima de .500 (91-50) con una ventaja de seis partidos. Estoy bastante seguro de que este no va a ser otro año en que tengamos un colapso en la serie divisional.

Tengo 39 salvadas, y mi ERA es 1.72. A mitad de septiembre, he convertido 36 oportunidades consecutivas de salvar.

El pánico ha disminuido.

Entonces, una noche de viernes en Seattle, salgo en la novena con una ventaja de 1-0 para salvar un juego para A. J. Burnett, que bateó mejor que el gran Félix Hernández. Poncho a los dos primeros bateadores y entonces Mike Sweeney batea un doble largo. El siguiente bateador es Ichiro. Él es tan bueno en manejar cualquier jugada que quiero darle con todo, engañarle. Lanzo una cortada recta, pero no lo engaño.

La bola se queda por encima de la parte interior del plato; él es uno de los mejores bateadores del mundo y sabe precisamente qué tiene que hacer.

Batea por encima de la valla del jardín derecho, un sorprendente cambio en el espacio de dos lanzamientos. Contra un bateador bueno, uno tiene que ser mejor. Pierdo mi punto. Salvada estropeada. Juego terminado.

Mala para mí.

"Lo siento", le digo a A. J. "Merecías ganar ese juego".

"No te preocupes por eso, Mo. Has salvado muchos para mí", dice A. J. Yo salgo de la sede con un cono de helado de chocolate. No hace nada para quitar el sentimiento de decepcionar al equipo.

Nos enfrentamos en octubre a los Mellizos en la serie divisional y ganamos el primer partido en el Stadium con CC, pero la mejor noticia es que Alex parece mejor de lo que ha sido en años. Conseguimos jonrones de Derek y Matsui, dos grandes hits y dos carreras impulsadas de Alex, ganando 7-2.

"¿Ves lo que sucede cuando no intentas hacer demasiado y tan solo permites que tu capacidad domine?", le digo.

El segundo partido es mucho más tenso. Los Mellizos se apresuran a tomar una ventaja de 3-1 en la parte baja de la novena, con Joe Nathan, un hombre de los mejores cerradores de la liga, para la salvada. Nathan ha salvado 47 juegos durante el año regular, pero antes de que incluso consiga un out, Teixeira lanza un sencillo a la línea derecha y Alex batea uno al *bullpen* por el centro derecho, y el partido se empata. Es el primer momento mágico de octubre en el nuevo estadio, y es seguido por otras dos entradas más adelante en la undécima, cuando Teixeira engancha una bola alrededor del poste de foul del jardín izquierdo de José Mijares, y vamos arriba dos partidos a cero.

Nos dirigimos a Minneapolis, y obtenemos una ventaja 2-1 gracias en parte a otro jonrón de Rodríguez, y entonces somos salvados por una tremenda jugada defensiva de Derek y Jorge. Nick Punto abre la parte baja de la octava con un doble a Phil Hughes, antes de que Denard Span roletee una bola al medio. Derek hace bien en atraparla antes de que rebote en el jardín y sabe que no puede sacar a Span. Ve que Punto ha rodeado tercera agresivamente, como si pudiera intentar anotar. Derek se detiene, se gira y lanza a Jorge, que dispara un tiro a Alex, cuya fuerte jugada tiene clavado a Punto. Es una colosal metedura de pata de corrido, pero solamente una perfecta ejecución nos consigue el out.

Yo estoy calentando en el *bullpen*, y casi se puede sentir el aire que sale del Metrodome.

Un bateo después, salgo para enfrentarme a Joe Mauer, con la carrera de empate en base. Mauer es un bateador de .365 ese año, el Jugador Más Valioso de la Liga Americana, pero uno no puede preocuparse por eso. Confías en tus armas y sabes que si puedes hacer tu mejor lanzamiento y crees verdaderamente en ello, y lo sitúas donde quieres, puedes vencer a tu hombre, incluso si es Joe Mauer. Cuando tienes esa creencia, estás en modo ataque, listo para producir lo mejor; y es entonces cuando terminas bien, con todo lo que tienes.

Contra un bateador como este, si te retraes solo un poco, podría significar la diferencia entre un hit y un out.

Quiebro el bate de Mauer y él roletea a primera.

Jorge y Cano consiguen sencillos de carreras impulsadas en la novena a Nathan, yo salvo la victoria para Andy, y ahora vamos a enfrentarnos a los Angelinos en nuestra primera Serie de Campeonato de la Liga Americana desde 2004. Obtenemos el primer partido con CC, 4-1, y entonces Alex nos salva en el segundo partido, lanzando una bola recta Brian Fuentes por encima de la pared del jardín derecho en la undécima entrada, respondiendo a una carrera de los Angelinos. Es el tercer jonrón de empate de Alex de la postemporada, y ganamos dos entradas después cuando Jerry Hairston lanza un sencillo, es lanzado a segunda, y anota en un tiro desviado.

Después de que los Angelinos ganan en entradas extra de nuevo en Anaheim, CC lanza otro estupendo juego en la paliza del cuarto partido, nos dirigimos a casa, y de repente tengo una nueva experiencia. Nunca he sido el objeto de una pequeña tempestad en el Internet anteriormente. Sucede por cortesía de un video que supuestamente me muestra cargando la bola de saliva cuando estoy detrás del montículo con mi espalda hacia el plato.

El video parece convincente, lo admito, pero yo no lanzo una bola con saliva, y nunca la he lanzado. Esa es la verdad. Las Ligas Mayores de Beisból lo revisa y me exime de cualquier falta, y aunque yo respondo cualquier pregunta que tengan los reporteros, y siempre he hecho todo legalmente, sigue habiendo algunos reporteros que parecen estar seguros de que han revelado mi secreto quince años después de comenzar mi carrera.

Eso no me molesta, y no cambia nada. Si alguien quiere intentar desenfocarme o sacarme de mi juego, tendrá que imaginar algo mucho mejor que eso.

Terminamos sacando a los Angelinos en seis partidos, con Andy ganando, yo salvando mi tercer juego de la Serie, otorgando una carrera en dos entradas sin saliva. Lo siguiente: los Phillies de Filadelfia, los campeones que defienden la Serie Mundial.

Comenzar la Serie Mundial ya no parece como si viniera con el uniforme; no con seis años que han pasado desde nuestra anterior aparición. Tengo una nueva apreciación de lo difícil que es llegar hasta aquí. Estoy a un mes de cumplir los cuarenta. Oro para poder glorificar al Señor y saborear la experiencia.

No sé si voy a pasar por aquí de nuevo.

Mi primera gran prueba llega contra Chase Utley, con dos dentro y un out en la parte alta de la octava en el segundo partido. Cliff Lee fue dominante en el primer partido en una victoria de juego completo 6-1, con Utley lanzando dos jonrones como apoyo. Ahora aquí está Utley de nuevo, después de que Burnett haga un magnífico esfuerzo por sacar lo mejor de Pedro Martínez. Los Phillies adquirieron a Pedro para partidos como este. Él batea bien, pero Teixeira y Matsui le sacan con jonrones en solitario, y entonces Jorge lanza un inmenso sencillo crucial. Así que yo estoy protegiendo una ventaja de 3-1 mientras Utley trabaja hacia una cuenta llena. Yo no le lanzo otra cosa sino rectas cortadas, trabajando principalmente en el exterior, por una buena razón. Él intenta golpearlo todo, y Jorge y yo lo vemos. No sé si este será otro ejemplo de un bateador zurdo que es seducido por el limitado campo, pero Utley sin duda parece estar pensando de ese modo. En un lanzamiento 3-2, le ataco con otra cortada, y él hace precisamente lo que esperamos: intenta golpearla. Establece contacto sólido, pero batea una roleteada que va a Cano, a Jeter y a Teixeira para una jugada doble que termina la entrada.

Una entrada después, hago que Matt Stairs abanique para terminar las cosas, y empatamos la Serie a uno.

Con Alex, Matsui y Nick Swisher haciendo jonrón en el tercer partido, y Andy lanzando dos jonrones a Jayson Werth, tomamos un decisivo 8-5 en Citizens Bank, y entonces anotamos tres en la novena para romper un empate 4-4 en el cuarto partido, llegando los grandes hits de Alex y Jorge. Aseguro una victoria 7-4 con una novena 1-2-3, y estamos solo a un partido.

Después de que los Phillies empujen la Serie a un sexto partido al ganar su último juego del año en Citizens Bank, regresamos a casa para el sexto partido, Andy contra Pedro. Matsui batea un jonrón de dos carreras en la parte baja de la segunda para mantenernos adelante, y después batea un sencillo de dos carreras en la tercera y un doble de dos carreras en la quinta. Tiene seis carreras impulsadas en tres turnos de bateo.

Ojalá comenzase a batear oportunamente.

Un jonrón de dos carreras de Ryan Howard deja el marcador en

7-3, pero Joba y Dámaso Marte los cierran desde ahí, y yo consigo los dos out finales en la octava y después otros dos en la novena, entre un pasaporte a Carlos Ruiz. Shane Victorina sale. La multitud en el Stadium está de pie. Victorino pelea. Él siempre pelea. Es otro de esos jugadores, como Pedroia, que pueden jugar en mi equipo en cualquier momento. Queda atrás, 1-2, y entonces sigue trabajando, bateando de foul cuatro lanzamientos seguidos en 2-2. Finalmente, trabaja hasta una cuenta llena.

Utley, Howard y Werth son los tres siguientes bateadores, y este no es momento para complicar las cosas o hacer que sean emocionantes. Necesito batir a Victorino ahora mismo. Lanzo otra bola recta cortada, abajo, y Victorino la golpea en el suelo, un roleteado inofensivo a Robby Cano. Comienzo a correr hacia primera, pensando que podría necesitar cubrir, pero Cano lanza a Teixeira y yo comienzo a levantar mi puño antes de que la bola ni siquiera haya llegado a su guante. Me giro hacia el cuadro y sigo corriendo, y ahora siento como si todo el equipo me estuviese persiguiendo.

Me río como un niño pequeño que juega a las atrapadas. Esta es la cuarta vez que he conseguido el último out en la Serie Mundial, y el mejor de todos. Quizá porque ha pasado mucho tiempo. Quizá porque la última vez estuve tan cerca de ganar que tuve esa debacle desértica en 2001; ocho años antes. No lo sé. No me voy a detener a analizarlo. Es hermoso no solo que hayamos ganado, sino también cómo ganamos. Hideki Matsui, un profesional total, batea .615 y dispara en ocho carreras en seis partidos. Dámaso Marte retira a los doce últimos bateadores con quienes se enfrenta, entre ellos Utley y Howard, a los cuales poncha en el juego final. Andy lanza su segunda bola suave y lo hace como con un descanso de tres días. Derek batea .407 y Damon batea .364. Alex, un hombre nuevo este octubre, tiene seis carreras impulsadas; Jorge tiene cinco.

Lo que también es hermoso es que por primera vez Clara y los chicos están en cada partido, y también están mis padres y mis suegros.

Compartimos todo el viaje. ¿Qué podría ser mejor que estar rodeado por las personas que más quieres?

Más avanzada esa noche, después de un viaje de media hora a casa, y felicitaciones y despedidas de mi familia, me arrodillo al lado de nuestra cama. Mi Biblia está en la mesita. Comienzo a orar, vencido puramente y por completo de gratitud al Señor por mi vida, por mi salud y por mi familia. Nada de ello habría sido posible sin Él.

19

Pasajes

Sɪ Aᴍᴇ́ʀɪᴄᴀ ǫᴜɪsɪᴇʀᴀ ᴀʟɢᴜɴᴀ vez tener una reina, Rachel Robinson sería la elección perfecta. Ella es realeza y elegancia, inteligente e incansable; una defensora de la libertad y la igualdad durante toda su vida. Yo no suelo asombrarme por demasiadas personas, pero estoy asombrado y respeto a Rachel Robinson. Más de cuarenta años después de perder a su esposo, el jugador de béisbol más valiente e importante en la historia del deporte, Rachel continúa honrando a Jackie Robinson, el número 42, mediante la fundación que lleva su nombre, y mediante sus esfuerzos por hacer que el mundo sea un lugar más justo.

Antes de presentarme para mi veintiuna temporada de béisbol profesional, comienzo el 2010 conociendo a Rachel por primera vez. Se produce en un evento para recaudar fondos en Lower Manhattan para la Fundación Jackie Robinson. Estoy allí con Henry Aaron, en una sesión informal de preguntas y respuestas, hablando sobre el privilegio y la presión de ser el último jugador en llevar puesto el número 42 de Jackie, después de que todos los otros jugadores que lo habían exhibido se hubieran retirado.

La parte del privilegio no podía ser más obvia; ¿a quién no le gustaría compartir un número de uniforme con el gran Jackie Robinson? La presión es estar a la altura de la medida de un hombre que cambió el mundo, y se comportó con dignidad cada paso del camino.

Yo no sé si alguna persona puede igualar ese estándar. Yo no soy ningún pionero, puedo decirlo. Roberto Clemente fue la primera estrella latina, y hay muchos otros, que incluyen a Vic Power y Orlando

Cepeda, que siguieron. Humberto Robinson, un lanzador de relevo, fue el primer jugador en las Grandes Ligas proveniente de Panamá. Yo soy un hombre sencillo que mide su impacto de maneras más pequeñas: por ser un humilde siervo del Señor, e intentar hacer todo lo que pueda por tratar a las personas, y jugar al deporte, de la manera correcta.

El primer partido conlleva los grandes momentos; siempre ha sido una ocasión festiva, especialmente cuando hay también una ceremonia de entrega de anillos. Pero este año no es tan festivo en absoluto. En efecto, recibimos nuestros anillos y destacadas ovaciones, estando las mayores de ellas reservadas para Hideki Matsui, héroe de la Serie Mundial, que ahora es miembro de los Angelinos: nuestro oponente ese día. Los seguidores le saludan por su excelencia y sus años de servicio, y me emociono, pero no es exactamente lo mismo que siento cuando es presentado Gene Monahan (Geno).

Durante todos estos años y todos los masajes, Geno sigue siendo un hombre que irradia bondad en todo lo que hace. Por eso es un fuerte golpe cuando me entero un mes antes del entrenamiento de primavera que le han diagnosticado cáncer de garganta. Él se ha pasado cuatro décadas cuidando de los jugadores de béisbol de los Yankees. Ahora tiene que cuidar de sí mismo.

Resulta que Geno se sintió un bulto en el cuello cuando un día se estaba afeitando durante la postemporada, y hace exactamente lo que él nos decía a nosotros que no hagamos: lo pospone y no visita al médico. Finalmente va y visita a un médico en diciembre, y recibe su diagnóstico en enero. Le tienen que extirpar las amígdalas y un nódulo linfático afectado, y entonces comienza un curso de treinta tratamientos con radiación. Geno lo sabe, porque los ha contado. Él es un hombre más preciso que un reloj suizo. Su sala de entrenamiento está casi tan impecable como su vehículo, que él lava y aspira del modo en que la mayoría de personas se cepillan los dientes. Todo está en su lugar, hasta la antigua báscula de bronce que Babe Ruth utilizaba para que le pesaran. La sala está muy…cuidada. Y así es como yo me siento exactamente cuando estoy allí.

Geno toma una excedencia mientras le realizan los tratamientos. Tiene radiación en la mañana el día del primer partido, y después se dirige al Stadium. Es presentado justamente después de Joe Girardi. Jorge pide a Michael Kay, el maestro de ceremonias, que espere antes de introducir a ningún otro. La multitud se levanta y vitorea a Geno, y los jugadores de los Yankees que tanto le deben pasan a la barandilla del banquillo y también le vitorean. Geno está emocionado, dándose golpecitos en el corazón. Yo también estoy emocionado. Le extraño terriblemente, extraño todas las charlas acerca de sus hijas y de mis hijos, acerca de todo. Geno quiere regresar con nosotros a principios de junio. Yo oro para que el Señor le dé la fuerza que necesita para pasar por todo esto y le ayude a regresar al trabajo que tanto le gusta.

Celebramos nuestros anillos y a Geno con una victoria ese día, aun cuando otro anterior compañero de equipo, Bobby Abreu, nos da un susto cuando batea un grand slam a David Robertson en la parte alta de la novena para dejar el marcador en 7-5. Joe me llama para que consiga los dos últimos outs. Poncho a Torii Hunter y llega…Hideki Matsui. Unas horas antes, estoy aplaudiéndole, y ahora quiero eliminarle para que la gente nos aplauda a nosotros. A veces es extraño, este jaleo de los agentes libres, pero cuando miro el guante de Jorge, Godzilla mismo podría estar en la caja del bateador y yo no me alteraría.

Hideki eleva mi primer lanzamiento a segunda, y el juego ha terminado.

Geno realmente regresa antes de lo programado, y quizá sea la inspiración de un entrenador de sesenta y cinco años de edad lo que me hace sentir, bueno, casi joven. Tenemos el mejor récord en las Mayores (44-27) cuando salimos al campo un martes en la noche en Phoenix contra los Diamondbacks, y nos apresuramos a empatar en la novena. Nos ponemos por delante en la décima cuando Curtis Granderson, nuestro nuevo jardinero central, dispara un jonrón a las gradas del jardín derecho. Después de una limpia novena, salgo para la décima buscando sellar una victoria. He retirado a veinticuatro bateadores consecutivos, una racha que termina cuando Stephen Drew batea un sencillo a la derecha y Justin Upton consigue un doble. Joe me ordena que dé pasaporte al cuarto bate, Miguel Montero, para establecer la fuerza en casa.

Así que las bases están llenas con Diamondbacks, y Joe y todos los demás se preguntan si estoy teniendo imágenes en retrospectiva de la Serie Mundial de 2001.

Les doy la respuesta más adelante.

No.

Aquello fue el 4 de noviembre de 2001. Ahora es el 23 junio de 2010. Entonces yo tenía cabello. Ahora no tengo cabello. Entonces tenía a Scott Brosius y Tino Martínez en las esquinas. Ahora tengo en las esquinas a Alex Rodríguez y Mark Teixeira.

Entonces yo tenía treinta y un años. Ahora tengo cuarenta.

No arrastro cosas que no me haría ningún bien arrastrar. Las suelto, de modo que pueda estar ligero y libre.

El bateador es Chris Young, el jardinero central. Le lanzo adentro y él la eleva a Francisco Cervelli, mi cátcher. El siguiente es Adam La-Roche. Él tiene cinco carreras impulsadas en el partido para los Diamondbacks. Le lanzo una recta cortada a las manos y él la eleva a Alex.

Ahora el bateador es Mark Reynolds. Él lidera el equipo en jonrones, lidera las Grandes en ponchetes. No es un jugador con el que uno quiera errar.

Consigo *strike* uno con una cortada a la que Reynolds mira. Lanzo mal, y después apunto a la esquina exterior con otra recta cortada. En el lanzamiento 2-2 quiero subir otro escalón: cambiar el nivel de su mirada. Me preparo y disparo: otra cortada, pero ahora arriba. Reynolds la abanica.

No es seis años atrás. Se puede ver por el resultado.

Dos días después estamos en Los Ángeles para enfrentarnos a los Dodgers, nuestro primer partido contra el Sr. T. Yo le doy un gran abrazo antes del partido. Es estupendo ver su rostro y mirar sus ojos. No es solamente el hombre que nos guió a cuatro campeonatos mundiales; es un hombre que vio algo en mí, que estuvo dispuesto a darme una oportunidad para convertirme en cerrador de los Yankees. Uno nunca olvida eso.

"Tómalo con calma con nosotros esta noche, ¿de acuerdo, Mo?", me dice. "Estos muchachos nunca han visto una cortada como la tuya antes".

Yo me río y sigo mi camino. CC Sabathia lanza cuatro hits, una bola de una carrera en la octava, y yo agarro la pelota para la novena, a tres outs de salvar una victoria 2-1.

Salen Manny Ramirez, Matt Kemp y James Loney. Poncho a los tres. Me aseguro de no mirar al banquillo de los Dodgers buscando una reacción.

Mientras estamos en la ciudad, mi viejo compañero de *bullpen*, Mike Borzello, quien se fue a los Dodgers con el Sr. T, pregunta si yo estaría dispuesto a hablar con Jonathan Broxton, el cerrador de los Dodgers. Él es un muchacho del tamaño de un furgón, un joven con un estupendo brazo que tiene una fuerte salida en el año pero está sufriendo algunos problemas de confianza. Yo me acerco a él en el jardín durante la práctica de bateo de los Dodgers.

"Me alegra conocerte", dice él.

"He oído mucho sobre ti. ¿Cómo van las cosas?".

"Bien, supongo", responde él. "Es que no estoy haciendo el trabajo del modo en que lo hacía el último año".

Broxton habla un poco sobre lo confiado y dominante que se sentía cuando deslumbraba en la liga en 2009. Puedo ver lo mucho que está intentando regresar allí, pero lo que está haciendo es atornillarse, y apretar cada vez más. Yo hablo con frecuencia con jóvenes lanzadores, y nunca se trata de agarres, de selección de lanzamientos o de rápidos tutoriales acerca de lanzar una recta cortada. Siempre se trata del enfoque mental para cerrar. Eso es lo que separa a los muchachos que son buenos durante un año o dos de los muchachos que hacen el trabajo año, tras año, tras año.

"Esto va a sonar aburrido y obvio", digo yo, "pero ¿sabes en lo que pienso cuando entro en una situación para salvar? Pienso en conseguir tres outs y conseguirlos tan rápido como pueda, y salir de allí".

Eso es. El trabajo ya es lo bastante duro sin complicarlo demasiado. No quieres tener mucho ruido dando vueltas en la cabeza. No quieres dudas. Tan solo tienes que pensar en que cada uno de los lanzamientos sea el mejor lanzamiento que puede ser, de modo que puedas obtener ese primer out. Y después el segundo out. Y después el tercer out.

También le digo: "No te preocupes por ser batido. Eso va a suceder. Me sucede a mí, y le sucede a todo el mundo. Ellos son bateadores de las Grandes Ligas, y alguna vez van a vencerte, pero lo mejor que puedes hacer por ti mismo es tener poca memoria. No puedes tomar lo que sucedió ayer y llevarlo al montículo hoy. Porque si lo haces, no tienes oportunidad alguna de tener éxito".

Cada vez que me han batido, eso me ha hecho mejor. Cada vez. No estoy contento de que sucediera, pero estoy contento porque me hizo mejor. Uno solo presta atención a lo positivo, no lo negativo.

En esta final de la serie, Clayton Kershaw nos mantiene a dos carreras y cuatro hits. Broxton sale para cerrar. Yo le deseo buena suerte, pero no ahora. Él puede encontrar su camino y cambiar su enfoque mental después de que nos vayamos de la ciudad.

Broxton poncha a Teixeira buscando un out. Yo estoy pensando si quizá habría sido mejor hablar con él después de la serie. Entonces Alex batea un sencillo. Cano, un doble. Jorge, un sencillo. Granderson da pasaporte. Chad Huffman, un sencillo, y anotamos cuatro veces para empatar el partido a seis, aplastando a Jonathan Broxton con un salvado tan duro como se habrá encontrado en todo el año. Lo ganamos una entrada después, cuando Robby Cano batea un jonrón de dos carreras a George Sherrill en la décima.

"Gracias por hablar con Brox", dice el Sr. T la siguiente vez que lo veo. "Sea lo que le dijeras, lo hizo empeorar más".

Pasamos al descanso del Juego de Estrellas en primer lugar, con un récord de 56-32, y aunque yo soy seleccionado para el equipo por undécima vez, estoy sentado para poder dar descanso a una rodilla que me molesta y el músculo oblicuo que me duele. El partido se juega en Anaheim. La fecha es el 13 de julio, y trae con ella oraciones y otra lacrimosa despedida: el Sr. George Steinbrenner muere de un ataque al corazón en un hospital de Tampa, nueve días después de su cumpleaños ochenta. Han pasado dos días desde la muerte de Bob Sheppard, el legendario anunciador público de los Yankees. La muerte y la enfermedad son parte de la vida, desde luego. Aun así, me tambaleo. Primero fallece Chico Heron, ahora el Sr. George, y el gran Bob Sheppard, que nos regaló su dignidad y una voz que parecía venir directamente del Señor mismo.

Es difícil saber por qué sucede algo en la vida, o por qué parecemos ser capaces de aterrorizar a los Mellizos de Minnesota como queramos. Los barremos otra vez en la postemporada este año, haciendo que sean nueve victorias en octubre consecutivas contra ellos, y doce de las últimas catorce. Les hemos eliminado en la serie divisional cuatro veces en ocho años, y siempre parecemos hacerlo remontando, como hacemos en dos de las tres victorias este año, incluida la del primer partido.

Tengo más éxito contra los Mellizos que contra cualquier otro equipo. Lo siento en el momento, desde luego, pero al mirar atrás y ver que mi carrera de ERA en el Metrodome y en Target Field es 1.09 y que, en general contra los Mellizos es 1.24, no puedo explicarlo. Yo estropeé una salvada contra ellos este año en el Yankee Stadium, otorgando un grand slam a Jason Kubel, pero aparte de eso los hemos machacado como un machete en un campo de maíz, especialmente en los *playoffs*; he lanzado dieciséis y dos tercios de entradas contra los Mellizos en la postemporada, y no he otorgado ninguna carrera y solamente ocho hits. Lo divertido es que la mayoría de sus grandes han bateado contra mí bastante bien. Joe Mauer batea contra mí .286. Justin Morneau y Michael Cuddyer batean .250 contra mí. No es como si nosotros tuviéramos algún plan maestro de juego contra este equipo. Yo casi siempre hago los lanzamientos que necesito hacer y consigo los outs que necesito conseguir. Haces eso durante cierto número de años, y de modo natural desarrollas confianza y asociaciones positivas cuando te enfrentas a ese equipo, haciéndote más fuerte para la batalla.

Y la batalla, para mí, es lo que me hace ser tan apasionado en el deporte, incluso después de todos estos años. Si no fuese una batalla, entonces no significaría tanto prevalecer. Es la posibilidad de la batalla lo que te hace emplear todo el esfuerzo, toda la preparación, preparándote para lanzar lo mejor que tienes, y en eso pienso mientras miro fijamente el guante de Jorge Posada, con Michael Young en el plato en el primer partido de la Serie de Campeonato de la Liga Americana contra los Texas Rangers en Arlington.

Hay un out en la parte baja de la novena, la carrera de empate en segunda. Hemos salido de un inmenso agujero, tomando una ventaja de 6-5 con un jonrón de Robby Cano en la séptima y una racha de cinco carreras en la octava. Estas dos entradas han dejado al presidente de los Rangers, Nolan Ryan, con los brazos cruzados y una expresión de dolor en su cara, como si se hubiera comido un filete en mal estado. Salgo para la novena, y después de un sencillo y un golpe, ahí llega Young.

Él es un profesional consumado a quien es difícil hacer un out, un jugador que nunca concede un turno de bateo, y un bateador con una carrera de .320 conmigo. No le tengo miedo a ningún bateador, pero he llegado a respetar a algunos más que a otros, y Michael Young se ha ganado por completo mis respetos. Jorge y yo sabemos que vamos a tener que trabajar para sobrepasarle; que necesito mover la bola y asegurarme de que él siga haciéndose preguntas. Por eso comienzo con una recta cortada arriba y una cortada profunda, y él las hace malas. Apenas fallo con otras dos cortadas, una profunda, una desviada. Estoy seguro de que el lanzamiento 1-2 es un *strike* (a la altura de la rodilla en la esquina exterior), pero no recibo la llamada. Recibo la bola de Jorge. No voy a comenzar a mirar fijamente a los árbitros, mostrarles descontento ahora.

Tengo un lanzamiento que realizar.

Lanzo una doble costura profunda y más elevada de lo que yo quiero, probablemente el mejor lanzamiento que golpear en el turno al bate; Young batea foul. Ahora me preparo otra vez. Jorge se sitúa fuera, y la quiere arriba, y yo lanzo una recta cortada directamente a su guante.

Young la abanica. Jorge me señala su guante. Vencerle tiene todo que ver con trabajar ambos lados del plato, y entonces golpear ese último punto. Algunos outs son más gratificantes que otros; este es un out muy bueno.

Un lanzamiento después, disparo a Josh Hamilton a la altura de los puños y él batea una roleteada lenta a tercera para el out final, y una emocionante victoria por remontada. Pero estar a tres victorias de regresar a la Serie no significa nada, porque no nos acercamos a conseguirlas. Casi cada batalla durante el resto de la Serie de Campeonato de la Liga Americana la ganan los Rangers, quienes son mejores que nosotros en lanzamientos, hits y jugadas. También nos sobrepasan en el marcador, 38-19, ganando en seis partidos. Hamilton nos aterroriza tanto con sus cuatro jonrones y siete carreras impulsadas en seis juegos que le damos el tratamiento Barry Bonds y le damos pasaporte intencionadamente tres veces en un juego. Es nombrado Jugador Más Valioso de la Serie de Campeonato de la Liga Americana, y merecidamente.

Algunas cosas cambian. En la Serie Mundial, el bate de Hamilton falla y los Rangers pierden en cinco partidos contra los Gigantes.

Pero algunas cosas no cambian.

Yo no veo los partidos.

Cumplo los cuarenta y uno un mes después de que termine nuestra temporada, y ya estoy bien entrado en mi rutina fuera de temporada, la cual incluye mucho trabajo de entrenamiento y un poco de lanzamiento, solo lo suficiente para mantener suelto mi brazo. Hago muy pocas concesiones a la edad. Me alimento adecuadamente, me preparo adecuadamente y cuido de mi cuerpo, de modo que no creo que sea un milagro que aún siga haciendo lo que hago. Tan solo intento escuchar a mi cuerpo y darle lo que necesita.

Si hay una cosa que he cambiado, sin embargo, es intentar ser más prudente con todo. ¿Quién sabe cuántas piedras me quedan por lanzar? Si puedo sacar a un bateador con uno o dos lanzamientos, ¿por qué lanzar tres o cuatro? Hago 928 lanzamientos en 2010, en más de 60 entradas. Ambos son los totales más bajos de cualquier temporada completa en mi carrera, y por una razón: no hay motivo para estresarte innecesariamente.

En 2010 lancé siete entradas en el entrenamiento de primavera y estaba listo para seguir. Este año, puede que ni siquiera lance tantas. En mi primera acción desde que lancé la novena entrada del sexto partido contra los Rangers, me enfrento a tres Mellizos a mitad de marzo y los poncho a todos ellos. Uno de ellos es Jason Kubel, que bateó ese grand slam la última vez que se enfrentó a mí. Esta vez es agarrado mirando una bola recta de dos costuras a 92 millas (148 km) por hora. No necesito mucho tiempo para soltarme para un juego, y no necesito mucho tiempo para prepararme para la temporada. No tengo el objetivo de ser de bajo mantenimiento; mi objetivo es no necesitar mantenimiento. Mi mecánica es sencilla y, como cualquier máquina, cuantas menos partes se muevan, mejor. Vuelvo a pensar en mi mensaje a Jonathan Broxton y a Alex. ¿Por qué complicar las cosas?

El día de apertura de la temporada 2011, en casa, mantengo la prudencia y hago doce lanzamientos a tres Tigres de Detroit para salvar una victoria para Joba. Es una manera emocionante de comenzar, pero sigue llegando con sentimientos mezclados, porque mi cátcher no es Jorge Posada.

No tengo nada contra Russell Martin, nuestro nuevo cátcher, pero cuando creces con un muchacho, y vas a Applebee's en Columbus con un muchacho, tienes un tipo de relación diferente. Jorge ha atrapado más de mis lanzamientos que ningún hombre con vida. Que ya no lo esté haciendo es triste para él, yo lo sé, y también es triste para mí. Aparte de ser un jugador y compañero de equipo estupendo, este hombre es como un hermano para mí, estando conectados los dos por una bola, dos guantes y una misión compartida: conseguir outs, ganar juegos e irnos a casa.

Realizo mi trabajo con estoicismo y una calma calculada; él realiza el suyo con un fuego y una pasión que se derraman como lava de un volcán. Nos complementamos el uno al otro perfectamente y nos comunicamos apenas sin esfuerzo después de todos estos años, que apenas necesitamos utilizar palabras. Yo puedo decir mucho solamente al estar con él.

Jorge tiene treinta y nueve años, y está en la que será la temporada final de una carrera magnífica de diecisiete años. Ahora él es un bateador designado a tiempo completo, y le está resultando difícil ajustarse a ser bateador y ninguna otra cosa, hasta el punto de que no está bateando del modo en que normalmente lo hace. Su frustración llega a un punto crucial durante un fin de semana en Boston. Joe hace su alineación y sitúa a Jorge en el agujero nueve. Una hora antes del partido, Jorge, en un arrebato de enojo, se quita a él mismo de la alineación. Las cosas solamente empeoran cuando Brian Cashman sale en la televisión nacional y detalla el motivo de este último cambio.

Jorge y yo mantenemos una larga charla aquella noche. Sus emociones se acaloran, en efecto, pero Jorge es un hombre que puede echar una mirada sincera a sí mismo y enmendar las cosas si tiene que hacerlo.

Le digo: "Sé que no te sientes respetado, pero esto no eres tú: un jugador que se niega a jugar. Claro que hace daño, pero necesitas enmendar esto y hacerlo bien por el equipo, porque te necesitamos y necesitamos tu bate".

"Tienes razón", dice él. "Fue la gota que colmó el vaso, pero tienes razón".

Jorge se disculpa ante Joe y Cashman, y vuelve a jugar al béisbol, y demuestra lo que él es en el día más memorable de la temporada, al estar en el plato en la tercera entrada de un partido en el Yankee Stadium contra los Rays. Es 9 de julio, sábado, y Derek Jeter va a tratar de conseguir un jonrón a David Price para su bateo número 3.000 en las Grandes Ligas, otro asombroso logro en una carrera que ha estado llena de ellos. Jorge es el primero en felicitar a Derek, y le envuelve con un inmenso abrazo de oso, y yo soy el siguiente. Derek está de camino a un día 5 de 5 cuando ganamos, 5-4, e incluso para alguien a quien supuestamente no le importan los hitos, estoy lleno de alegría por toda esta experiencia, al ver a un jugador con el que Jorge y yo hemos jugado durante casi veinte años llegar a un lugar al que incluso jugadores como Babe Ruth, Joe DiMaggio y Mickey Mantle nunca consiguieron llegar.

Jorge está allí otra vez unos dos meses después, esta vez para darme el abrazo a mí, el día en que paso a Trevor Hoffman y me convierto en el líder de salvadas de todos los tiempos en el béisbol con mi carrera de salvadas número 602. Martin está detrás del plato para la ocasión, y los Mellizos son el oponente, y cuando agarro a Chris Parmelee mirando una recta cortada en la esquina exterior, el árbitro John Hirschbeck levanta su brazo derecho y Jorge sale del banquillo, celebrando ya incluso antes de que comience el "New York, New York", haciéndome saber lo contento que está por mí, y lo que significa para él ser mi amigo. Él y Derek me empujan hasta el montículo para inundarme de toda la adulación de la multitud. Él no quiere que yo vaya a ninguna parte hasta que haya sido adecuadamente vitoreado, y no mucho tiempo después, Derek y yo tenemos una oportunidad de celebrar a Jorge, cuando él consigue la carrera en la victoria que nos asegura otro título de la División Este de la Liga Americana.

No defendemos nuestro título de la Serie Mundial, ni siquiera nos acercamos a hacerlo. Somos mejores en bateo y el lanzamiento que los Tigres en cinco partidos en la serie divisional, pero caemos en el quinto partido en el Yankee Stadium, 3-2. Conseguimos diez hits, pero muy pocos de ellos cuando los necesitamos: la historia de la serie.

Pero la otra historia de nuestra serie es nuestro bateador principal, que batea .429 y tiene un porcentaje en base de .579, llegando a base en diez de sus dieciocho recorridos. Su nombre es Jorge Posada, y yo estoy orgulloso de que él sea mi cátcher, mi compañero de equipo y mi amigo.

20

Lesión de rodilla

Los jardines siempre han sido mi parque de juego favorito. Es un lugar donde se puede correr libre, persiguiendo bolas elevadas, intentando ser más rápido que ellas antes de que lleguen al suelo, defendiendo la gravedad. Es donde yo aprendí a amar el deporte. Si me preguntas, no hay un mejor sentimiento en el béisbol que atrapar una bola elevada a la desesperada.

Incluso cuando los Yankees me contrataron como lanzador, yo seguía siendo secretamente un jardinero central, diariamente albergando fantasías privadas de llegar a ser un jugador. En mi corazón, sabía que iba a lograrlo como lanzador o no lograrlo en absoluto, pero mantenía vivo mi pequeño sueño.

Lo mejor después de ser jardinero es jugar aquí en la práctica de bateo. O perseguir, como se conoce en la jerga del béisbol. Muchos lanzadores persiguen, aunque para muchos de ellos es más un evento social que un evento atlético. Están allí y hablan, y si una bola elevada resulta que está cerca, la agarran. No es así para mí. Yo estoy ahí para perseguir y atrapar cada bola elevada que pueda. Estoy ahí para correr mucho. Vueltas alrededor de la franja de alerta, carreras de velocidad desde línea de foul a línea de foul no es lo que yo quiero. Yo quiero correr, sudar y ensuciarme. Si la práctica de bateo es cancelada debido a la lluvia o porque es un día de partido después de una noche de partido, yo soy el jugador más desanimado en el estadio.

Un mes avanzada la temporada de 2012, salimos de Nueva York hacia Kansas City para comenzar una serie de cuatro partidos con los Reales. La fecha es 3 de mayo, nuestro partido número veinticinco de la temporada. Es un jueves. Llegamos tarde, así que yo me quedo durmiendo y paso el día alrededor del hotel, viendo un poco el canal Animal Planet antes de salir a P. F. Chang's a almorzar. Almuerzo solo. Llego al estadio aproximadamente a las cuatro. No he lanzado desde el lunes, cuando salvé un juego para Hiroki Kuroda contra los Orioles. No me gusta pasar tanto tiempo sin lanzar; espero poder entrar en el partido esta noche.

Antes de salir a atrapar, me acerco y saludo a mi compañero de equipo más nuevo, Jayson Nix, un jugador de utilidad que acaba de ser llamado de Scranton/Wilkes-Barre para sustituir a Eric Chávez, que sufrió una contusión cerebral. Joe sitúa a Nix en la alineación, bateando noveno y jugando en el jardín izquierdo.

Yo me cambio rápidamente y salgo al jardín. Es una hermosa noche de primavera. No he hecho ningún anuncio oficial, pero estoy casi seguro de que esta va a ser mi última temporada, y eso hace que quiera saborear todo incluso más: cada día, cada bola elevada antes del partido.

Estoy en el jardín central del Kauffman Stadium, vistiendo una campera azul marino de los Yankees y zapatillas de correr grises: mi uniforme para atrapar. Casi siempre hace viento en Kansas City, y hoy no es una excepción. No muy lejos está nuestro instructor de *bullpen*, Mike Harkey, y David Robertson, mi compañero de *bullpen*.

Hark es un hombre corpulento con un hijo corpulento, Cory, que es ala cerrado para los St. Louis Rams. Hark es un buen hombre, que ayudó a lanzar mi carrera, un hecho que yo le recuerdo con frecuencia. El día en que gané mi primer partido en la grandes ligas en Oakland, el lanzador que perdió fue Big Mike Harkey, anterior seleccionado número 1 de los Chicago Cubs y que fue tomado cuarto en 1987, tan solo tres después de Ken Griffey Jr. Mi cátcher aquel día era Jim Leyritz y mi primera base era Don Mattingly, y mi parador en campo corto, desde luego, era Robert Eenhoorn, un holandés. Barrimos a Hark por siete hits y cuatro carreras, y yo fui el beneficiario.

"Gracias por lanzar todas aquellas galletitas, Hark", le digo.

"Ningún problema. Contento de ayudar", responde él.

Hark es el hombre perfecto al que tener a cargo de un *bullpen*. Él cree en mantener las cosas sueltas y mantener relajados a los muchachos, porque sabe que cuando llega el momento al final del juego, con frecuencia no hay relajación en absoluto. En una ocasión dijo que lo que iba a extrañar más de mí era el elemento de calma que yo aportaba al banquillo. Yo sí aporto calma, pero también aporto problemas. Después de pasar más de cinco entradas en la sede, normalmente llego al banquillo en mitad o final de la sexta. Doy un golpecito con el puño a todos y después comienzo, normalmente con mi goma de mascar. Es sorprendente que un grupo de hombres adultos se conviertan en una pandilla de adolescentes cuando les metes en un *bullpen*. Soy el primero del grupo. El dominio que tengo con mi recta cortada no es nada comparado con lo que puedo hacer con la goma de mascar. ¿Una oreja desde diez pies de distancia? La clavo casi todas las veces. En cualquier oreja. Cuando ya no la quiero, cambio las cosas y pego la goma de mascar sobre alguien: Hark, idealmente. En la parte trasera de sus pantalones, en su espalda; hay muchos puntos buenos en el gran cuerpo de Hark. Mi favorito es el bolsillo de su chaqueta, de modo que cuando él mete su mano ahí, se pone bueno.

"Me has pillado otra vez", me dice él.

"Eres fácil". Le respondo yo.

La práctica de bateo está casi terminada cuando Jayson Nix, el nuevo jugador, se mete en la jaula de bateo. Él abanica y golpea una línea larga hacia la pared en el centro izquierda y yo salgo, girando a la derecha, corriendo mucho, sin tener en mente ninguna travesura ahora, solamente la bola, y atraparla en mi guante. Nix ha aguantado esta bola, y va bamboleando al viento, pero estoy bastante seguro de que podré atraparla. Sigo corriendo en línea diagonal hacia el centro izquierda, con los ojos fijos en la bola todo el tiempo. Cuando me acerco a la franja de aviso, observo que la bola está girando un poco hacia el centro. El viento de Kansas City está haciendo trucos otra vez. La bola va ahora descendiendo. Yo casi estoy ahí, a punto de realizar quizá mi mejor atrapada de la sesión BP. Siento el crujido de la pista debajo de mis pies cuando me giro ligeramente hacia mi izquierda.

Y antes de dar otro paso, una punzada de dolor atraviesa mi rodilla derecha.

Siento como si se hubiera desencajado de cualquier cosa que la esté sujetando en su lugar, yendo de un lado hacia otro. Es el dolor más agudo que jamás he sentido. La bola rebota en la pista. Mi ímpetu me lleva a dar un salto a la pared antes de derrumbarme sobre la tierra.

Intento dar un grito, pero no sale ningún sonido. Mis dientes están apretados. Hark y David ven mis dientes y piensan que me estoy riendo; tan solo haciendo travesuras y fingiendo estar lesionado. No estoy fingiendo. Mi cara está tocando la tierra y me late la rodilla. No sé qué ha sucedido, pero sé que no es bueno. Puedo sentir que la rodilla se me mueve. Ya me conoces. Oro todo el tiempo. En casa, cuando voy detrás del volante del auto, cuando estoy detrás del montículo. No estoy orando ahora, pues el dolor es demasiado agudo. Me sigo frotando la rodilla, esperando que alguien se dé cuenta de lo que pasa.

Un segundo o dos después, Hark, David y Rafael Soriano, que también está allí, se dan cuenta de que eso no es ninguna broma. Hark silba a Joe Girardi y le indica que salga.

Joe corre hasta donde yo estoy, y también lo hace en nuestro instructor asistente, Mark Littlefield. La práctica de bateo termina. Yo sigo retorciéndome.

"¿Oíste un chasquido?", pregunta alguien.

"No".

"¿Ningún sonido?".

"No".

Eso es una buena señal.

Yo agradezco la alentadora diagnosis, pero no soy fácil de convencer en este momento. Después de unos minutos puedo incorporarme. Hark, Joe y Rafael me levantan con cuidado y me sitúan en la parte trasera de un carrito verde John Deere. Tiene cosas de mantenimiento de la pista. Ahora se está llevando al líder de salvadas de todos los tiempos en el béisbol. Mi pierna va elevada en la parte trasera del carrito.

"Espero que estés bien, Mo", dice un seguidor desde la valla del jardín central.

Yo me despido con la mano de ese seguidor cuando el carrito comienza a alejarse, siguiendo la pista al lado del banquillo de tercera base, dando toda la vuelta. Algunos otros seguidores gritan cosas alentadoras, gritan mi nombre. Yo vuelvo a saludar. Toda la situación es completamente surrealista.

¿Qué estoy haciendo en la parte trasera de un carrito John Deere ahora? ¿Cómo ha podido algo que he hecho miles de veces, sin ningún problema, dar este resultado?

Mientras el carro avanza y se mete en un túnel, yo comienzo a pensar que quizá no sea tan grave. ¿Podría ser que me sentí terriblemente cuando sucedió pero que sea un esguince u otra cosa de la que pueda recuperarme en una semana o dos? Realmente puedo caminar sobre la pierna, y ya no me duele tanto. Ni siquiera está hinchada.

Quizá esto sea poca cosa y voy a estar bien. Eso es lo que me digo a mí mismo.

Entro en un auto que me espera con Mark Littlefield. Es un poco antes de las seis ahora, y salimos para el hospital Kansas University MedWest para que me hagan una resonancia magnética. Es un viaje de una media hora, lo cual me da tiempo para recorrer varios escenarios en mi cabeza. Me mantengo positivo, porque esa es mi posición por defecto, pero también soy realista. Ahora tengo cuarenta y dos años, y si el informe no es bueno, bien, ¿qué viene a continuación?

¿Podría mi carrera realmente terminar bocabajo en la franja de aviso del Kauffman Stadium? Uno de los periodistas le pregunta a Joe qué sucedería si resulta que necesito cirugía de rodilla.

"Si ese es el informe, si eso es, es tan malo como puede ser", dice Joe.

Nos acercamos a un edificio de ladrillo, y paso la media hora de pruebas. El tira y afloja que hay en mi cabeza entre el optimismo y el realismo se sigue librando. Cuando terminan la resonancia, pregunto al médico cómo se ve.

Él parece incómodo.

"Aún no he visto los resultados. Vamos a tenerlos tan pronto como podamos", dice él.

Algo me dice que él no quiere darme malas noticias. Yo camino hasta el auto sin ayuda, poniendo una buena cantidad de peso sobre mi rodilla.

Es difícil creer que realmente pueda estar tan mal si puedo estar de pie y caminar así", pienso.

Otro médico al que había visto se acerca al auto.

"Siento lo de su lesión", dice él. "Sé que es usted cristiano. ¿Estaría bien si yo orase con usted?".

"Gracias. Claro, me gustaría orar con usted".

Ambos apretamos nuestras manos.

Señor, tú tienes el control de todo, comienza el médico. *A veces tú haces cosas diferentes, y la vida no va como nosotros queremos o planeamos. Señor, por favor ayuda a Mariano a sanar y dale la fuerza y la perseverancia para recuperarse de esta lesión y regresar al montículo. Amén.*

Es breve y sincera, y se lo agradezco, y pronto nos dirigimos otra vez al estadio. Es la quinta entrada antes de que yo esté en la sede. No voy a ir al banquillo. Otra persona tendrá que hacer bromas con la goma de mascar con Mike Harkey.

Me reúno con el Dr. Vincent Key, el médico del equipo de los Reales. Él es afroamericano, lleva perilla y la cabeza afeitada, contrariamente a la mía. Estamos en la sala de entrenamiento de la sede visitante.

"¿Cómo se ve, doctor?", le pregunto.

"Bueno, siento ser quien te diga esto, Mariano, pero la resonancia magnética muestra que tienes roto el ligamento cruzado anterior y el lateral en tu rodilla", dice el Dr. Key. "Va a requerir cirugía. Puede tener excelentes resultados, pero casi es seguro que estarás fuera durante el resto del año".

Durante un momento dejo que sus palabras calen en mi interior:
Rotura de ligamento cruzado anterior.
Rotura de ligamento lateral.
Cirugía.
Fuera el resto del año.
El año.

Son difíciles de asimilar. Tres horas antes, estoy saltando por el jardín, haciendo lo que más me gusta, quizá en la última temporada que jugaré, disfrutando de cada momento. Ahora tengo la primera lesión grave en mi pierna de toda mi carrera profesional. Estoy enfrentándome a una importante cirugía de rodilla reconstructiva y un largo y tedioso periodo de rehabilitación.

Ahora, ¿quién realmente sabe cómo va a ser mi futuro?

Le doy las gracias al Dr. Key y espero en la sede a que termine el partido. Perdemos por 4-3. Estoy delante de todo el equipo. Batallo para no derramar lágrimas, pero no gano en esa pelea. Comparto con ellos mi diagnóstico, y mi historia ortopédica de terror:

Rodilla rota. Cirugía mayor. Adiós, 2012.

No sé qué decir al respecto, realmente, así que tan solo comienzo.

"Lo siento. Tengo la sensación de haberles decepcionado, de haber decepcionado a los Yankees", digo. "Me siento realmente mal por eso. Ustedes contaban conmigo y ahora parece que no podré lanzar durante el resto del año. Sin embargo, sé que esto ha sucedido por una razón, aunque no entienda cuál es esa razón en este momento. Y les diré esto…me alegra que me haya sucedido a mí, cerca del final de mi carrera, y no a alguno de ustedes más jóvenes, con todo el béisbol por delante de su vida. No estoy contento porque haya sucedido, pero sé que con la fortaleza del Señor puedo manejar esto".

Derek se acerca y me da un abrazo. Y lo mismo hace Andy. Muchos otros muchachos también lo hacen. Por eso me gusta estar en un equipo. Compartes los triunfos y los problemas. Se comparte todo. Están en ello todos juntos. Harás cualquier cosa por los jugadores que hay en tu equipo.

Cuando me reúno con los periodistas, una de las primeras preguntas que me hacen es si regresaré. He estado dejando caer indicaciones acerca de retirarme desde el entrenamiento de primavera, de modo que lógicamente quieren saber:

¿Es así como termina?

Casi instantáneamente, puedo sentir que todo tipo de emociones se van acumulando en mi interior. No sé qué decir, o pensar, y eso es casi todo lo que les digo. Doy un profundo suspiro y me recuerdo a mí mismo que no estoy solo y que el Señor me dará todo lo que necesite para pasar por esto. Nunca pregunto ¿por qué yo?

Sé que eso no me llevará a ningún buen lugar.

Regreso al hotel y tengo una larga charla con Clara. Lloro al teléfono con ella durante mucho tiempo. Oramos juntos y ella me ofrece las consoladoras palabras que con tanta frecuencia utiliza durante los momentos difíciles. Es el bálsamo de Clara, palabras que son casi tan consoladoras como su mano sobre mi espalda:

Mañana será un día mejor.

El dolor y el cúmulo de emociones hacen que sea difícil dormir esa noche. Yo no creo en angustiarse por las cosas. No puedo deshacer mi lesión de rodilla, no más de lo que puedo deshacer la novena entrada de la Serie Mundial de 2001. Cuando me despierto, mi rodilla está tan rígida como un pedazo de cemento. Ya puedo olvidarme de caminar sin ayuda. Llamo a Mark Littlefield y pido unas muletas. Suena a derrota el tener que pedirlas; pero estoy en un lugar mucho mejor, y tengo un aspecto completamente refrescado.

Estoy sentado en mi taquilla en la sede de los visitantes, con reporteros a mi alrededor y mis muletas apoyadas cerca. Ni siquiera han pasado veinticuatro horas desde que estaba retorciéndome en la tierra de la franja de alerta, pero han sucedido muchas cosas en esas horas. Ha sucedido mucho dentro de mí. No estaré atrapando o salvando juegos pronto, pero no voy a irme a ninguna parte.

"Voy a regresar. Escríbanlo con letras grandes. No puedo irme de esta manera", les digo a los reporteros. Los milagros suceden, yo soy un hombre positivo".

* * *

Mi cirugía se retrasa durante un mes porque los médicos encuentran un coágulo en mi pierna que antes tienen que deshacer. El 12 de junio, el doctor David Altchek del hospital para cirugía especial en Nueva York me opera, y todo sale bien. Él dice que el desgarro no era tan grave como parecía en las imágenes. Paso el resto del verano atravesando el tedioso proceso de la rehabilitación, tratándolo tan seriamente como una aparición en la Serie Mundial. Cuatro o cinco veces por semana, durante tres horas diarias, realizo el conjunto de tortuosos ejercicios que necesito, para aumentar el rango de movimiento y la fuerza, empujando, tirando, castigándome a mí mismo. Muchos días, el dolor es tan malo o peor que en la lesión original, pero yo estoy determinado en mi perseverancia.

Esto es lo que tengo que hacer si quiero recorrer todo el camino de regreso.

Si existe un imprevisto positivo en toda la situación, es que descubro las alegrías de pasar el verano con mi familia. No he tenido un periodo extenso de vacaciones durante un verano desde que tenía veinte años.

Tenemos una barbacoa familiar el día 4 julio mientras los Yankees están ganando en Tampa.

Podría llegar a acostumbrarme a esto, pienso.

Puedo asistir a todos los partidos de béisbol de mis hijos, y tengo un tiempo mucho más relajado con Clara. Estoy mucho más en sincronía con los ritmos diarios de nuestra familia. Desde luego que no estoy preparado para retirarme; tengo una temporada de regreso, 2013, por delante de mí, Dios mediante. Pero esos sentimientos me hacen saber que cuando llegue el momento para retirarme, voy a estar bien.

Mientras yo me recupero de la cirugía y estoy comenzando el trabajo de rehabilitación, los Yankees despegan en el este, ganando veinte de veintisiete partidos en junio, una carga dirigida principalmente por Robinson Cano. Cada vez que pongo un partido parece que Robby está destrozando otra bola de béisbol. Realiza 11 jonrones en el mes, batea .340, y mantiene una racha bateadora de 23 juegos, todo ello mientras juega como defensa de primera categoría.

Sin ninguna duda, Robby es uno de los mejores jugadores con el que yo haya jugado, y también es uno de los jugadores que más confunden de aquellos con los que he jugado. Vayamos atrás unos años a un partido en Anaheim. Los Angelinos han ganado dos juegos seguidos disparejos, y nosotros tenemos una clara necesidad de una victoria si queremos permanecer en la carrera por el campeonato.

Joe me llama con un out y hombres en primera y segunda, el marcador empatado en la novena. O bien yo consigo dos outs, o perdemos. El bateador es el abridor: Chone Figgins. En mi primer lanzamiento, hago que batee un rebote a segunda. Robby está atrapando un paso o dos hacia segunda, pero la bola es golpeada con la suficiente lentitud para que yo sepa que él tiene tiempo para llegar. Robby da un par de pasos hacia la bola. Y entonces se detiene.

No hay salto, ningún intento de atraparla.

Nada. Él tan solo se detiene.

La bola cae lentamente al jardín. El corredor, Howie Kendrick, sale hacia segunda para completar el barrido. Nadie puede entender por qué Robby no atrapa la bola de alguna manera para salvar el juego.

Definitivamente no lo entiendo. Incluso si piensas que el primera base va a atrapar la bola, ¿cómo no te preparas en caso de que él no lo haga? ¿Cómo te quedas ahí como un maniquí en una tienda y ves la bola caer hasta el jardín?

¿Cómo no puedes emplear todo lo que tienes en ese momento para evitar que nuestro equipo pierda?

No hablo con Robby después del partido. Hay reporteros por todas partes. Las emociones están a flor de piel. Es el peor momento para mantener esa conversación.

Volamos a Minnesota esa noche, y al día siguiente busco a Robby en la sede en el Metrodome. Robby y yo hemos mantenido esas discusiones antes. Estamos de pie cerca de su taquilla.

"¿Qué sucedió con esa bola que Figgins bateó ayer?", le pregunto.

"No lo sé. Pensé que Wilson [el primera base] iba a atraparla. Sencillamente no lo leí correctamente", dice Robby.

"Cuando él no hizo la jugada, ¿por qué no fuiste a buscarla?", le digo.

"No pensé que podría llegar hasta allí", dice él.

Robby tiene la cabeza agachada, y es obvio que se siente muy mal por todo lo que sucedió. Él sabe que no tiene un mayor seguidor que yo en el equipo. No intento lanzarle un salvavidas. Estoy intentando ayudarle, del modo en que un hermano mayor ayuda a un hermano menor.

"Robby, tú eres mucho mejor de lo que mostraste ayer", le digo. "En esa situación tienes que hacer todo lo necesario para mantener la bola en el cuadro".

Robby asiente.

"Sé que no fue bueno. La próxima vez no sucederá".

Robinson, Cano y yo fuimos compañeros de equipo durante nueve años cuando yo me retiré. Este hombre tiene tanto talento que no sé dónde comenzar. A veces me pregunto si él sabe el mucho talento que tiene, si sabe que puede ser mucho mejor incluso de lo que es, mejor de lo que es cualquiera. Así es de talentoso. Yo solía decirle: "No quiero verte otorgar turnos de bateo. Nunca. Quiero verte luchar en cada turno de bateo".

Me volvía loco cuando veía a Robby abanicar bolas en sus ojos y básicamente hacerse out a sí mismo. ¿Y cuántas veces le vi abanicar el primer lanzamiento con las bases llenas? Eso es lo que hace un jugador sin confianza. No es lo que hace uno de los mejores bateadores en el juego.

Una y otra vez le dijo precisamente eso: "Robby, eres demasiado bueno para hacer eso. En el primer lanzamiento, el lanzador con frecuencia lanzará algo malo para ver si puede hacer que tú te vayas a pescar y batees una rodada o una elevada a algún lugar. No le ayudes.

Cuando haces eso, no es solamente que tu turno de bateo quede desperdiciado. Es una decepción para todo el equipo cuando el mejor bateador que tenemos se hace out a sí mismo. ¿Por qué querrías ayudar al lanzador?".

"Tienes razón. No lo haré".

Su *baserunning* es otro de nuestros temas. Cuando comienza, es un corredor de bases muy bueno. Obtiene una buena ventaja secundaria, lee bien la bola. Sus instintos son sólidos. Sencillamente no siempre corre rápidamente fuera de la caja, y también están esas veces, demasiadas, en que no pone presión a la defensa al correr con todas sus fuerzas sobre rolatas rutinarias. Uno nunca supone que todo va a ser un out, porque eso no siempre va a ser así.

Podemos preguntarle sobre eso a Luis Castillo, anterior jugador de los Mets.

Un mes después en Nueva York, Robby trota tras una bola que batea Cliff Floyd en un partido en el Stadium contra Tampa Bay. Permite que Floyd llegue a segunda base. Al final del entrada, Joe saca a Robby del juego.

"¿No quieres correr? Siéntate", dice Joe.

Yo estoy encima de Robby más que ningún otro compañero de equipo, precisamente por los talentos que el Señor le ha dado. Si alguna otra persona no lucha, o no se mueve con rapidez, me molesta, pero no de la misma manera. Yo tengo mis expectativas con él más altas, y quiero que él tenga esa misma expectativa de sí mismo.

Para mérito de él, Robby nunca pone excusas o me dice que me aleje cuando me acerco a él. Ni una sola vez. Creo que él confía en que me acerco a él con un espíritu de ayudar. Él siempre es muy respetuoso, y siempre me da las gracias.

Créeme que hay muchos jugadores que no pueden aceptar ese tipo de sinceridad.

Robby ha ido mejorando cada vez más conforme ha ido cumpliendo años. Ahora juega más fuerte, y espero que siga adelante en su nuevo hogar en Seattle. No hay duda alguna de que él tiene un talento de calibre Salón de la Fama. Tan solo es cuestión de que él encuentre el impulso que uno necesita para llegar hasta allí. No creo que Robby esté ansioso por ser el mejor; creo que se contenta con disfrutar del juego y ayudar a su equipo, y después irse a casa. No se ve la acalorada pasión en él que sí se ve en la mayoría de jugadores de élite. Él es un hombre relajado y despreocupado. Quizá porque ascendió rodeado por tantos jugadores estrella que eran más mayores, se quedó en ese papel, pero ahora él es quien lidera para los Mariners, es su momento.

¿Cuántas veces se ve a un jugador con ese hermoso swing, que pueda jugar ese tipo de defensa y batear para ese tipo de potencia? Es sorprendente. Él pasa a la caja y tiene esas manos tranquilas, y después se abre y las manos aparecen, muy fuertes, muy rápidas. Se le ve lanzar una bola al hueco, y uno piensa: *con un swing como ese, debería batear .350 en los años bajos*. Ese es el tipo de habilidad que él tiene. Está toda ahí para Robby Cano. Espero que él vaya y la agarre.

Después de dos meses de dolorosa rehabilitación de mi rodilla, me siento tan bien que estoy convencido de que puedo regresar y lanzar esta temporada. Me reúno con el Dr. Altchek para darle el brillante informe.

"Doctor, siento muy bien la rodilla", le digo. "Realmente creo que puedo...".

Él me interrumpe. Conoce a los atletas, sabe hacia dónde se dirige eso; que estoy a punto de plantear un caso para defender por qué debería regresar al montículo esta temporada. Él me dice que sería una necedad y arriesgado intentar apresurar un regreso. Yo soy un corredor que sale disparado hacia el plato, y él es un cátcher del tamaño de Molina bloqueando el plato.

Yo no voy estar cerca de anotar.

"Puede que sientas bien el brazo, pero ¿acaso no es un lanzador de Grandes Ligas mucho más que eso?", dice él. "¿Puedes atrapar una bola golpeada? ¿Puedes hacer un sprint saliendo del montículo, plantarte, girar y lanzar? ¿Puedes defender tu oposición, y batir a un jugador en primera en una jugada 3-1?".

Me gustaría tener argumentos, pero no los tengo. Él tiene razón.

"Sé lo mucho que quieres regresar al equipo para los *playoffs*, pero no estás preparado aún para estar en el montículo de Grandes Ligas", dice el Dr. Altchek. "Tienes que darle a tu rodilla todo el tiempo que necesite, y deberías estar en estupenda forma para el entrenamiento de primavera".

La primavera es lo siguiente para nosotros, ya que tenemos otro octubre desalentador, batiendo a los Orioles en la serie divisional antes de ser barridos en la Serie de Campeonato por los Tigres. Después de una temporada regular en la cual batea .312 con 33 jonrones y 94 carreras impulsadas, Robinson Cano va 3 para 40 en la postemporada. Resulta ser su último octubre con un uniforme de los Yankees de Nueva York.

21

"Exit Sandman"

Estoy en un campo en nuestras instalaciones para el entrenamiento de primavera en Tampa, y acabo de pasar una hora trabajando en la defensa del golpe y movimientos para recoger. Mike Harkey, nuestro instructor de *bullpen*, está cerca. El año es 2008. O 2010. O 2012.

También podrían haber sido los años impares.

"Hasta aquí, Hark, he terminado. No voy a pasar otro año así".

"Siempre dices eso", Hark responde.

"No, esta vez los digo de verdad", digo yo.

"Eres como el muchacho que gritaba que viene el lobo", dice Hark. "Estarás aquí el próximo año y probablemente el año siguiente, y estaremos manteniendo la misma conversación. Nunca te retirarás".

Hark y yo mantenemos este intercambio seis veces, ¿o son diez? Lo hacemos con frecuencia, porque el entrenamiento de primavera es mi época menos favorita del año. Uno escucha a personas ponerse poéticas en cuanto al entrenamiento de primavera como una metáfora de la vida, un renacimiento simbólico que viene cargado de esperanza. Yo nunca realmente llego a captar el entusiasmo. Yo soy una persona hogareña de corazón. Dejar a Clara y a los chicos nunca ha sido fácil para mí. El hogar es donde oramos y nos reímos; es donde nos alimentamos unos a otros. Un año, veo a mis hijos divertirse en la sala familiar justamente antes de tener que irme, y comienzo a llorar.

Los sentimientos son como un tsunami que surge de la nada.

"Tengo la sensación de haber fallado a los muchachos, porque los dejo con mucha frecuencia", le digo a Clara.

Irme de casa no fue fácil cuando tenía veintitrés años, y es aún más difícil cuando tengo cuarenta y tres. Soy una criatura que encuentra comodidad en la rutina, y es molesto cuando la rutina cambia por completo.

No es que no quiera prepararme y hacer el trabajo. Entiendo que hay óxido que quitar, cosas fundamentales que establecer, pero ¿cuántas veces puede uno cubrir primera o trabajar en cortadas rectas? Para mí, el entrenamiento de primavera es más aburrido que esperar a que pique un pez. Dame un puñado de entradas, un par de semanas, y estoy listo para salir. Hay muchos ejercicios monótonos y muy poco espíritu de competición.

Sin embargo, en mi último entrenamiento de primavera, el número veinticuatro, mi actitud es completamente diferente. No se debe a que sé que será el último; se debe a que me siento físicamente capaz. Nueve meses apartado del dolor y las lágrimas de Kansas City, mi rodilla la siento fuerte. Todo mi cuerpo lo siento fuerte. Estar corriendo en el jardín y atrapando bolas tocadas y practicando con los muchachos: estoy muy agradecido al Señor por la oportunidad de volver a jugar.

Cuando hago veinte lanzamientos en la práctica de bateo en vivo, mi viejo cátcher y amigo Jorge Posada se burla de mí.

"Veinte lanzamientos es mucho para ti", me dice.

Que se burle. Que cualquiera diga lo que quiera. Estoy de regreso con el uniforme, lanzando bolas de béisbol. Es una bendición que no estoy dando por sentada.

Realizo un par de sesiones de *bullpen* en los días siguientes, y todas son buenas, y entonces hago mi debut de primavera la tarde del 9 marzo, unas horas después de anunciar oficialmente que me retiro en una conferencia de prensa. Nuestros contrincantes son los Bravos de Atlanta. Hago que Dan Uggla lance una elevada a segunda para el primer out, entonces poncho a Juan Francisco y a Chris Johnson buscando cerrar una rápida entrada. Tal como van las primeras salidas, no podría haber sido mejor. Estoy rebosante de optimismo.

Me gustaría tener el mismo sentimiento acerca de Derek Jeter.

Derek también hace su debut de primavera contra los Bravos. Es la primera vez que ha jugado para los Yankees desde la duodécima entrada del primer partido de Serie de Campeonato, cuando se partió el tobillo mientras se movía al jardín izquierdo para atrapar una bola. De manera extraña, me recordó lo que me sucedió a mí en Kansas City, porque es una jugada que le he visto hacer diez mil veces. Es completamente normal, y de repente ya no lo es. Derek pasa por cirugía una semana después y dice una y otra vez que su objetivo es estar de regreso el día de apertura.

Al jugar como bateador designado para su primer juego, Derek batea el primer lanzamiento en vivo que ha visto en cinco meses al jardín izquierdo para conseguir un sencillo. Es el Derek Jeter clásico. Los seguidores se entusiasman. Él juega como campo corto por primera vez un día o dos después e insiste en que todos los sistemas están bien para comenzar el día de apertura.

El único problema es que yo no lo creo. He estado cerca de Derek tanto tiempo que conozco sus movimientos, la anatomía de su juego, tan bien como conozco los míos propios. Y no le veo bien. No se está moviendo con libertad. No tiene el mismo toque, o rapidez. Sé que es pronto en la primavera, pero me preocupa mucho lo que estoy viendo, y su insistencia en que todo está en curso.

Le observo de cerca a medida que continuamos. Derek tuvo una lesión devastadora en su tobillo izquierdo. A pesar de lo bien que fuese la cirugía, a veces uno tan solo necesita más tiempo para recuperarse. Creo que él quiere con tanta fuerza estar en la alineación, que eso podría estar nublando su juicio.

"Sé lo mucho que quieres comenzar la temporada, pero necesitas tener cuidado y no apresurarte", le digo un día en la sala de entrenamiento. "No vale la pena. Deberías esperar hasta que estés recuperado al cien por ciento, porque si presionas demasiado y es demasiado pronto, podría ser contraproducente".

"Estoy bien, Mo; me siento bien. Entiendo lo que quieres decir, pero no voy a hacer nada imprudente, no te preocupes", me dice.

EL CERRADOR

Dice que los médicos le dicen que está mejorando cada día. Es de esperar un poco de rigidez y de hinchazón. Él insiste en que todo va bien.

Desde luego que los profesionales médicos saben lo que está sucediendo en el interior de este tobillo mucho mejor que yo. Tan solo sé lo que veo. A final de marzo, Derek tiene mayor rigidez e inflamación, y tienen que administrarle cortisona. Él insiste en que es un revés menor. Entonces corre la noticia de que va a comenzar la temporada en la lista de lesionados, y básicamente la mala noticia nunca deja de llegar. Él no juega su primer partido hasta el 11 julio. Poco después resulta herido de nuevo, y su cuerpo se quiebra.

Derek es una de las personas más determinadas que he conocido jamás. Es lo que le hace ser grande. Pero también creo que en este caso su impulso tan solo le cegó, y quizá también a todos los demás. Para mí era obvio que no estaba listo; sin embargo, de algún modo siguió presionando y presionando, y nadie lo detuvo, o lo protegió de sí mismo, del modo en que el Dr. Altchek me protegió a mí de mí mismo. Creo que fue un error de organización; uno grande, al no proceder más deliberadamente.

Nadie tenía en el corazón otra cosa sino el mejor interés de él, sin duda, pero a veces hay que olvidar lo que dicen las pruebas de diagnóstico y confiar en lo que tus ojos ven. Derek juega un total de diecisiete partidos en 2013. Si no lo apresura y juega incluso cincuenta o setenta y cinco partidos, toda la temporada es distinta. Tenemos a nuestro capitán, nuestro parador en corto hacia el Salón de la Fama. Con un Derek Jeter sano, no puedo ver que nuestra temporada termine en septiembre.

Cuando han pasado seis semanas en la temporada, con trece salvadas en trece oportunidades, estoy en lo alto del montículo del Kauffman Stadium en Kansas City. Esta vez no soy un paciente. Soy un cerrador. Me gusta esto mucho más.

Es un día de profunda emoción para mí, en todos los aspectos. Cinco horas antes del partido, me reúno con dieciocho personas de la comunidad de Kansas City. Durante toda la temporada, en cada lugar, me propongo hacer esto: reunirme con personas a las que de otro modo podría no llegar a conocer. Podrían ser seguidores, o ujieres en el estadio, o trabajadores de la cafetería o de las taquillas, personas que trabajan tras el telón para hacer que sucedan los partidos de béisbol, personas que de muchas maneras son el alma del juego. En Cleveland, incluso consigo una audiencia con el legendario baterista John Adams, que ha estado golpeando su batería en lo alto de las gradas, intentando comenzar peloteos de los Indios, casi desde el momento en que yo nací. Jason Zillo, el director de relaciones públicas de los Yankees, hace una tarea fenomenal a la hora de ocuparse de la logística, y estos encuentros privados son verdaderamente tan memorables como cualquier cosa en mi último año. No estoy intentando ser noble o heroico; sencillamente estoy aprovechando una oportunidad de dar gracias a las personas por sus aportaciones, por su firmeza, para unirme a ellos en su mundo, no en el mío. O en el caso de visitar a personas que se enfrentan a la adversidad o la tragedia, es tan solo una manera de ofrecer lo que yo pueda que podría hacer que un tiempo difícil sea tan solo un poco mejor.

Me conecto con personas maravillosas por todo el país, y los recuerdos de todos ellos se quedarán conmigo para siempre, aunque ninguno son tan emotivos como mis visitas a la familia Bresette y a un joven lanzador llamado Jonas Borchert antes de nuestro partido del 11 mayo en Kansas City. Los Bresette, de Overland Park, Kansas, acababan de sufrir una pérdida inimaginable mientras viajaban a casa desde Florida. Su hijo de diez años, Luke, resultó muerto cuando un inmenso expositor en el aeropuerto de Birmingham, Alabama, cayó sobre él. Heather Bresette, su madre, resultó también gravemente herida, y también sus hijos Sam y Tyler. Cuando abrazo a Ryan Bresette, el padre del muchacho, no sé qué decir o hacer, además de expresar mi tristeza y decirle que estaré orando por su familia.

"Usted nos está haciendo un regalo especial en un periodo de muchas lágrimas", dice Ryan.

"Ustedes también me están haciendo un regalo, al compartir a su familia y su tiempo conmigo", digo yo con lágrimas en mis ojos.

Todos nos reímos cuando otro joven Bresette, Joe, de trece años, da a conocer que a Luke le encantaba el béisbol pero aborrecía a los Yankees.

El poder, y la inspiración, continúan a medida que me reúno con tantas personas especiales este día. Soy edificado por la fortaleza de los Bresette en medio de una pérdida tan devastadora, al igual que soy edificado por el joven de quince años, Jonas Borchert, dominante cerrador de Lee's Summit, Missouri, que tiene una forma de cáncer, pero está peleando contra él con todas sus fuerzas, y por Richy Hernández, un joven en una silla de ruedas que construyó un lugar en el patio trasero de su casa para que niños con discapacidades pudieran jugar.

Todo el mundo quiere darle mucho bombo a lo hermoso que es que yo tome una hora o más de mi día, pero yo intento decirles que es a ellos a quienes se debería dar las gracias, por lo que ellos me han dado. Incluso en una habitación que está llena de dolor y adversidad, las bendiciones del Señor y la bondad de las personas están por todas partes, y yo soy mucho más rico por haber estado allí.

Regresar a la escena del accidente no es traumático en absoluto. Es una alegría. Lanzo antes del partido (aunque admito que no voy a hacerlo tan duro como lo hacía antes de la cirugía de rodilla), y me río cuando veo la gran señal de "No zona 'Mo'" que mis compañeros de equipo han colgado en la pared del jardín, precisamente en el punto donde me derrumbé. No puedo esperar a salir ahí y lanzar. En el *bullpen*, suena el teléfono en la octava entrada. Hark lo levanta.

"Mo, tienes la novena", dice.

Yo salgo para intentar salvar una victoria para Andy, que tiene un fino duelo con James Shields de los Reales. Consigo dos outs en bolas golpeadas al campo corto. Salvador Pérez, el cátcher de los Reales, lanza un doble a la derecha y ahora el bateador es Mike Moustakas, un tercera base zurdo. Batea duro, y lanza malos cuatro lanzamientos.

Con la cuenta llena, lanzo una recta cortada arriba y alejada, y él la batea al centro izquierda, bastante profunda. La bola se dirige precisamente hasta el punto donde yo resulté herido. Me giro y veo al jardinero izquierdo Vernon Wells correr al hueco y atraparla. Es nuestra cuarta victoria consecutiva, y son cinco un día después cuando salvo una victoria para Kuroda, sacando otra vez a Moustakas, esta vez con una elevada corta a la derecha.

Salvo veintinueve juegos en mis primeras treinta oportunidades y me siento tan en forma como siempre. Vamos arriba y abajo como equipo, y la racha de lesiones, sufridas no solo por Derek sino también por Mark Teixeira, Curtis Granderson, Francisco Cervelli y Alex Rodríguez (que aún se está recuperando de cirugía de cadera), no se parece a nada de lo que he visto.

Seguimos intentando encontrar la manera y nos dirigimos al oeste, y en nuestra primera parada en Oakland puedo visitar a un viejo amigo y maestro de idiomas: Tim Cooper. Han pasado veinte años desde que éramos compañeros de equipo, pero Tim es alguien a quien nunca olvidaré. Él estuvo a mi lado cuando yo le necesitaba, enseñándome inglés y ayudándome a escapar de mi soledad. Le regalo entradas y hago que él y su familia estén en el banquillo antes del partido. Es estupendo verle.

"Te ves bien", le digo.

"Te cortaría el cabello, pero ya no tienes", me dice él.

Vamos seis partidos por detrás cuando me dirijo a mi último partido del Juego de Estrellas, otro partido del cual estoy agradecido de poder conducir, ya que es al otro lado del puente en Queens. Jim Leyland, el mánager de la Liga Americana, me hace llamar en la parte baja de la octava. Cuando atravieso la puerta del *bullpen* y comienzo a atravesar el jardín del Citi Field, "Enter Sandman" comienza a sonar y los seguidores están de pie ovacionando. Todo se siente igual, normal, y no es hasta que casi estoy en el montículo cuando me doy cuenta de algo.

Estoy solo sobre el campo.

Completamente solo.

Mis compañeros de equipo de la Liga Americana se quedan atrás en el banquillo para saludarme. Todos están en la barandilla aplaudiendo. Los jugadores de la Liga Nacional están haciendo lo mismo en el lado de primera base del campo. Eso me hace sentirme humilde, tan sorprendido por esa muestra que apenas soy consciente de lo que estoy haciendo. Inclino mi cabeza y lanzo un beso. Toco mi gorra y toco mi corazón, y lo único que puedo pensar es:

¿Cuán bendecido puede ser un hombre?

Me gustaría poder rodear todo el Citi Field y dar las gracias a cada una de las personas que están allí.

Antes del partido, yo había estado en medio de una habitación llena de jugadores estrellas y les había dicho lo orgullosos que deberían estar de sus logros, y que era un honor y un privilegio estar entre ellos. Torii Hunter se levantó e imploró a las estrellas de la Liga Americana que lo ganaran para mí, recibiendo un sonoro clamor al hacer una imitación estilo rap.

Y ahora ahí estoy yo, tres horas después, intentando ayudar a ganarlo para ellos, para nosotros. Hago mis lanzamientos de calentamiento a Salvador Pérez y tengo una ventaja de tres carreras que proteger. Retiro a Jean Segura, Allen Craig y Carlos Gómez en ese orden. Después de que Gómez batea a campo corto, camino lentamente hacia el banquillo de tercera base. Los seguidores están de pie otra vez. Toda esta temporada está llena de momentos perdurables...una última visita a este estadio, y ese otro estadio, a todos esos lugares. Ahora está terminando. Este es mi último equipo de estrellas. Es la mejor manera imaginable de retirarse.

Después del descanso, estamos en Chicago para una serie de tres partidos con los Medias Blancas; y no en un buen lugar. Estamos atascados en cuarta posición en la División Este de la Liga Americana, 6-9 en nuestros quince primeros juegos después del partido de Estrellas, y ahora tenemos la "Más Grande Atracción del Planeta" cambiándose a su uniforme al otro lado de la sede. La historia de la noche no es nuestro juego lento e incoherente, o la racha perdedora de diez juegos de los Medias Blancas. Es el regreso de nuestro tercera base, Alex Rodríguez, que finalmente está haciendo su debut de temporada después de su cirugía de cadera. Sin embargo la cadera es el mínimo de los problemas de Alex. Acaba de ser suspendido durante 211 partidos por su supuesto papel en el escándalo Biogenesis, tomando medicamentos para la mejora del rendimiento y después intentando bloquear la investigación del caso en el béisbol, según las Ligas Mayores. Es la suspensión más dura por dopaje jamás impuesta. Algunos otros jugadores aceptaron prohibiciones de 50 partidos por su implicación en Biogenesis, que solía anunciarse como una clínica antienvejecimiento, pero resulta haber sido más una clínica antijuego, por el modo en que sus clientes fueron golpeados.

Alex apela la suspensión el mismo día en que se la imponen, haciendo posible que juegue, y convirtiendo la sede en Chicago en una casa de locos. Yo he visto partidos de la Serie Mundial en los que no había tanta conmoción, o tantos reporteros. No me importa. Estoy contento de tenerle de regreso. Este no es un jugador común. Es un jugador súper estrella. En su mejor época, es uno de los mayores beisbolistas que yo haya visto jamás. Ya no lo es, pero sigue siendo un buen jugador que puede ayudarnos a salir de nuestro bajón.

Hay muchas cosas sobre Alex que no puedo decir que entienda, pero él tiene todo el derecho a apelar su suspensión, y todo el derecho a seguir todos los caminos legales que quiera. Él es mi amigo y compañero de equipo, y como he dicho, para mí eso le convierte en familia. Y no haces a un lado a un miembro de la familia porque haya cometido un error, o incluso muchos errores.

Cuando veo a Alex en su taquilla, me acerco a él y le doy un abrazo.

"Bienvenido otra vez. ¿Por qué tardaste tanto?", le digo.

"Gracias, Mo. Es estupendo estar de regreso. Estoy listo para jugar al béisbol", me dice.

"Vamos a seguir con esto", le digo yo.

Alex Rodríguez puede que ame el béisbol más que nadie que yo haya conocido jamás. El béisbol lo es todo para él. A mí me encanta jugar y competir, pero después de un partido quiero irme a casa o regresar a mi hotel y ni siquiera pensar en béisbol hasta el día siguiente. Él verá otro partido, y después otro partido, buscando repeticiones de las jugadas que ya ha visto. Es un beisbolista tan inteligente como cualquier otro con quien yo haya jugado jamás. Por eso es tan difícil entender algunas de las decisiones que él ha tomado, no solamente con medicamentos para mejorar el rendimiento, sino también en las maneras en que busca el foco de atención. Parece que no es suficiente con ser uno de los más grandes de todos los tiempos. Él quiere estar en lo más alto de todo; quiere ser el mejor, verse el mejor, captar la máxima atención, y todo lo que eso ha hecho que es convertirle en la víctima propiciatoria número uno en el béisbol.

Y eso es exactamente lo que yo le digo, comenzando en 2009, cuando la revista *Sports Illustrated* lanzó su historia de que él había dado positivo en las pruebas.

"Creo que lo que hiciste está mal", le digo. "No me gusta lo que hiciste, pero aun así voy a estar a tu lado, empujándote hacia delante, no arrastrándote hacia abajo".

El regreso de Alex a la alineación no marca una gran diferencia. Somos derrotados en la apertura de la serie de los Medias Blancas cuando Andy tiene uno de los peores inicios de su carrera, y perdemos también el segundo partido. Ahora estamos dos partidos por encima de .500 y hemos caído dos consecutivos ante un equipo que quedó fuera de la carrera por el campeonato, lo cual hace que el partido final de la serie sea mucho más importante. Necesitamos enmendar las cosas, y con rapidez, porque estamos alejados de la primera posición por diez juegos y medio.

CC Sabathia hace un gran esfuerzo poniéndonos 4-0 temprano, antes de que los Medias Blancas lo disminuyan hasta 4-3. Agarro la bola para la novena. Los seguidores en U.S. Cellular Field me dan una sonora ovación en mi visita final. Yo agradezco el sentimiento y lo indico tocando mi gorra, pero soy lo bastante bueno como para regresar al negocio. Hago mi oración en el montículo. Los dos bateadores más peligrosos de los Medias Blancas, Alex Ríos y Paul Konerko, son los dos primeros jugadores a quienes tengo que enfrentarme. Hago que Ríos eleve una mala a primera. Konerko sale, y en un lanzamiento 0-1 él eleva un globo corto al centro. Dos outs en cinco lanzamientos, todos ellos *strike*. Me gusta.

Uno más y estamos fuera de aquí, pienso.

Gordon Beckham, el segunda base, está en el plato. Él nunca ha conseguido un hit conmigo. Yo quedo atrás, 2-1, y hago el siguiente lanzamiento un poco alejado por encima del plato. Beckham lo batea bien y da un doble al centro derecha. Ahora la carrera de empate está en segunda.

Tengo treinta y cinco salvadas en el año y he estropeado solamente dos. Alan Dunn es el bateador emergente. Me he enfrentado a él cuatro veces y él nunca ha conseguido un hit, ponchándolo cuatro veces. Le lanzo dos rectas cortadas, bajas y alejadas, y ambas son *strike*. Él ni siquiera se mueve. Desde el comienzo de mi carrera en las Grandes Ligas, John Wetteland, el cerrador de los Yankees anterior a mí, siempre subrayaba una cosa sobre todas las demás: no permitas nunca ser bateado con tu segundo mejor lanzamiento. Cuando necesites absolutamente un out, lanza lo mejor. Ninguna otra cosa.

Necesito un out. Dunn, un potente bateador zurdo, va a recibir otra recta cortada. La reacción de Dunn a los dos primeros lanzamientos me dice que está buscando una profunda, así que supongo que seguiré con alejadas. Austin Romine, el cátcher, se aparta. El lanzamiento no está bien en la esquina, demasiado dentro del plato. Por mucho tiempo conocido como un bateador que busca jalar, Dunn ha pasado los dos últimos meses de la temporada permaneciendo atrás y bateando a todos los campos. Abanica y golpea la bola de modo preciso hacia tercera. Yo me giro, justo a tiempo para ver la bola que evita a Alex. Beckham pasa para anotar y empatar el partido.

Estoy enojado conmigo mismo por seguir lanzando la cortada. Era obvio que él estaba esperando un lanzamiento profundo sobre el que probablemente hubiera saltado. Yo debería haber lanzado profundo, fuera del plato, para ver si podía perseguirle. Pero nunca intenté eso. Me quedé fuera, perdí mi punto, y ahora el partido está empatado.

Poncho a Carlos Wells para finalizar la entrada, pero la salvada ya quedó estropeada. Tengo un out más que realizar en un partido que realmente necesitamos, y no lo consigo. Después del ponche a Wells, hago la caminata que todo cerrador aborrece: de regreso al banquillo después de haber perdido la ventaja, si no el partido. Es la caminata más larga que existe.

Sin embargo, no puedo quedarme en la derrota. Tengo otra entrada que lanzar, y los sitúo en el orden, y cuando Robby lanza un jonrón en la parte alta de la undécima, me siento mucho mejor. Cuando los Medias Blancas anotan dos en la parte baja de la undécima, me siento mucho peor.

Nos dirigimos a casa para enfrentarnos a los Tigres, y es otra noche muy cargada en "Las crónicas de Rodríguez": el primer partido de Alex otra vez en el Bronx desde su regreso y desde toda la conmoción acerca de su suspensión y apelación. Miles de personas le abuchean. Otras miles también le vitorean. Yo me pregunto cómo resultará toda la situación, y si él puede mantenerse enfocado a lo largo de toda la saga. Tomamos una ventaja de 3-1 en la novena, y es mi turno otra vez.

Después de conseguir el primer out, Austin Jackson batea con doble al centro izquierda. Consigo que Torii Hunter me batee de regreso. Ahora Miguel Cabrera, el pesado machacador venezolano, el mejor bateador en el béisbol, camina hacia el plato. Estamos los dos. Cabrera batea .358 con treinta y tres jonrones (te recuerdo que es principios de agosto), y como siempre, están bateando la bola a todas las partes de cada estadio. Mi enfoque hacia él es el mismo enfoque que tengo con cada bateador; no cambia debido a quién es él. A veces podría lanzar a una especial debilidad que pudiera tener un jugador, pero en el caso de Cabrera realmente no hay ninguna debilidad, así que me enfrento a él.

La multitud en el Stadium se pone de pie. Mi primer lanzamiento es una recta cortada arriba en la zona, por encima del plato, y su swing no es el mejor. Él eleva una bola hacia el banquillo de primera base. Lyle Overbay, nuestro primera base, va hacia la barandilla de la cámara pero sobrepasa un poco la bola y tiene que volver atrás. Se estira para atrapar la bola, pero esta cae probablemente a una pulgada de su guante. Cabrera consigue un gran golpe y lo sabe. Yo tengo otra bola mala para remontar, 0-2.

Otra vez a un *strike*.

Un *strike*.

Termina el trabajo. Cierra esto, me digo a mí mismo.

Lanzo una bola elevada fuera de la zona, pero él no la persigue. El siguiente lanzamiento es profundo y Cabrera se lo quita de encima, raspa una bola mala quitándola de su rodilla y cojea, y es atendido por el instructor y Jim Leyland. Después de unos minutos regresa cojeando a la caja, y yo disparo otra vez a la mitad profundamente, y esta vez él se la quita de su barbilla. Ahora va cojeando incluso más.

Lo único que yo quiero es terminar con este juego. Intento hacer que él vaya tras un lanzamiento que sale a la esquina exterior. Él no muerde el anzuelo. Va a llegar el séptimo lanzamiento del turno al bate. El modo en que él abanica mi cortada me dice que podría ser vulnerable a una bola recta cortada de dos costuras; es un lanzamiento duro que se hunde, y si consigo el punto correcto y bajo, creo que podré vencerle. Es mi mejor tiro, creo yo, porque está claro que él espera otra recta cortada. Realizo mi profundo movimiento de inclinación hacia adelante y me preparo, entonces disparo una recta cortada de dos costuras, violando el evangelio de Wetteland, porque creo que puedo engañar a Cabrera lanzando lo que él no espera. Podría haberlo hecho, también, a excepción de que la bola va por encima del corazón del plato, y se queda ahí. Él batea, y en el instante en que hace contacto, yo bajo mi cabeza sobre el montículo. Se dónde va a aterrizar.

En el infinito.

Por encima de la valla del jardín central.

No hay necesidad de ver a Brett Gardner perseguirla.

¡Vaya!, digo yo mientras Cabrera va cojeando alrededor de las bases. El "vaya" describe lo que acaba de suceder al igual que el don de bateo con el que ha sido bendecido Miguel Cabrera. Él se hizo cargo de dos lanzamientos que normalmente habrían puesto fin al partido. Extendió su turno al bate.

Y entonces me venció.

Por segunda vez en dos partidos, a un *strike* de distancia de sellar una victoria, realizo la larga caminata hacia el banquillo, sin haber logrado la misión, sintiéndome casi aturdido, como si acabase de recibir un puñetazo en la mandíbula. He decepcionado a los muchachos.

Ganamos en diez entradas con un batazo de un sencillo por Gardner, así que eso ayuda a suavizar el golpe, pero el daño no puede eliminarse de la imagen por un final feliz.

Alguien va a pagar, vuelvo a decirme a mí mismo, igual que hice dieciséis años atrás en Cleveland, cuando Sandy Alomar Jr. me bateó ese jonrón en la serie divisional. Alguien va a pagar. Cómo o cuándo vayan a pagar concretamente, no puedo decirlo. Es la voz que le doy a mi determinación.

Lo que sucedió esta noche va a hacerme más inteligente, más fuerte, mejor. No va a sacudir mi fe en mí mismo. Si va a hacer algo, es que va a profundizarla. Va a hacerme redoblar mi resolución para ganar en el siguiente.

Cuando llego a casa esa noche, Clara me frota la espalda y dice lo que yo sé que es cierto:

Mañana será un día mejor.

Esas son mis palabras favoritas en toda la tierra.

Somos derrotados el sábado, de modo que si queremos comenzar a cambiar las cosas, es mejor que venzamos a Justin Verlander el domingo. Alex batea su primer jonrón de la temporada a los asientos de la izquierda en la segunda entrada, y tenemos una ventaja de dos carreras cuando yo salgo en la novena.

El primer bateador al que me enfrento es alguien a quien conozco.

Miguel Cabrera. Lanzo una aguda cortada que él abanica para 0-1, y después de una bola, lanzo otra recta cortada a la derecha en la esquina interior. Vamos 1-2, Sigo con una cortada y él la confunde con una bola, y en el 2-2 yo no voy a seguir la ruta de las dos costuras del modo en que lo hice la noche del viernes.

Voy a seguir a Wetteland, y a lanzar lo mejor. El lanzamiento va un poco alto, y por encima del plato. No es donde yo lo quería; no en absoluto. Lo sé antes de que Cabrera incluso abanique. Él la golpea por encima de la valla a la derecha, y ahora vamos 4-3, y yo estoy en el montículo hablando conmigo mismo.

¿Cómo pudo volver a suceder? Sé que él es un estupendo bateador, pero yo me sentía a cargo de todo ese turno al bate.

Y entonces…¡boom! Él batea otra vez por encima de la pared.

Llevo a Prince Fielder con una línea a tercera base, y ahora Víctor Martínez sale. En el 0-1 yo lanzo una recta cortada, pero de nuevo, pierdo mi punto y Martínez batea, y ahí va otra bola al espacio exterior, a los asientos de la derecha, empatando el partido y sellando una historia de la que no quiero ser parte: por primera vez en mi carrera en las Grandes Ligas, he estropeado tres salvadas consecutivas.

Estoy en el montículo e intento asimilar eso. No es fácil. Por tercera vez en cinco días no he realizado mi trabajo. Gardner es el héroe otra vez, bateando un jonrón ganador del partido a José Veras con dos outs en la parte baja de la novena. Tomamos dos de tres, no gracias a mí. Me quedan siete semanas en mi carrera. No voy a tener ahora una crisis de confianza. Creo tanto como nunca que todo lo puedo en Él. Sin embargo, alguien no pagó hoy, y eso realmente me molesta.

Significa todo para mí que puedan depender de mí, que sea confiable. Y no he sido ninguna de las dos cosas esta semana.

Una semana después, estamos otra vez en Fenway contra los Medias Rojas, y el iniciador de los Medias, Ryan Dempster, decide que va a machacar a Alex. Después de un par de extraños fallos, finalmente lo consigue. No puedo creer que Dempster sea tan obvio al respecto, y tampoco puedo creer el modo en que los seguidores vitorean con alegría. El veneno que proviene de las gradas, lo que las personas están gritando a Alex y las expresiones de sus caras, es feo. Los bancos se vacían. Alex consigue su venganza cuando batea un jonrón contra Dempster en la sexta, y yo termino con mi salvada número treinta y seis. Espero que esa sea la alegre victoria que nos haga seguir adelante.

A cinco partidos fuera del punto de la Wild-Card con cinco semanas para jugar, batallamos en un septiembre con altibajos, y está claro que mis últimos días no van a incluir una carrera por el campeonato. Pero sí es un mes memorable. El 22 de septiembre, los Yankees realizan el "Día Mariano Rivera". Clara, mis hijos y mis padres están allí; anteriores compañeros de equipo están allí, y también están Rachel Robinson y su hija, Sharon; y también mi querido amigo Geno. Ellos retiran mi número, el número de Jackie Robinson, y lo ponen en la pared del Monument Park, y el grupo Metallica incluso toca en vivo "Enter Sandman".

Sobrepasa todo lo que yo podría haber imaginado, y me deja lleno de tanta gratitud y calidez que no sé qué hacer con todo eso. Lanzo una entrada a cero y dos tercios en el partido ese día, y el final perfecto habría sido una victoria, pero caemos 2-1.

Y ahora, cuatro días después, allí estamos...la aparición número 1.115 y última de mi carrera con los Yankees de Nueva York. Es contra los Rays de Tampa Bay. La puerta se abre y yo hago mi última carrera desde el banquillo, con la multitud de pie y vitoreando. Comienzo con dos dentro y un out en la parte alta de la octava, haciendo todo lo posible por no pensar en el peso del momento, o en decir adiós. No es fácil. Rápidamente retiro a dos bateadores, y después regreso al banquillo y que me dirijo a la sala de entrenamiento en la sede. Siento agarrotado el antebrazo. Le pido a Mark Littlefield, el entrenador, que me ponga algo caliente sobre el brazo. Él está trabajando en mi brazo cuando entra Andy Pettitte.

"¿Qué estás haciendo aquí?", le pregunto.

"Jeret y yo queremos ir y sacarte antes de que termines la novena. ¿Qué te parece?".

"No hagan eso", digo yo. "Por favor, no lo hagan. Ustedes me conocen. Quiero terminar el partido. Ese es mi trabajo".

"Muy bien", dice Andy, y se va. Con mi antebrazo recuperado, regreso al banquillo y me siento en el banco. No me muevo enseguida, incluso después de que haya terminado nuestro turno al bate. Me quedo sentado por un momento y miro el montículo y el campo, antes de salir allí por última vez.

No tengo idea de cómo voy a poder pasar por todo esto. He podido retener el torrente de emociones hasta aquí, pero oro al Señor pidiendo fortaleza, ya que puedo sentir que la presa comienza a debilitarse.

Finalmente, me levanto del banco y salgo al montículo. Lanzo mis tiros de calentamiento. La multitud está otra vez de pie y vitoreando. El primer bateador, el cátcher José Lobatón, batea una cortada de regreso a mí con un globo elevado. Yo salto para atraparla y hacer la jugada.

Un out.

El siguiente bateador es Yunel Escobar, el parador de corto campo. Él aleja una cortada para el 1-0. Le lanzo de nuevo una recta cortada que va un poco alta, por encima del plato, no el mejor punto en ningún sentido, pero Escobar abanica y eleva un globo a Robby Cano.

Dos outs.

El siguiente bateador es Ben Zobrist, uno de mis compañeros de equipo en el Juego de Estrellas en Citi Field. Hago una profunda respiración, esperando poder terminar esta sin perderla, esperando poder hacer mi trabajo una última vez. Estoy a punto de regresar sobre la goma cuando miro a mi izquierda y veo a Andy y Derek saliendo del banquillo de los Yankees hacia el montículo.

Creí que les dije que no hicieran esto, pienso.

Andy y Derek me sonríen. Yo también sonrío.

La cara de Andy dice: *Sé que nos dijiste que no lo hiciéramos, pero lo vamos a hacer de todos modos, porque este es el modo en que necesitas salir.*

Andy le hace indicaciones al árbitro de plato, Laz Díaz, de que él quiere la mano derecha, y él y Derek siguen caminando, y ahora están en el montículo.

Andy extiende su mano izquierda y yo pongo en ella la bola. Ya no la necesitaré más.

Andy me rodea con sus brazos y yo pongo los míos alrededor de él, y ahora la presa finalmente se rompe, las emociones me inundan, me abruman, la finalidad de todo ello desciende sobre mí como un ancla. Lloro como un niño entre sus brazos. Andy pone su mano sobre mi coronilla y el sollozo sigue llegando, profundas oleadas de alegría, y de tristeza, y de todo, al mismo tiempo.

"Está bien", dice Derek. "Está bien".

El abrazo dura mucho tiempo, y después abrazo a Derek, y no quiero que nada de esto termine, con el Stadium colmándome de aplausos, y los dos equipos haciendo lo mismo.

Me alejo del montículo y saludo con mi gorra a la multitud, a mis compañeros de equipo, a los Rays. Cuando el partido termina, me quedo sentado en el banquillo en solitario, tan solo intentando estar calmado, beber la gloria del Señor y el poder del momento. La multitud sale. Todos me dan espacio. Pasan unos minutos.

No quiero irme, pero estoy preparado. Decido que necesito regresar al montículo, mi oficina durante los últimos diecinueve años, una vez más.

Toco con el pie la goma un par de veces y después me inclino y recojo en mi mano derecha un poco de tierra. Tiene sentido para mí. Yo comencé jugando en tierra, así que bien podría terminar jugando en tierra, el recuerdo perfecto para un hombre sencillo.

EPÍLOGO

Refugio de esperanza

Durante las últimas diecinueve temporadas, el Señor me ha bendecido con la oportunidad de jugar al béisbol profesional para los Yankees de Nueva York. Mi trabajo era salvar juegos, y me encantaba cada parte de eso. Ahora tengo un nuevo trabajo, probablemente mejor descrito como un llamado, y es el de glorificar al Señor y alabar su nombre, y mostrar las maravillas que esperan a quienes le buscan y quieren experimentar su gracia, su paz y su misericordia.

¿De salvar juegos a salvar almas? No estoy seguro de que lo expresaría de ese modo, pero diré lo siguiente:

Para el Señor, todas las cosas son posibles.

Hace unos cuatro años, Clara y yo comenzamos una iglesia cristiana evangélica llamada *Refugio de Esperanza*. Realizábamos los servicios en una anterior casa que teníamos en una ciudad no muy lejos de donde vivimos. Al principio, asistía poca gente a los servicios pero creció rápidamente, atrayendo a personas de diversas edades, diversos trasfondos étnicos y religiosos. Teníamos personas de habla española y personas de habla inglesa; personas ricas y personas pobres; creyentes devotos y también algunos escépticos, que sentían curiosidad por descubrir de qué se trataba todo ese regocijo y canto. Y poco tiempo después sabíamos que necesitábamos un espacio mucho más grande. Ahora, después de un proyecto de restauración de dos años y 4 millones de dólares, nos estamos mudando a ese espacio...una magnífica casa del Señor en la ciudad de New Rochelle. Solía conocerse como North Avenue Presbyterian Church.

Ahora se conoce como *Refugio de Esperanza*.

La iglesia North Avenue fue construida en 1907, un edificio señorial de piedra con tejados de pizarra y asombrosos ventanales. Yo lo vi por primera vez hace dos años después de que un amigo me hablase al respecto.

"No parece que sea mucho por fuera. De hecho, es un desastre", dijo mi amigo. "Pero tiene todo tipo de potencial".

Cuando entré por primera vez en el lugar, no estaba tan solo abandonado. Estaba a punto de ser derribado. Me refiero a que era desagradable. Casi todo estaba en necesidad de reparación. Había agujeros en el tejado y en las ventanas, el horrible olor a animales muertos, más escombros y descuido del que se podría imaginar. Pero el Señor estaba conmigo ese día, y verdaderamente creo que Él me dio una visión de lo que podría ser esa iglesia. A pesar del horrible estado en que estaba, yo solamente veía belleza. Veía la madera más majestuosa rodeando el santuario. Veía un techo alto. Veía la gloria del Señor. Con basura hasta la altura del tobillo, rodeado por vidrios rotos de las ventanas y bancas golpeadas, llamé a Clara: la pastora de *Refugio de Esperanza*.

"Clara, he encontrado nuestra iglesia. Es perfecta, tienes que venir ahora mismo y verla", le dije.

Clara llegó poco tiempo después, y también ella vio las posibilidades. También ella pudo imaginarla llena de personas adorando al Señor, un lugar abundante con el Espíritu Santo, un lugar que solamente conoce bondad.

"Va a ser necesario mucho tiempo y trabajo, y también dinero, pero valdrá la pena", dijo ella.

Clara es la pastora principal de la iglesia, y su profunda fe y humildad son el fundamento espiritual de todo lo que hacemos. La madre de nuestros tres hijos y una mujer que es la verdadera superestrella de la familia, Clara se crió con el evangelio, pero fue a la edad de veinticinco años cuando ella tuvo un encuentro personal con Dios que cambió su vida.

"Creo en Dios y mi deseo es agradarle siempre", dice Clara.

Nuestro plan, el plan del Señor, es que la iglesia sea no tan solo un refugio de esperanza sino también un centro comunitario que incluirá una despensa de alimentos, programas educativos, tutoría, iniciativas basadas en la fe para niños y familias, y más cosas. Estará ahí para personas de todo tipo, buscando servir a quienes están entre nosotros y que puede que no hayan tenido el camino más fácil.

Será un lugar donde se da y se ama, siguiendo la dirección de Jesucristo.

Hay tantos problemas y tragedias en este mundo que a veces es difícil saber dónde comenzar si se quiere marcar una diferencia. Es igualmente difícil aferrarse al optimismo. Sabemos que no podemos resolver todos los problemas en *Refugio de Esperanza*, pero lo que podemos hacer es intentar tocar corazones de personas, uno cada vez, para ofrecer consuelo y apoyo de una manera que pudiera hacer que las cargas de la gente fuesen más llevaderas, y su camino menos difícil.

Es una tarea abrumadora, pero la idea de difundir esperanza es algo maravilloso que contemplar. En nuestro antiguo hogar y en nuestro nuevo hogar, nuestros servicios en *Refugio de Esperanza* son sin duda los momentos más grandes de mi vida. Dieciocho horas antes del "Día Mariano Rivera" en el Stadium en septiembre, tenemos uno de los servicios más maravillosos que puedo recordar. Estoy tan sobrecogido de gratitud y alegría durante el servicio que comienzo a llorar. No hay modo de comprender el gozo que siento en ese momento. Es la presencia del Señor, la maravilla de vivir en su luz y de compartir su bondad con otros. Gozo y bondad es lo que el Señor quiere para nosotros. Esa es la verdad.

Me encantaba salvar juegos de béisbol para los Yankees de Nueva York, y estoy agradecido cada día por mis experiencias en el béisbol. Tengo tierra del nuevo Stadium y el banco del *bullpen* del antiguo Stadium; tengo recuerdos y amistades que durarán toda la vida. Nunca olvidaré cómo me sentía al ponerme ese uniforme cada día. A lo largo de todos mis años como cerrador para los Yankees de Nueva York, intenté honrar al Señor; vivir y jugar con un corazón puro; y dar todo lo que tenía, cada día, al equipo y a sus seguidores.

Y eso es precisamente lo que busco hacer con mi nuevo llamado.

Sé que las posibilidades no tienen límite, y lo mejor está aún por llegar, porque está escrito en Filipenses, capítulo 4, versículo 13:

Todo lo puedo en Cristo que me fortalece.

Reconocimientos

Cuando uno se despide de un deporte que ha jugado durante toda la vida, como lo hice en 2013, se produce también mucha reflexión. Cuando escribes la historia de tu vida en el mismo año, eso hace que la reflexión y también el examen del alma sean mucho más profundos.

Escribir *El cerrador*, en muchos aspectos, no fue muy distinto a conseguir una salvada. Puede que yo sea quien tenga la estadística (o mi nombre en la portada), pero todo un equipo lleno de personas realiza inmensas aportaciones para hacer posible que eso suceda. Podría llenar otro capítulo entero con los nombres de todas las personas con las que me siento profundamente agradecido, y espero y oro para que cualquier omisión aquí se entienda debida a mis limitaciones de espacio y mis fallos en la memoria, y no a lo que siento en mi corazón.

Fernando Cuza ha sido mi agente en el béisbol, amigo y mano derecha por muchos años, y él y su vicepresidente principal de Relativity Sports, Aaron Spiewak, fueron las fuerzas impulsoras y quienes se ocuparon del libro desde el comienzo. Aaron, en particular, le encontró un hogar al libro en Little, Brown: una editorial de primera con personas de primera que han estado conmigo desde las primeras entradas de este proyecto, comenzando con el editor Reagan Arthur. La editora principal de producción, Karen Landry y su personal, hicieron una destacada tarea a la hora de convertir un manuscrito en un libro terminado, al igual que los publicistas Elizabeth Garriga y Nicole Dewey hicieron para difundir la noticia, de modo creativo y persistente, acerca de *El cerrador*. John Parsley, mi editor, no es tan solo diestro en su tarea; fue un aliado incansable e indispensable de comienzo a fin. Gracias también a la capaz asistente de John, Malin von Euler-Hogan.

Jason Zillo, el director de relaciones con los medios de comunicación de los Yankees, ha estado a mi lado a lo largo de los años, una fuente constante de apoyo y consejo, y nunca más que en mi tour de despedida en 2013.

Mi primer cátcher y amigo durante veinticinco años, Claudino Hernández, junto con nuestro compañero de equipo en Panamá Oeste, Emilio Gaes, vio las posibilidades para mí antes que yo mismo; ¿cómo se le puede dar las gracias a alguien por *eso*? Claudino también hizo un doble como conductor y guía turístico de Puerto Caimito para Wayne Coffey, mi coautor, cuando él fue a Panamá para dirigir la investigación. Wayne y yo comenzamos este libro con una oración, pidiendo la fuerza y la guía del Señor de modo que mi historia diese honra a Él incluso al relatar la historia de un hombre humilde que tiene muchos errores, como cualquier otro hombre. Creo que nuestra oración fue respondida. En nuestras incontables horas juntos dando forma al manuscrito, Wayne ayudó a recuperar recuerdos y encontrar una manera honesta y auténtica de que yo entrelazase todos los elementos de mi viaje. A lo largo del camino, descubrí que escribir un libro es trabajo duro, pero también un trabajo muy satisfactorio.

También sería negligente si no diese las gracias a la esposa de Wayne, Denise Willi, y a sus hijos: Alexandra, Sean y Samantha, por su paciencia; ellos no vieron ni oyeron mucho de mi coautor mientras nos acercábamos a la meta. Frank Coffey y Sean Coffey estuvieron entre los primeros lectores cuyos puntos de vista fueron muy valiosos. El agente literario de Wayne, Esther Newberg de ICM, junto con su asociado, Colin Graham, organizaron nuestra colaboración con Relativity que nos puso en camino a Wayne y a mí. El estimado equipo de deportes con el que Wayne trabaja en el *New York Daily News* (Teri Thompson, Bill Price, Eric Barrow, Mike Matvey e Ian Powers) igualmente nos apoyaron férreamente, y les doy gracias por eso.

Mis padres, mis hermanos y primos, la mayoría de ellos siguen estando en Puerto Caimito y lugares cercanos, fueron el fundamento de mi vida antes de que nadie supiera quién era yo, y en muchos aspectos moldearon al hombre que llegué a ser. No puedo decir que seguidores, jugadores y empleados de los equipos en torno a las Grandes Ligas jugaran ningún papel a la hora de moldearme, pero ellos hicieron mucho para que mi viaje fuese especial. A todas las personas que conocí y a los equipos que me honraron en el año 2013; a los seguidores de Detroit, Cleveland, Tampa Bay, Colorado, Kansas City, Baltimore, los Mets, Seattle, Oakland, los Angelinos, Minnesota, Texas, los Dodgers, San Diego, los Medias Blancas, Boston y Houston; tan solo espero con todo mi corazón que sepan lo mucho que su bondad y sus tributos me tocaron. A los seguidores de los Yankees de Nueva York: Bueno, ustedes estuvieron allí en el principio y estuvieron allí al final, y nunca olvidaré el amor y el apoyo que me han demostrado a lo largo de todos estos años. Nunca quise ser el cerrador de nadie más sino de ustedes. Así que solamente diré gracias a todos, y Dios les bendiga a todos.

Es casi imposible para mí describir lo importantes que son Mario y Naomi Gandia para la familia Rivera, como familiares y también como fuentes de inspiración y sabiduría cristiana. Tanto como cualquier persona que conozco, Mario y Naomi viven en la luz del Señor, comparten el amor del Señor y hacen del mundo un mejor lugar debido a ello. Ellos siempre quieren estar tras bambalinas, pero tan solo esta vez, deben estar al frente.

No hay palabras suficientes en mi lengua materna, el español, o en el inglés para comunicar el amor y la admiración que tengo por mi esposa, Clara. Ella es la roca de nuestra vida familiar, una ayuda muy presente en los buenos momentos y también en los demás. A nuestros hijos, Mariano Jr., Jafet y Jaziel: ustedes son el mayor regalo que un padre puede tener, y estoy tan orgulloso de los jóvenes que ustedes son como estoy agradecido por su amor. He estado lejos muchas veces en su vida, y una de las mejores cosas con respecto a estar retirado es que puedo dejar de despedirme con tanta frecuencia.

Y al Señor, quien me ha bendecido con su gracia y su misericordia, cuya sabiduría y amor son los faros de mi vida: no solo quiero decirte gracias. Quiero glorificarte y honrarte con todo lo que haga, y oro para que *El cerrador* sea una buena manera de comenzar.

Acerca de los autores

MARIANO RIVERA pasó toda su carrera en los Yankees de Nueva York. Es el líder de juegos salvados de todos los tiempos y líder de ERA de las Ligas Mayores del Beisból, trece veces Jugador Estrella, y cinco veces Campeón de la Serie Mundial. Él y su esposa Clara tienen tres hijos y viven en Nueva York.

WAYNE COFFEY es uno de los periodistas deportivos más aclamados del país. Escritor para el *New York Daily News*, fue coautor del éxito de ventas de R. A. Dickey, *Wherever I Wind Up* y es el autor del éxito de ventas del *New York Times*, *The Boys of the Winter*, entre otros libros. Vive en Hudson Valley con su esposa y sus hijos.